JN085048

サンクスUP!

まるでゲームのように
だれもがたのしくはたらける
そんなせかいを
みんなでつくろう

本書の使い方

- 実際のセッションと同じ流れで進捗が確認できる！
- 豊富な事例と写真ではじめてのファシリテーションも安心！
- セリフ例も掲載だからイメージをつかめます♪

特長1
ファシリテーターが実際に
しゃべったセリフが満載なので
そのまま読むだけで
研修ができる！

特長2
やわらかい上質な紙を
使って**丈夫な製本です**

ここで外部の視点をいれましょう。コンサルタントさんに「サメ」となって「イワシ」の皆さんのキャリアマップを見てもらいましょう！

フィッシュボウル

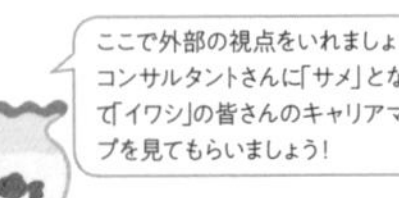

① グループ内の隣の人とじゃんけんします。勝った人が内側、負けた人が外側となる二重サークルになります。（下図参照）

2分

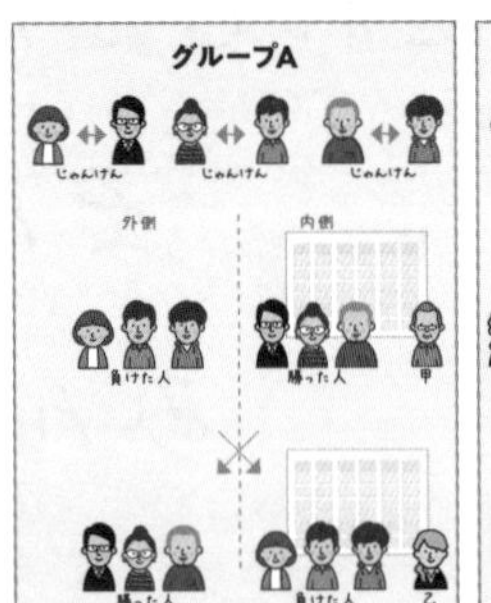

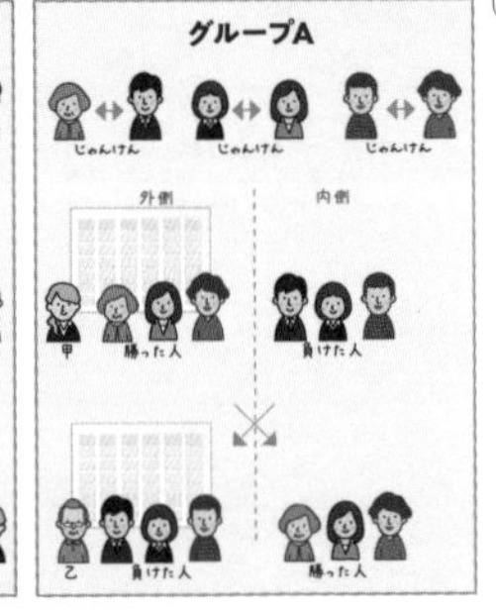

② ルールを説明します。

内側のみなさんは水槽の中のイワシです。サメの指示にそのとおりに動きましょう。もちろん自分たちの意見を言ってもOKです。外側の人はしっかり観察しましょう。

サメ役（コンサルタント）を決めておこう

サメ役はふだんの業務から一歩引いている人が相応しいです。社労士、税理士、経営コンサル、同業他社の社長・幹部、親会社や他部署の役員など。社内のメンバーでやるセッションはどうしても内向きになりがちですので、ここで外部専門家の意見を取り込んでより未来型のキャリマップ形成を目指します。

106

特長4
セッションの要所要所で
重要なポイントを解説。
読むだけで経験が積めます。

サメ役（コンサルタント）を決めておこう

サメ役はふだんの業務から一歩引いている人が相応しいです。社労士、税理士、経営コンサル、同業他社の社長・幹部、親会社や他部署の役員など。社内のメンバーでやるセッションはどうしても内向きになりがちですので、ここで外部専門家の意見を取り込んでより未来型のキャリマップ形成を目指します。

この本を読んで 楽しくファシリテーション しましょう！

Welcome！

特長3
時間配分やタイマーセット、
手を挙げて注目してもらう
ポイントが**細かく書いてある**
ので進行もバッチリ！

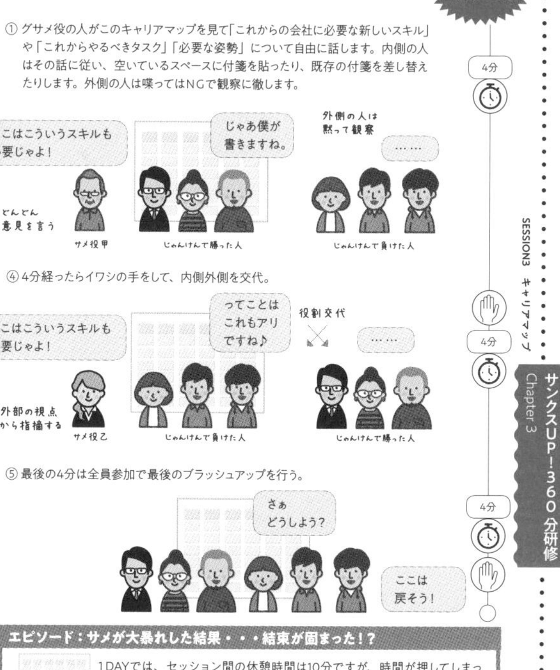

形式：部署
時間：15分

① グサメ役の人がこのキャリアマップを見て「これからの会社に必要な新しいスキル」や「これからやるべきタスク」「必要な姿勢」について自由に話します。内側の人はその話に従い、空いているスペースに付箋を貼ったり、既存の付箋を差し替えたりします。外側の人は喋ってはNGで観察に徹します。

④ 4分経ったらイワシの手をして、内側外側を交代。

⑤ 最後の4分は全員参加で最後のブラッシュアップを行う。

SESSION3 キャリアマップ

Chapter 3 サンクスUP！360分研修

エピソード：サメが大暴れした結果・・・結束が固まった！？

1DAYでは、セッション間の休憩時間は10分ですが、時間が押してしまったのでやむを得ず短縮して7分休憩をお願いする場合もあります。とくにSESSION 1と2はやることが多く慣れていないので時間が押しがちです。十分注意しましょう。一方で10分休憩をとったのに時間が来てもタバコ休憩から帰ってこない社員さんがいることもありました。こういう場合はセッションをスタートしましょう。時間を守るということはお互いの大切な約束事です。

107

特長5
実際のエピソードも満載。
セッションは生もの。机上だけ
ではなく実際の現場で起こった
出来事を読んでイメージを
つかんでください。

エピソード：サメが大暴れした結果・・・結束が固まった！？

1DAYでは、セッション間の休憩時間は10分ですが、時間が押してしまったのでやむを得ず短縮して7分休憩をお願いする場合もあります。とくにSESSION 1と2はやることが多く慣れていないので時間が押しがちです。十分注意しましょう。一方で10分休憩をとったのに時間が来てもタバコ休憩から帰ってこない社員さんがいることもありました。こういう場合はセッションをスタートしましょう。時間を守るということはお互いの大切な約束事です。

目次

Table of Contents

Chapter 1 サンクスUP!とは?

Chapter 2 ファシリテーターの心得

Chapter 3 サンクスUP！360分研修

360分研修

Chapter 4 サンクスUP！365日応援

360日応援

Chapter 5 サンクスUP！360度評価

360度評価

Chapter 6 サンクスUP！活動履歴

読んでいただきありがとうございます！
岡山で小さなIT会社を経営している**松山将三郎**と申します。
みんなからは「ザブロー」って呼んでもらってます。

神戸生まれ、父母は公務員。田んぼを駆け回って育ち、ゲームと漫画大好き。大学では心理学を学びました。

パチスロの会社でサラリーマンを経て、システム会社を創業。現在7年目で社員数は19名です。

そんな私がなぜ「サンクスUP！」という評価制度システムをつくったのか？というと…

Why ?

自分は人間を評価できるような人間でないッ！

と思ったからなんですね…

というのも…

学生時代はわりと成績優秀だったんですが、当時あった中学男子全員丸刈りという校則廃止を訴え生徒会立候補。挙げ句なぜか不良と大ゲンカ…

サラリーマン時代もわりと業績優秀だったんですが、あまりにアグレッシブで上司と対立したため、最後は賞与金額ゼロ円と評価されリストラ…

どうしてそんな私が人間を評価できようか、いやできまい！

…と思って「評価しない評価方法」を考案しました。自分が学んだ

この3つをMIXして開発したのが

です！

Chapter
1

サンクス UP！とは？

1. サンクス UP！とは
2. サンクス UP！全体フロー
3. サンクス UP！研修のようす
4. サンクス UP！で得られるもの
5. サンクス UP！導入企業様の声
6. サンクス UP！の 4 賢者
7. サンクス UP！とゲーミフィケーション
8. サンクス UP！が目指す未来

Introduction 1 サンクスUP!とは?

ある日の商談より・・・

What is it ?

ザブローさん「サンクスUP!」って何ですか?

サンクスUP!とは一言でいうと**「チームビルディング」**つまり、職場づくり・組織づくりです

具体的に何をするんですか?

What to do ?

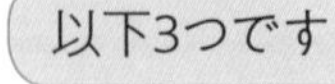

以下3つです

研修に応援?に評価か…なるほど。で、特長は?

とにかく**めーっちゃ楽しい**ことですね♪

Clap

とにかく褒められるし

Cheer

目標を応援してくれるし

Yeah

目標達成したらみんなでお祝いします

えー!なにそれ!めっちゃ楽しそうなんですけど、本当にそんなことできるんですか?

それは**生産性を下げる3つの要因を無くすから**できるんです♪つまり

長時間の会議

ノルマ

反省

をカットします!

長時間会議は無くしてもいいとしても、ノルマや反省も無し!? そんなゆる~い会社で大丈夫なんですか?

ふむ…

2つの考え方?

大丈夫です。というよりそうすべきです。なぜ なら、これは世界で最も生産性の高い企業とい われるGoogle・Facebookが取り入れている2つの考え方に基づいて設計されているからです。

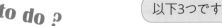

■生産性が高い米国企業が導入している2つの考え方

OKR (Objectives and Key Results)

意欲的なゴール(Objectives)に対して具 体的な数字目標(Key Results)を設定し、**より高い到達点を目指す目標管理フレー ムワーク**。つまり、できるかどうか不安 な目標もチャレンジするかわりに**60%の達成度でも「良し」とする。** チェック頻度も多く毎月~3ヶ月に1回。会社全体で目 標を共有するのがポイントです。

心理的安全性 (Psychological SafetyResults)

「チームメンバーに非難される不安を感じずに積極的にチャレンジできる組織の 状態」 を指します。それは決して「仲良しグループ」や「ぬるま湯」では無く、OKRを前提にした高い目標設定と高頻 度でのフィードバックがあるため、より意欲的な目標を設定しみんなで団結するための**強固な土台**といえます。

うーん… Googleと言われてもうちは地方の中小企業でアナログ人間ばっかりだからなぁ… できるか不安だなぁ…

大丈夫です。そんなアナログ好きの方のために開発されたのがこの「サンクスUP！」です。

まず**研修はアナログ**です。最短360分で付箋や模造紙を使ってみんなで個人目標をつくり応援してもらうという成功体験をします。

次に**日常ではデジタル**で毎日応援します。PCやスマホを活用し個人目標を応援される成功体験をデジタルで続けてもらいます。

そして最後に360度評価で「ありがとう」の言葉をPCで入れます。

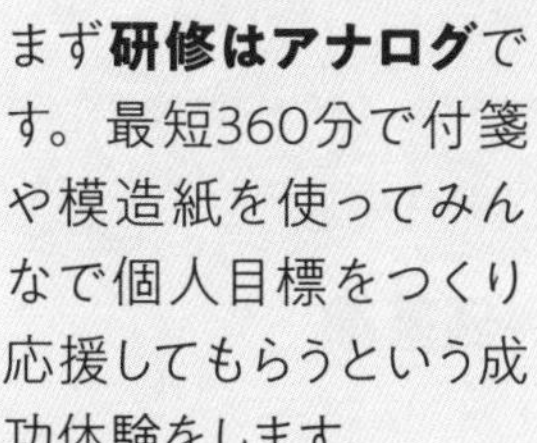

つまりサンクスUP！は組織にＩＴを浸透させ、より豊かにする**DX（デジタル・トランスフォーメーション）そのもの**です。

サンクスUP！の**中心には常に「人の想い」があります。** それは付箋でもスマホでも同じです。アナログでもデジタルでも想いは同じなんです。

DX
DIGITAL TRANSFORMATION

なるほど、単にＩＴ導入するだけではなく**PDCAサイクルを回し続ける意識改革とチームビルディングがないとDXはできない**、というわけですか。

わかりました！事業承継したらこれを導入しましょう！それまで待ってください！

お待ちしてます！

即発注じゃないのね…

Introduction 2 サンクスUP！全体フロー

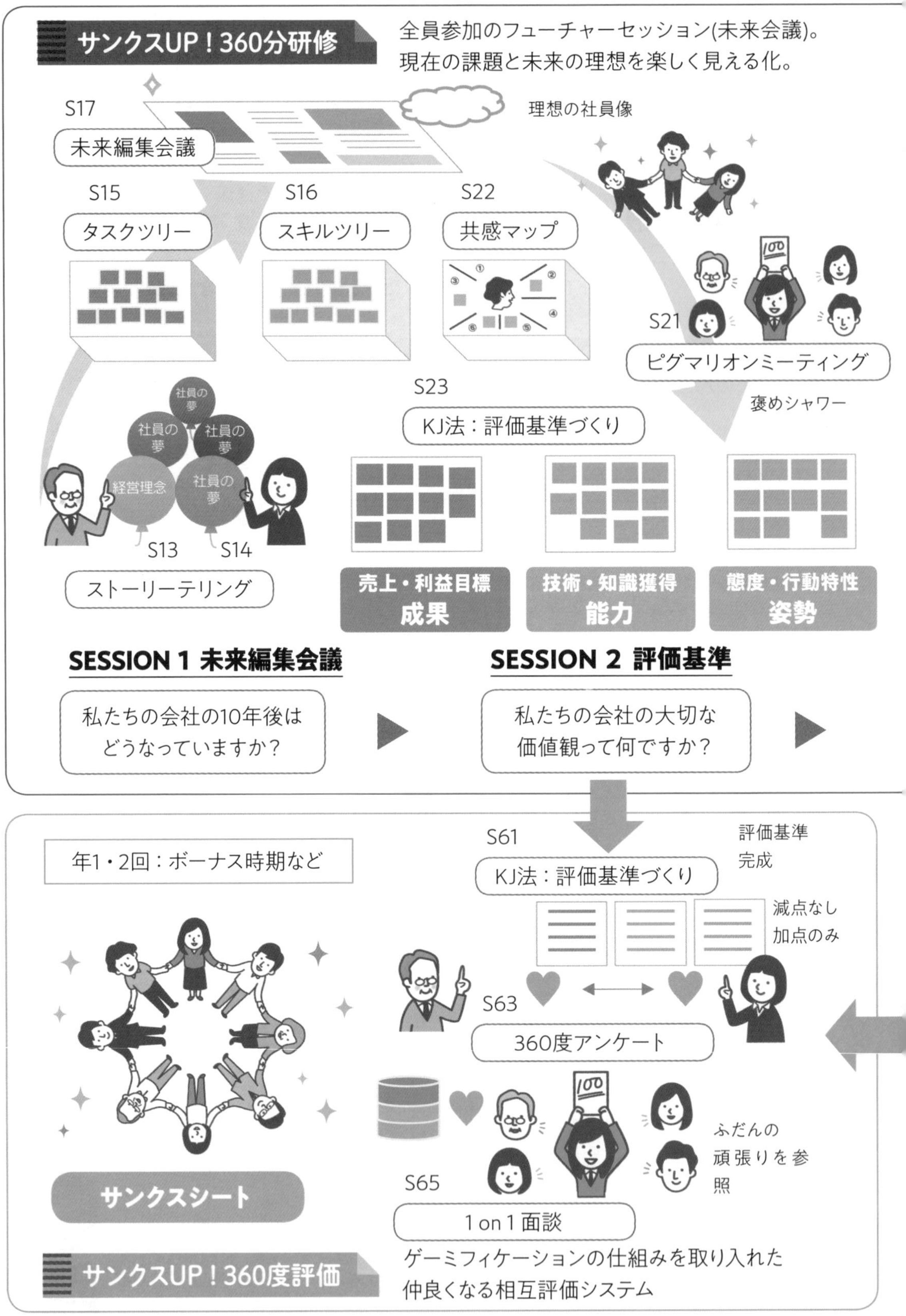

サンクスUP！360分研修
全員参加のフューチャーセッション(未来会議)。
現在の課題と未来の理想を楽しく見える化。
S17
未来編集会議
理想の社員像
S15
タスクツリー
S16
スキルツリー
S22
共感マップ
S21
ピグマリオンミーティング
褒めシャワー
S23
KJ法：評価基準づくり
社員の夢
社員の夢
社員の夢
経営理念
社員の夢
S13
S14
ストーリーテリング
売上・利益目標
成果
技術・知識獲得
能力
態度・行動特性
姿勢
SESSION 1 未来編集会議
私たちの会社の10年後はどうなっていますか？
SESSION 2 評価基準
私たちの会社の大切な価値観って何ですか？
年1・2回：ボーナス時期など
S61
KJ法：評価基準づくり
評価基準
完成
減点なし
加点のみ
S63
360度アンケート
ふだんの
頑張りを参照
S65
1 on 1 面談
サンクスシート
サンクスUP！360度評価
ゲーミフィケーションの仕組みを取り入れた
仲良くなる相互評価システム

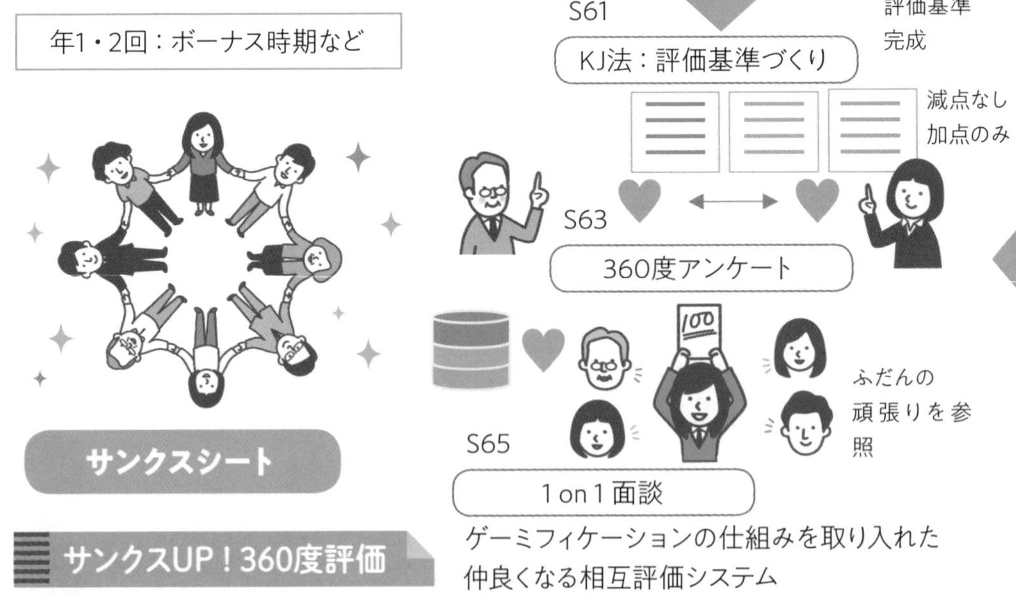

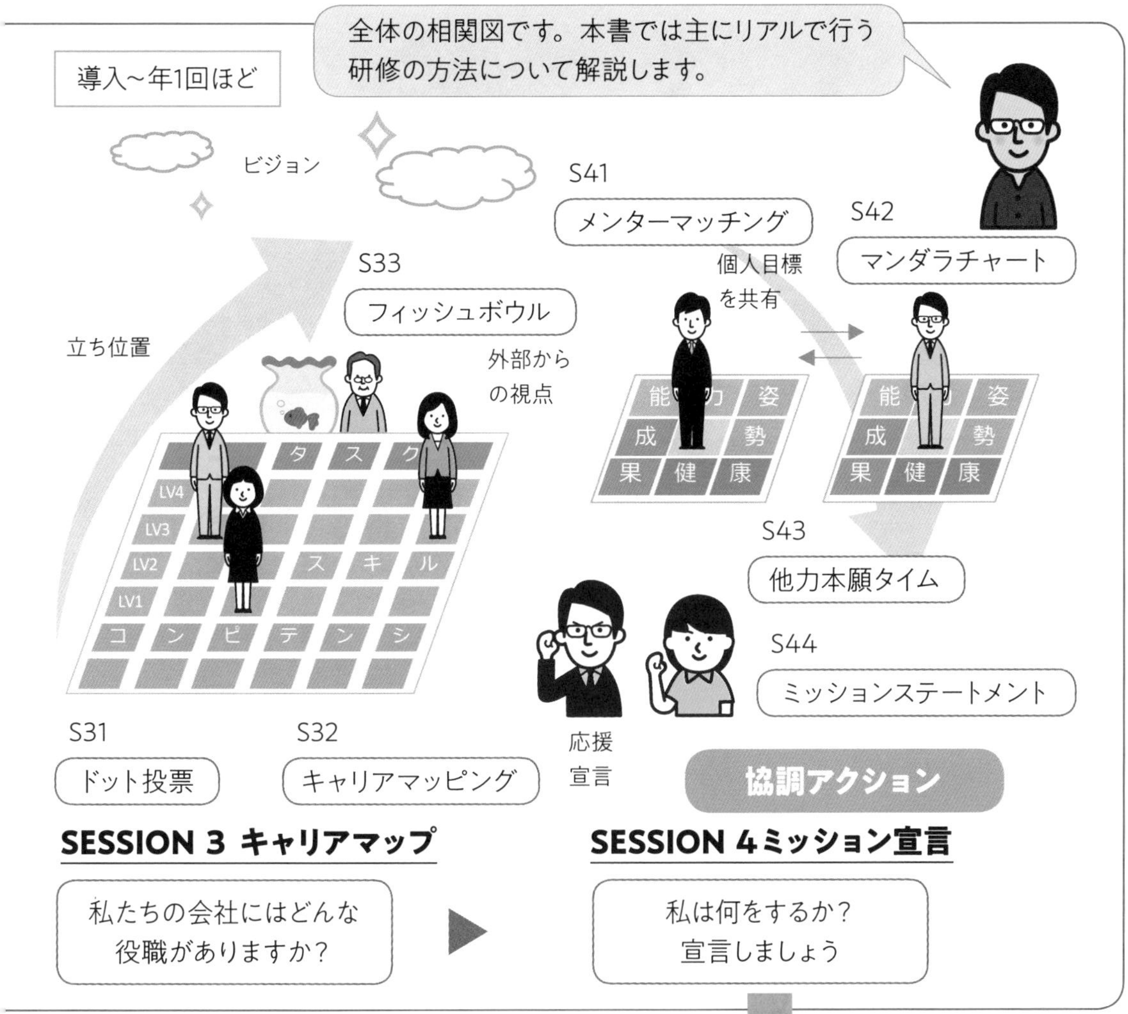

全体の相関図です。本書では主にリアルで行う研修の方法について解説します。
導入～年1回ほど
ビジョン
立ち位置
S33
フィッシュボウル
外部からの視点
タ
ス
ク
LV4
LV3
LV2
LV1
ス
キ
ル
コ
ン
ピ
テ
ン
シ
S31
ドット投票
S32
キャリアマッピング
SESSION 3 キャリアマップ
私たちの会社にはどんな役職がありますか？
S41
メンターマッチング
個人目標を共有
S42
マンダラチャート
能
力
姿
勢
成
果
健
康
S43
他力本願タイム
S44
ミッションステートメント
応援宣言
協調アクション
SESSION 4 ミッション宣言
私は何をするか？宣言しましょう

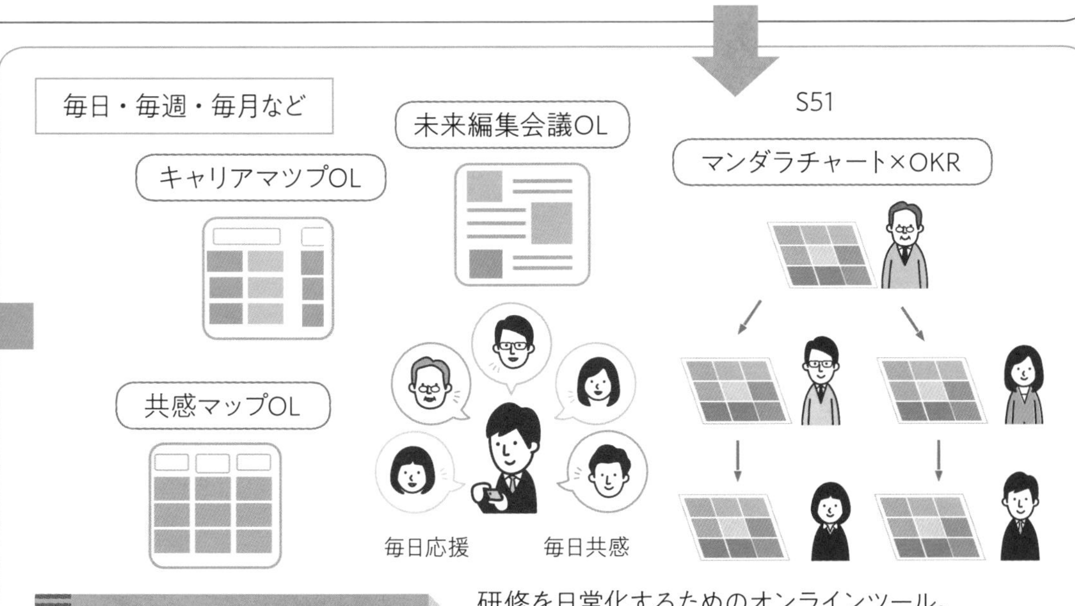

毎日・毎週・毎月など
キャリアマップOL
未来編集会議OL
共感マップOL
毎日応援
毎日共感
S51
マンダラチャート×OKR
サンクスUP！360日応援
研修を日常化するためのオンラインツール。
毎日の一言で共感と応援で成長を実感。

Introduction 3 サンクスUP！研修のようす

S11「自己紹介」

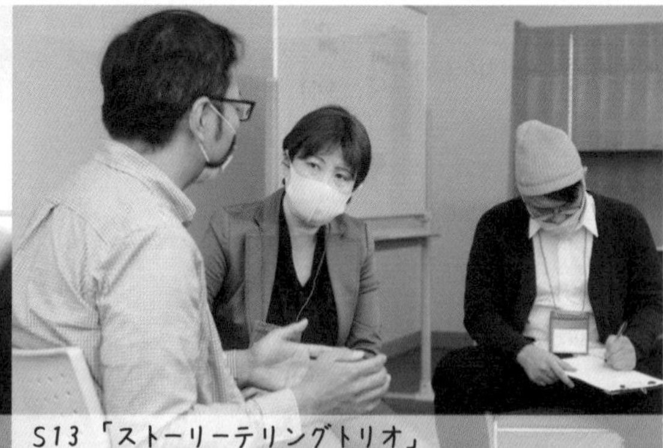
S13「ストーリーテリングトリオ」

S15「タスクツリー」
S16「スキルツリー」

S17「未来編集会議」

S17「未来ニュース」

S21「ピグマリオンミーティング」

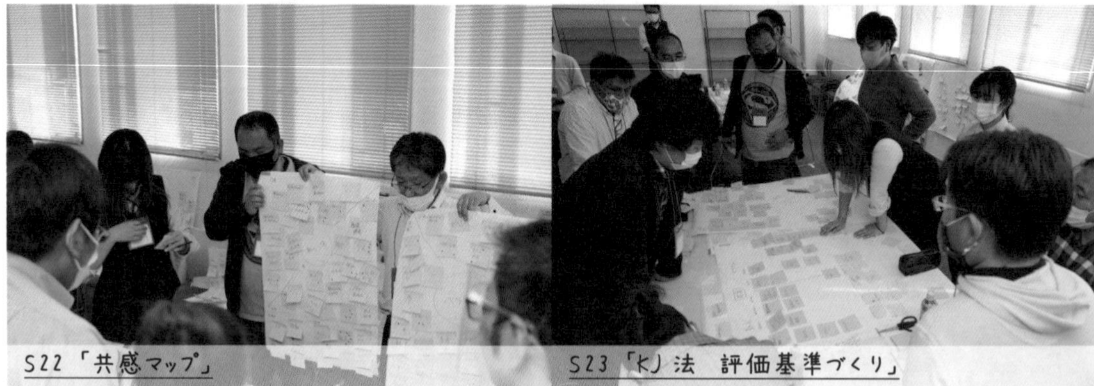
S22「共感マップ」

S23「KJ法　評価基準づくり」

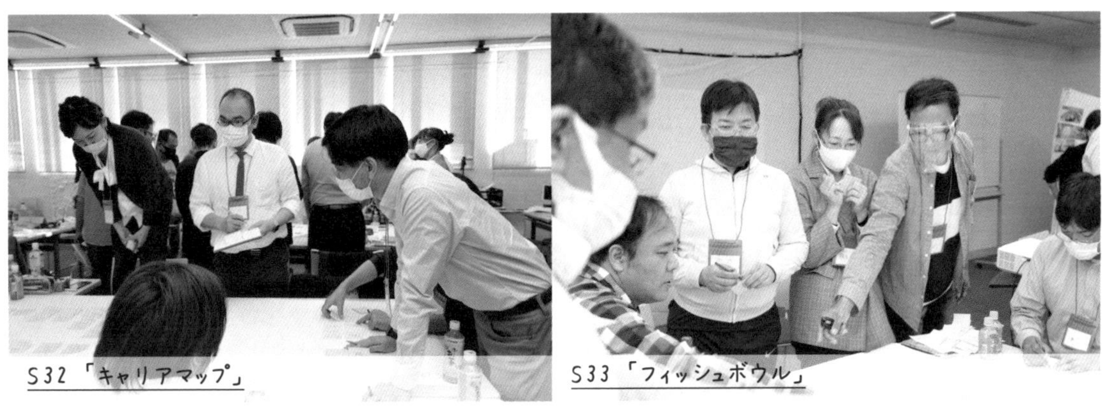
S32「キャリアマップ」
S33「フィッシュボウル」

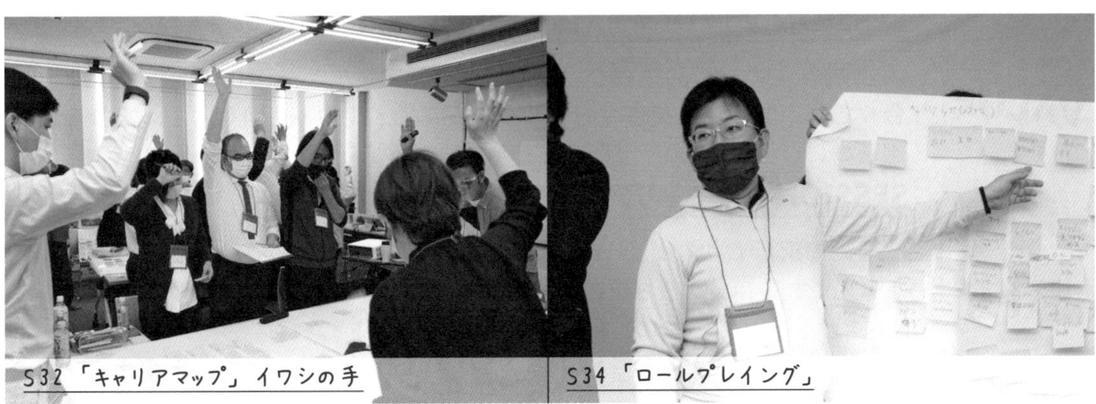
S32「キャリアマップ」イワシの手
S34「ロールプレイング」

S34「ロールプレイング」
S41「メンターマッチング」

S42「マンダラチャート」
S44「ミッションステートメント」

Introduction 4 サンクスUP!で得られるもの

はじめまして。ファシリテーターのあいちゃんです。
私からはこの「サンクスUP!」をやってみるとどんな良いコトがあるのか?
成果物(ハーベスト)について説明しますね♪ まずは「360分研修」から!

サンクスUP!360分研修で得られる「4つの成果物」

SESSION 1 未来編集会議で「ビジョン」ができます

まず経営者が経営理念を語り、次に社員が10年後の夢をお互い傾聴しあった後で、10年後に起こるハッピーな出来事をみんなで考えます。ビジョンを1枚の新聞にするのでわかりやすいと評判ですよ♪

SESSION 2「バリュー(価値観)」による評価基準づくり

価値観の違いで方向性がバラバラになってませんか? お互い褒め合い認め合った後、理想の社員像から求められる成果・能力・姿勢を考え、それを評価基準にしちゃいます。全員参加だから納得感ありますよ♪

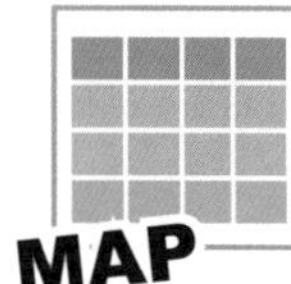

SESSION 3「キャリアマップ」による立ち位置確

認技術の進歩で仕事がどんどん変化していく中、あらためて自分の役割や役職を考えます。 自分の立ち位置を明確化し、これからどんな能力を身につけていくべきかをみんなで考え、キャリアの地図を描きます。

SESSION 4「ミッション(個人目標)」を応援してもらえます

1年後どんな自分になりたいのか?を9×9マスのシートで全員言語化します。社員一人ひとりがコミットメントを行うだけではなく、それをみんなが応援することで助け合い協力し合う社風を生み出します。

エヘン!ちゃんと勉強しましたからねー♪

あいちゃん、説明ありがとう!
さすが認定ファシリテーターさんだね

研修の成果物の完成度は60%くらいでOK!

よくビックリされるのですが、1日の研修でいわゆる「ビジョン」「ミッション」「バリュー」に加えて「キャリアマップ」までできちゃいます。しかも**宿題無し**で**スポーツ感覚**で一気に作るため、心地よい疲労感と達成感をみんなで分かち合うことができます♪ ただし、必ず言われるのが**「時間が足りない!」**という意見。これだけのものを一気に作るためある意味当然です。ここは時間を延長するより、毎日応援しフォローし合う「365日応援」で更新し続けることが大事だということを伝えましょう。研修はゴールではなくスタートです。完成度を80%→90%→95%と徐々に上げていきましょう。100%の完成は無いのです。

詳しい説明をありがとうございます。ザブローさんはこの書籍では解説キャラなんですね…。今後も補足説明よろしくお願いしますネ♪

サンクスUP！360日応援 で育てる「オンラインで助け合う」社風

研修だけだと「あー、楽しかった」ですぐ忘れちゃいがちですよね…。大事なのは**非日常を日常にすること**。そこで、「365日応援」では 毎日の日報コメントに「今日はどんな成果をあげたのか？」「今日はどんな能力を身につけたのか？」「どんな姿勢で仕事に臨んだか？」を個人目標の途中経過に記述します。するとみんなから「がんばったね♪」「その調子♪」「いいね！」っていう**共感やフィードバックがもらえます**。これがとっても嬉しいんです♪ しかも目標は上司からのノルマじゃなく自分自身で立てた目標です。それをみんなが応援してくれる安心感、いわば**「心理的安全性」**が得られます。

最近テレワークも多いから、一言書いたらみんなが返事くれるって嬉しいですよね♪

そうなんだ。目標は毎日応援してくれるから頑張れる。これもスポーツと一緒だね♪

サンクスUP！360度評価 で得られる「サンクスUP！シート」

査定面談時にもらえるサンクスUP！シートは「+1」～「+5」点の360度アンケートの際に書くがんばったエピソードと感謝の言葉があふれています。単なる数字だけじゃないもらって嬉しい秘密はここにあります♪

私、これが一番好き♡「ありがとう」の言葉がいっぱいあるんですよねー♪

でしょ♪ 私はこれは単なる評価シートではなくラブレターだと思ってます。

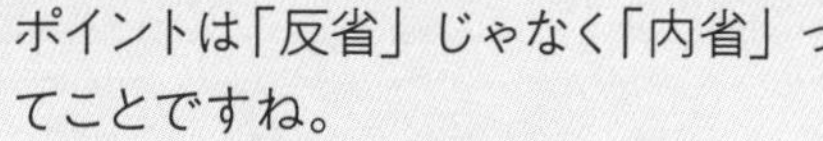

ポイントは「反省」じゃなく「内省」ってことですね。

反省では、上司が部下の欠点を指摘し、行動を悔い改めさせますが、部下の萎縮や反発を招きやすいといえます。

Hansei

一方、内省では自分の行動を客観的に観察し自ら気づきを得るために、自己像と他者評価を比較します。

Reflection

あー私もこんなステキなシートもらってたら前の会社辞めなくて済んだのにな…

そうしたら私は優秀なファシリテーターさんが得られなかったわけだ…
危ないとこだったね★

やだー♡
ザブさん！
SPLASH!
なぜ？

Chapter 1 サンクスUP！とは？

Introduction 5 サンクスUP！導入企業様の声

社長ヨシ！　経営者の声

製造業 後継者（30代）

うちは父がカリスマ経営者で命令には絶対服従の昭和型だったんですが、もうそんな時代じゃないし、自分が承継した時に組織をどうしようかと思ってて…。これ、経営者の本気度も問われますね。覚悟を決めました。

運送会社後継者（40代）

幹部だけでサンクスUP！ やってみると、意識が低くて正直ガッカリしたんだけど、逆に社員全員でやってみるととても生き生きしていてビックリした。うちの社員があんなにお互いを褒めあっているのを初めてみたよ！やっぱり問題は幹部だな、とわかったんでこれからは幹部の意識向上と価値観の共有に利用したい。

設備会社経営者（50代）

恥ずかしながら我が社は経営理念がまったく浸透しておらず「そんなのあるの?」状態だったんですが、SESSION 1 の「ストーリーテリング」でみんな意外と真剣に聴いてくれて…正直嬉しかったです。しかもそこからみんなで夢を考えるのがいいですね。やっぱり夢は経営者だけが一方的に語ってもダメですね。みんなで共有しないと。

上司ヨシ！　中間管理職の声

営業部門課長（40代）

コミュニケーションは飲みニケーションが原則だったんですが、最近は若い人が参加してくれず、しかもコロナ…。でもこれは飲みよりもいいですね！ 部下と会社の将来についてここまで真剣に話したことは無かったと思います。

医療系（30代）

私は「指導」ではなく「傾聴」するっていうスタイルが好きですね。
今までの評価方法では中間管理職がやたら「指導者」になるための勉強を強いられていたので正直プレッシャーで嫌でした。これはいいですね！

建築系部長（50代）

以前は毎年忙しい時期に「部下の評価」をしたあと「個別面談」をしてさらに「社長と調整」しなくちゃいけなかったのでとても大変でした。サンクスUP！シートだと面談すれば良いだけだからとても楽ですね。

社員ヨシ！　一般・新人の声

福祉系（30代）

改めてありがとうを言うとなると難しいようですが、その方のいいところを探す事につながりとてもよかったです。私自身大人になると褒められることもあまりないので、頑張っていることを評価していただけるととても嬉しいです。

デザイン（20代）

強制的に当てられて発表するのではなく、みんなで協力しながら考えていいものを探して発表する形式だったので、意見が言いやすかったです。

福祉関係（20代）

うちはいろんな年代の人が多いので今まで遠慮していたんですが、けっこう意外な一面が見えて面白かったです。とくに最後みなさんがボクの夢を応援してくれたのが嬉しかったです！

よくある質問

Q うちは仲良く研修をやるようなタイプの社員ばかりじゃないんですがそれでもできますか？ 褒めあったこともないような…。

A むしろそういった企業さんのほうが喜ばれています。研修ではゲームの要素がたくさん入っているので褒め合わないほうがノリが悪いという感覚になります。そしてそのあとも日報で日常的に褒め合いますので職場環境にも少しずつ改善する影響が出始めます。

Q うちは100人超えますが全員やった方がよいですか？またパートや非正規雇用の人も参加させた方がよいですか？

A オススメは3部署30 ～ 40人くらいで分けることです。ゲーム感覚で競い合ってチームビルディングができます。そしてふだん働いている仲間であれば非正規の方、パートの方も参加してもらった方が良いです。研修後は参加者同士はとても仲良くなるため、温度差が出ることを防ぐためです。

Q うちは5人くらいのまだまだ小さい組織ですがそれでも評価制度つくった方がよいですか？

A サンクスUP！の目的はチームビルディングです。自分たちがどんな価値観を大切にするかの話し合いを行うことですので十分意味があると思います。また将来大きな組織になったときも有効ですね。

Q うちは成果主義・歩合制なんですがそれでもやる意味はありますか？

A 「成果」に結びつけるにはどのような「能力」が必要で、そのためにはどんな「姿勢」が大事かをみんなで考えるよい機会だと思います。どこまで賞与金額に反映するかは調整可能です。

Q 現在すでに他の評価制度を導入済みです。ゼロから作る必要がありますか？

A サンクスUP！はシステム思考のフレームワークです。〇〇すべきというような価値観は存在しません。なので既にある価値観や評価制度を取り入れる事が可能です。むしろ、楽しいゲーミフィケーションでブラッシュアップできますのでより納得感が増します。

Introduction 6 サンクス UP！の4賢者

ねーザブちゃん、それにしてもどうやってこのサンクスUP！を考えたの？

なおこさん サンクスUP！の誕生には4人の賢者の存在が必要不可欠だったんです！

4人の賢者!?

一人目は林俊克先生。就実大学経営学部経営学科教授。フューチャーセッションを研究。著書は『ええ、会議が楽しいですが、なにか?―フューチャーセッションが会議を変える!』など。私が起業する際にもいろいろアドバイスをもらっていたんですが、先生の研究であるシステム思考（Systems thinking）を引き出す未来型会議**「フューチャーセッション」**のお手伝いをしているうちに私自身がドハマリ！しちゃいまして…。お菓子をポリポリ食べながら模造紙と付箋で浮かんできた未来像に「いいね～」と言い合うのがこれほど楽しいのか、と感動したのを今でも覚えています。サンクスUP！研修の根本概念となってます。

失業から起業の多感な時期に刺激を受けちゃったんでしょうね。うふふ…ザブちゃんらしいわ。

あれ、左の方でマイク持っている人って…

そう、その方が二人目の賢者・江崎英子先生。コミュニケーショントレーナー・親業インストラクター。著書は『それでも ゆるせる私になりたい～親と子が愛を求めてもがき続けた58年～』。一方的に価値観を押し付けるのではなく**「聴く姿勢」**こそが人間の成長へ導くという心理学（Psychology）のカウンセリング手法(ゴードン・メソッド)を教えてくれました。これはサンクスUP！ではファシリテーターのとても大切な基本姿勢として設定しています。

ファシリテーターやっているとついつい余計なこと言ってしまう。言い過ぎずに「聴く姿勢」が大事ってことよね。

そうです。私も江崎先生のコミュニケーション講座を何度か受けましたがまだまだ修行が足りません…

3人目は松村剛志先生。クローバ経営研究所代表取締役、一般社団法人マンダラチャート協会代表理事。著書は『仕事も人生もうまくいく！【図解】 9マス思考**マンダラチャート**』。数あるシステム思考のフレームワークの中でもマンダラチャートは別格でサンクスUP！では目標達成シートとして研修と日常業務をつなぐ重要な考え方になっています。

マンダラ大人気ですもんね。ザブちゃん、マンダラチャート認定講師としても大忙しだもの

マンダラチャートで人生計画をみんなで立てるのはとても面白いですからね！

最後の賢者は岸本好弘先生。日本ゲーミフィケーション協会代表、ゲーミフィケーションデザイン賢者Lv98のきっしーさんです。著書は『ゲームはこうしてできている クリエイターの仕事と企画術』この方、なんとあの「ファミスタ」の開発者さんなんです！すごいでしょ！

・・・？
ファミスタ？

ザブちゃんがゲーム大好きっ子だったことはわかったわ…

えー！知らないんですか？あの**伝説のファミコンソフト**ですよ！超有名ですよ！しかもきっしー先生のご実家と私の実家が超ご近所だったんです！もう超嬉しくて、ご縁だなぁって感動しました!!

失礼しました。そうなんです、ゲーム大好きっ子だったんですが、私が特に好きだったのが**「エディット機能」**です。架空のプロ野球でオリジナルチームをつくれるんです。名前を変えたり、選手の能力を編集したり。ポイントは資源は限られていてそれをどのように配分するか？の**パラメーター割り振り**です。その基礎は実家がご近所のきっしー先生に学んでいたんですね。

つまり、4人の偉大な先生の理論や考えを片っ端からパクっていったってことね…！

まぁそうですね…。言い方が気になりますが、多くの先生から学んだことを活用させてもらってます。

それぞれが素晴らしい理論や教えですので、ぜひこのサンクスUP！と共に4人の賢者さんたちの著書にも触れてみてください！より深い研修ができると思いますよ！！

Introduction 7 サンクスUP！とゲーミフィケーション

ファシリテーター なおこさん

ザブちゃんがゲーム大好きなのはわかったけど、サンクスUP！のどの部分にゲームが活かされているのか、ゲームをしない私にもわかるように説明してくれる？

開発者 ザブロー

わかりました！これを見てください。

この電子書籍は、アメリカのゲームデザイナー・代替現実ゲーム研究者のジェイン・マクゴニガルさんが書いた『幸せな未来は「ゲーム」が創る』です。この本によると面白いゲームには**4つの要素**があるといいます。すなわち…

▼面白いゲームには必ずある4つの特徴

ゴール

目指すべきゴールが明確か。お姫様を助ける、魔王を倒す、恐竜を狩るなど。世界観にあったわかりやすさも大事。

ルール

どんな方法・手段や手順で辿り着くべきか？ 制約は人に創造性と戦略的思考を与えます。

フィードバック

ゴール到達まであとどれくらいか？ LVや経験値・成長度合いは？良いのか悪いのか？貢献度に対する適切な報酬。

自主性

やらされているのではない。自分の意志で行っている自覚とやりたくなるようなワクワクするゲームデザイン。

たしかに私が唯一ハマったテトリスにも言えそうね

あの長いバーがなかなか来なくて…

ところでゲームって日本ではテレビゲームなど「遊び」の印象が強いですが、本来は「勝敗を決めるもの」すべてがゲームだっていうの知ってました？

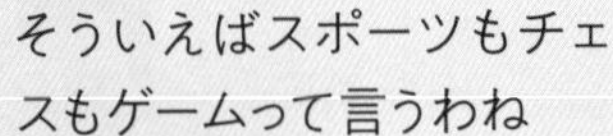

そういえばスポーツもチェスもゲームって言うわね

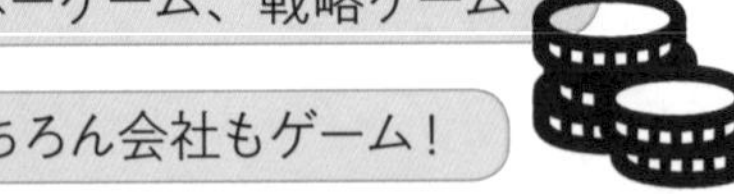

それだけじゃなくギャンブル、マネーゲーム、戦略ゲーム

もちろん会社もゲーム！

そこでさっきの4つの特徴を「会社バージョン」で考えてみましょう

ク、クソゲーのような会社!?

しかもさっきとは真逆！超つまらない「クソゲー」のような会社を定義してみるとどうなるか？

▼ブラック企業そのもの！？「クソゲー」のような会社

ゴールが無い会社

目標が無い、理念が無い、何のために働いているかわからない。年間目標も存在せず達成感がない会社。

ルールが無い会社

就業規則や評価基準が無い会社。社長や上司の胸先三寸でルールが勝手に変えられ、依怙贔屓で出世が決まる会社。

フィードバックが不適切

褒められない、どれだけ頑張れば昇給・昇格するのかわからない。的確なフィードバックがない会社。

自主性が無い会社

有無を言わさず厳しいノルマを強制的に課せられ、達成していないと問答無用で怒られるブラック会社。

うわー！こんな会社で働きたくないけど、でも結構こういう会社あるわね…。

でしょう?そしてそれは超面白いゲーム「神ゲー」で会社をデザインし直すと素晴らしい会社になるということも言えます！

▼「神ゲー」のような会社になるための4つの要素

明確なゴールへのビジョン

みんなで作った10年後の到達点「未来の新聞」が壁に貼ってあり、そのために何をするべきかを活発に話し合える会社。

価値観に基づいたルール

なにを大切にするかの価値観（バリュー）が一致して、それをもとにした評価基準で褒め合い認め合う会社。

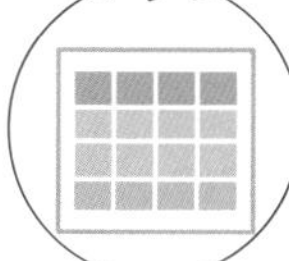

承認とステップアップ

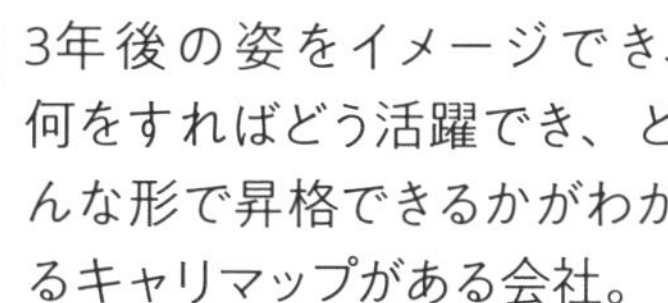

3年後の姿をイメージでき、何をすればどう活躍でき、どんな形で昇格できるかがわかるキャリマップがある会社。

自主的な目標をみんなが応援

自分で決めた目標を職場のみんなが毎日応援してくれる。

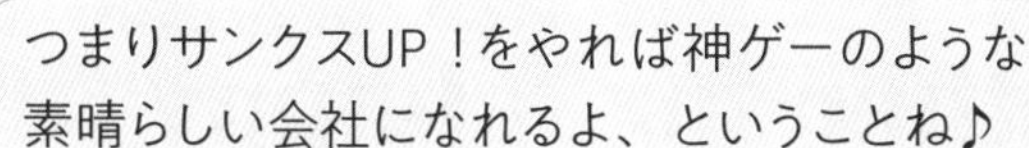

つまりサンクスUP！をやれば神ゲーのような素晴らしい会社になれるよ、ということね♪

幸せな未来の会社をゲームで創りましょう！

もちろん実際にそうするのはその会社の経営者であり社員さんです。サンクスUP！はそうなるためのフレームワークを提供し、ファシリテーターが全力でサポートします、ということなんです。

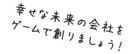

Introduction 8 サンクスUP！が目指す未来

ザブさん、それにしてもどうして書籍を出そうと思ったんですか？
しかも内容もこんなに詳しいヤツを

あいちゃん それは少しでも多くの人にこの研修をやってもらいたいからですね～

これからは優秀な人だけが勝ち残る「競争社会」ではなく

誰もが活躍できる**「共創社会」**を目指すべきだと考えています。

そのため

を広めることで

STEP 1
ゲームのように楽しく働ける会社を増やす

STEP 2
ワクワクしながら働く大人たちを増やす

STEP 3
大人になることが楽しみな子ども達を増やす

大丈夫よ！ザブちゃん！

そうすれば理不尽ないじめやリストラのない素晴らしい社会が訪れるのではないかと…

私がついてるから
みんなでやるから大丈夫

そーそー、みんなで拡めましょう！

Let's create together for a happy future!

ま、ザブちゃん一人なら失敗するだろうしね～

Chapter
2

ファシリテーターの心得

CHECK 1. ファシリテーターに必要な基本姿勢
CHECK 2. ファシリテーターに求められる7つの能力
CHECK 3. ファシリテーターの4つの成果
CHECK 4. サンクスUP！の7つ道具
CHECK 5. ファシリテーターの消耗品
CHECK 6. 研修前のヒアリング
CHECK 7. 研修会場の下見と段取り
CHECK 8. 研修当日の時間割
CHECK 9. 研修メンバーのグループ編成

Check 1

ファシリテーターに必要な基本姿勢

サンクスUP！では会の司会進行と楽しい場づくりを行う人間をファシリテーターと呼んでいます。
全員が安心して何でも話せる雰囲気をつくるため、常に笑顔で楽しく振る舞い、ときに毅然とした態度で仲間を守ります。優しさと強さを兼ね持つ存在です♪

ファシリテーター（促進者）とは？

組織での会議の進行役であり、中立的な立場から、すべての参加者の想いを引き出し、より良いゴールへと導く案内人です。サンクスUP！では1つ1つの研修や会議を**セッション（SESSION）**と呼び、ファシリテーターは360分という非常にタイトな時間を最大限有効活用し、参加者全員の発言を促したり、適切な他社事例を紹介してゴールへの方向性を指し示す重要な役割を担います。

基本姿勢は「傾聴」

まずは「聴くこと」～アイディアを引き出す力

サンクスUP！のセッションは短時間のアウトプットの連続です。頭の中のモヤモヤした考えを、強制的に外に出すため、参加者は大きなストレスと不安を感じます。ファシリテーターはその想いを汲み取り、常に能動的に聴くことを忘れてはいけません。

「うなずき」「あいづち」

勇気を出してせっかく意見を言ったのに無反応だったらとっても寂しいですよね。ファシリテーターはどんな小さなつぶやきも逃さず①「うんうん」と90度の角度でうなずく、②「なるほど」「へぇ」「そうですよね」というような言葉を返すことが重要です。単純に対話の場だけでなく。

「繰り返し」

付箋に貼った内容を読み上げましょう。サンクスUP！では、付箋を貼り付ける際はその内容を読み上げるのが原則ですが、黙って貼っている場合も多いため、ファシリテーターがその伏線に書かれている言葉を読み上げ（繰返し発言）声出しを促しましょう。

「言い換え」

繰返し発言の際、「なるほど、そうきましたか」などの相槌を打ち、さらに「ということは○△もありですね」とか「さきほど○□というのも出ましたね」というように言い換えるとさらに効果的です。

未来会議（フューチャーセッション）の場づくりに必要な姿勢

自分の価値観を押し付けず考えを受け入れる

多くの他社事例に触れ、勉強して知識が増えると「こうあるべき」という考えを言いたくなることはありますが、ファシリテーターはそこをぐっと堪えましょう。サンクスUP！のゴールは1つの価値観や1つの正解を見つけることではなく、たくさんの協調アクションを生み出すことです。

全員が話をする機会をつくろう

発言が特定の人に偏っていないか常に気を配り、自分のセッションの説明トークは最小時間で済ませ、あえて発言が少ない人に答えやすい質問を投げてみましょう。間違っても大丈夫な空気をつくることもとても大事です。

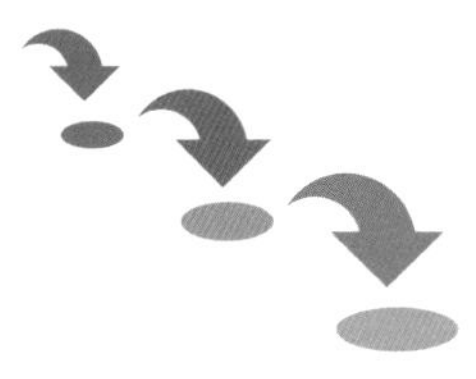

未来から逆算して考えよう

ふだん多忙な業務に追われていると10年先の未来どころか1年先の目標も立てづらくなります。サンクスUP！では「望ましい未来」から、10年後→5年後→3年後→1年後と逆算して考える「バックキャスト」という発想法を大切にしています。

「でも…」「そんなの難しい…」というネガティブな発想のみに囚われていると望ましい未来は訪れません。ファシリテーターは自由で突拍子のない発想を促し、その業界のイノベーション（技術革新）をもたらすようなアイディアを生み出しましょう。

サンクスUP！では①多様性 ②対話 ③未来志向 の3つを大事にする未来への集団行動「フューチャーセッション」を根底の考え方に置いています。

ファシリテーターがこの考え方を理解し、ふだんからこの姿勢で人と接することがとても大事です。

協調アクションを起こす

Check 2 ファシリテーターに求められる7つの能力

研修はほとんど初対面の人ばかりです。ファシリテーターは次の7つの能力を駆使し、会社を楽しい未来へと導くパートナーとして信頼関係を築きましょう。

スキル1「段取力」～先を読み時間通りに収める力

セッションは非常にタイトでハプニングの連続です。まずは参加者に時間を守ってもらう必要があります。そのためには**自ら時間通りに段取りよく進めることがとても重要です**。その上で、予定外のことが起きても焦らず時間内に収めるには、**入念な準備と臨機応変な柔軟性が不可欠**です。本テキストには分単位の時間が書いていますが、そこに囚われ過ぎずアレンジしていきましょう。

スキル2「伝達力」～豊富な知識を正しく伝える力

ファシリテーターは人間関係と評価制度の豊富な知識のもとセッション内容について正確に伝える必要があります。**そのため「えー」「あのー」禁止**です。なぜなら自信がないように伝わってしまい、参加者が不安に感じてしまうからです。テキストをよく読んでおけばセリフに詰まらないはずです。ふだんから知識を身につけファシリテーションの修練を積みましょう。

スキル3「演技力」～問いかける力

ファシリテーターはセッションの最初に参加者全員に向かって「問いかけ」を行います。これから書く付箋や模造紙の数々は、すべてその問いかけに対する回答ともいえます。**全員の目を見ながら、まるでブロードウェイの女優のように能く通る声でゆっくりと問いかけを行いましょう。** 2回繰り返すのも効果的です。良い答えは良い問いかけから生まれます。

スキル4「拡張力」～アイディアをふわーっと拡げる力

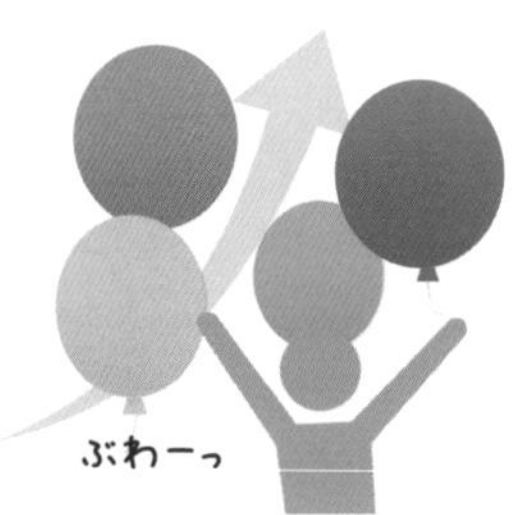

イノベーションを起こすためには、多様な人々から出る突拍子のない**アイディアのすべてを受け入れ**、さらに悪ノリして尖らせる必要があります。付箋でアイディアが出た瞬間に「なるほど！」「面白いですね！」などの**「相槌」**、そして付箋に書かれた内容をファシリテーターが読み上げる**「繰返し」**を駆使して、参加者全員の発想を膨らませていきましょう。

スキル5「収縮力」～アイディアをぎゅぎゅっと縮ませる力

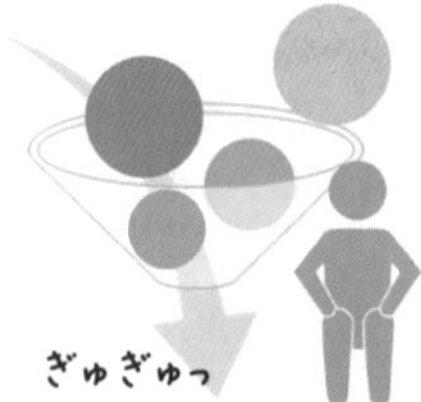

膨張したアイディアは収集がつかなくなる前にドット投票（投票）やマンダラチャート（枠）などで集約することが可能です。拡げたアイディアを凝縮することで、より実現性の高い建設的かつ高度なアイディアに変化させることができます。**アイディアを捨てずにいかにまとめるかがポイント**です。

スキル6「交渉力」～目線と感謝でイニシアティブを取る力

セッションに懐疑的な方や非協力的な参加者は必ずいます。彼らに対しては、**こちらから積極的に関わり、視線や言葉で協力をお願いし、感謝の気持ちを伝えるのがとても効果的**です。あえて模造紙の張り替えや最初の文字書きに協力してもらって感謝の言葉を伝えましょう。空気をつくれるチャンスです。

スキル7「統率力」～望む未来へと導く力

ファシリテーターは会社を未来に導く案内人です。迷子になりそうな時は優しく誘導し、道を踏み外しそうな時は厳しく注意する必要があります。そのために、ファシリテーターが手を挙げると全員が今の会話や行動をスグに止めて同じように手を挙げるというルール『イワシの手』があります。これを適切に使い、グダグダな状態を避け、心理的安心感と適度な緊張感の両方バランスよくある場作りを行いましょう。

ファシリテーターの伝家の宝刀『イワシの手』

ファシリ
ポイント

ファシリテーターが静かにしてほしい時、注目を集めたい時、サッと手を挙げるとシーンと鎮まりかえる。これが理想の状態です。これをサンクスUP！では、サメが襲ってきた時に危険を知らせ合うイワシにちなんで「イワシの手」と呼んでいます。ポイントは**乱用しないこと**。ファシリテーターが手を挙げる時は、**伝家の宝刀を抜く時です。**一度抜いた以上簡単に鞘に収めるのではなく、周囲を見渡し、2・3秒間を置いてから手をおろしましょう。静まっていないのに次に行くと参加者は「従わなくても良いんだ」と思ってしまいます。この状態をつくるためには7つの能力を備え信頼関係を築けているかが大きく影響します。

ファシリテーターにはこれだけの能力が必要なの？スーパーマンみたい…。

みなさんの価値観から大切な評価をつくる立場の人間ですからね。剛柔兼ね備えた姿勢が重要です。

エピソード：休憩から帰ってこない社員が出た場合・・・

あまり乗り気じゃない感じで参加していたベテラン社員Sさん。11時00分からセッション再開と伝えていたのにタバコ休憩から帰ってきません。経営者さんが気を遣って「呼んできましょうか？」と言ってくれましたが、呼ばずにセッション再開。3分ほどして帰ってきたSさんにファシリテーターは「すいません、もしかしたらお伝えできてなかったかもしれませんが、11時から再開でした。次回からもっとハッキリとお伝えしますね」と伝えました。その後一切遅刻はなくなり、ほどよい緊張感が生まれました。

Check 3 サンクスUP！の4つの成果

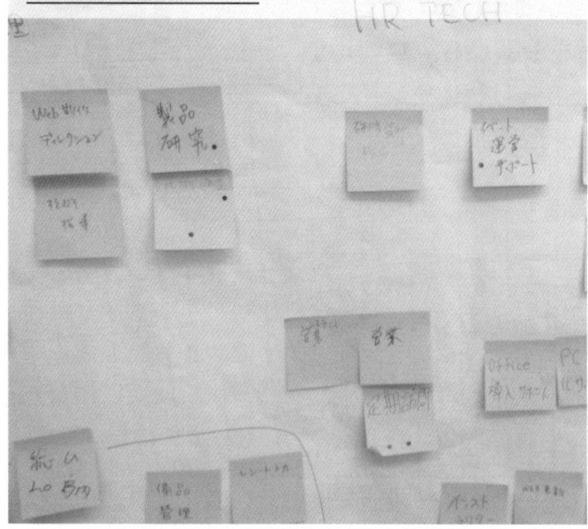

S15「タスクツリー」
どんな仕事があるか？

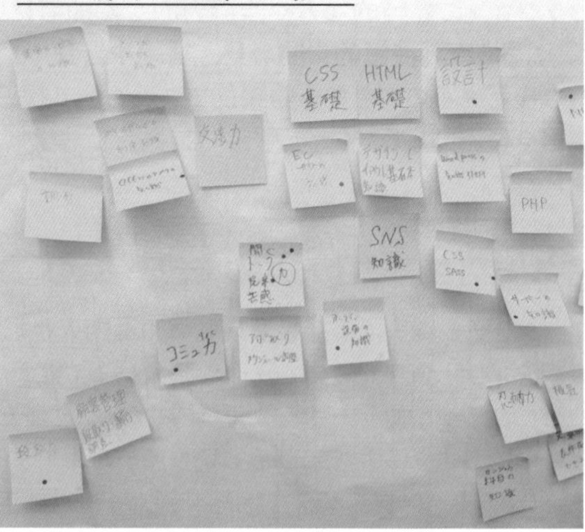

S16「スキルツリー」
どんな技術・知識が必要か？

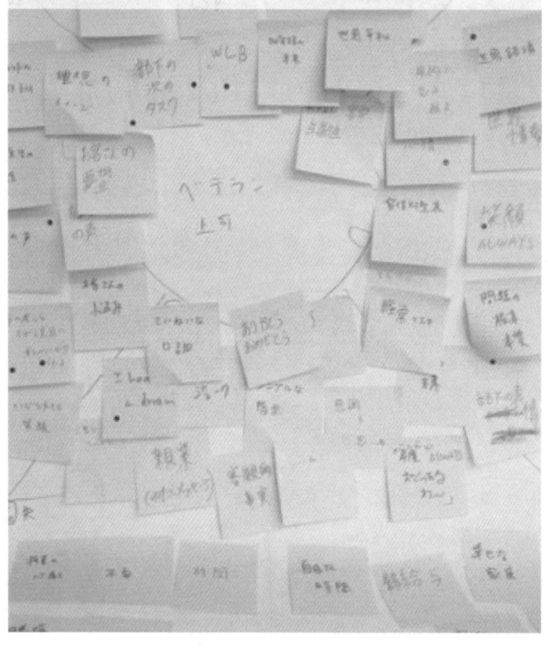

S22「共感マップ」
理想の上司・ベテランってどんな人？

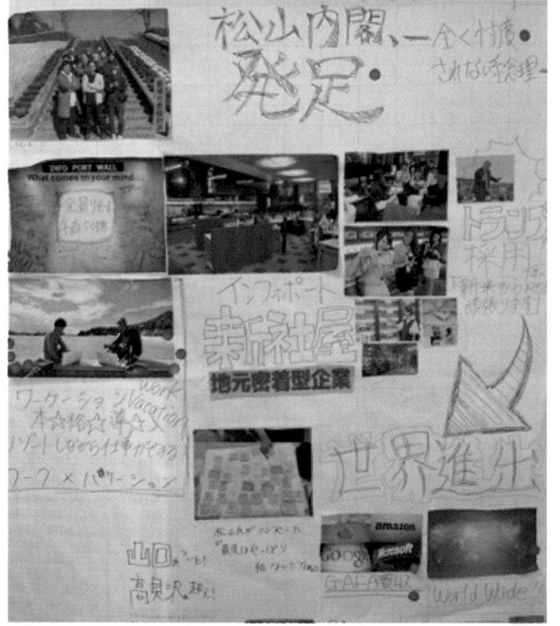

S17「未来編集会議」
10年後に訪れるステキなニュースとは？
地元密着型企業

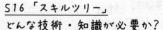

ビジョンとは「来たるべき未来像」「夢」「自分たちのミッション（使命）が実現した姿」です。その実現のためにはどんな仕事（タスク）があり、能力（スキル）が必要かを考えます。

経営理念と違うの？

経営理念とは企業活動の根本部分の考え方です。サンクスUP！では、経営者が経営理念を説明し、その後、社員が自分の夢とみんなの夢を語り合ってからビジョンを考えます。

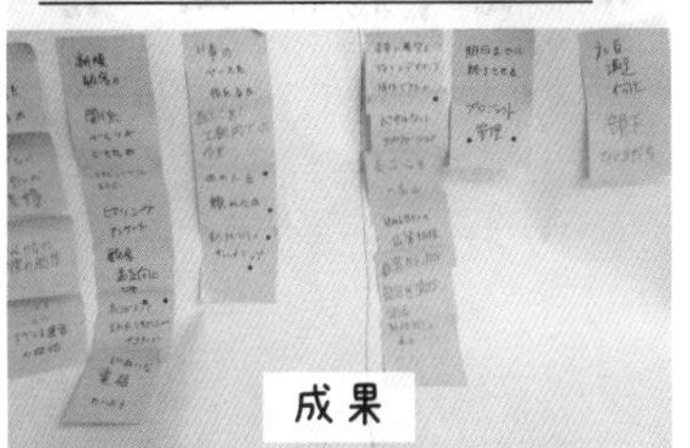

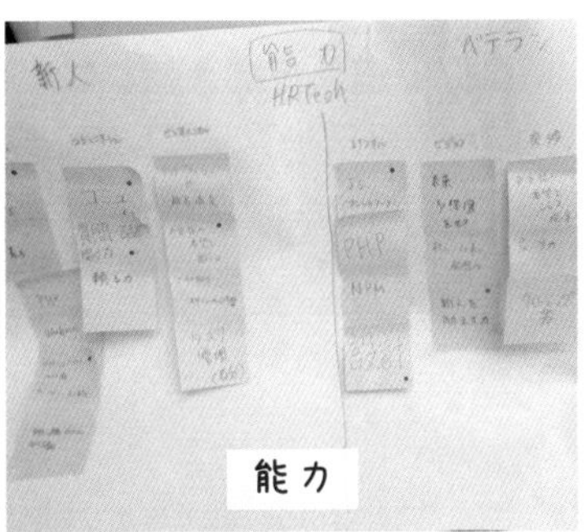

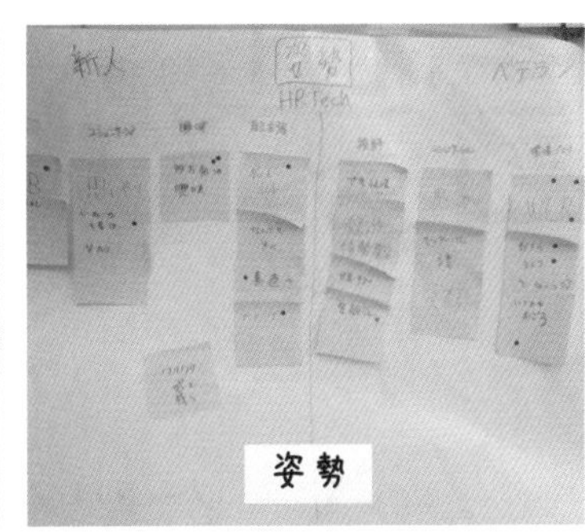

バリューとは「価値観」「判断基準」です。その企業にとっての行動指針でもあるので、「これを実行しているか?」「実現しているか?」を評価基準に活用します。

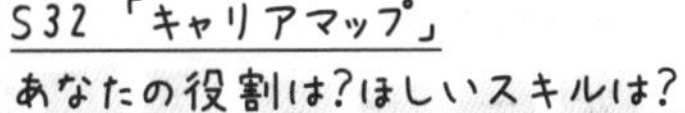

S32「キャリアマップ」
あなたの役割は?ほしいスキルは?

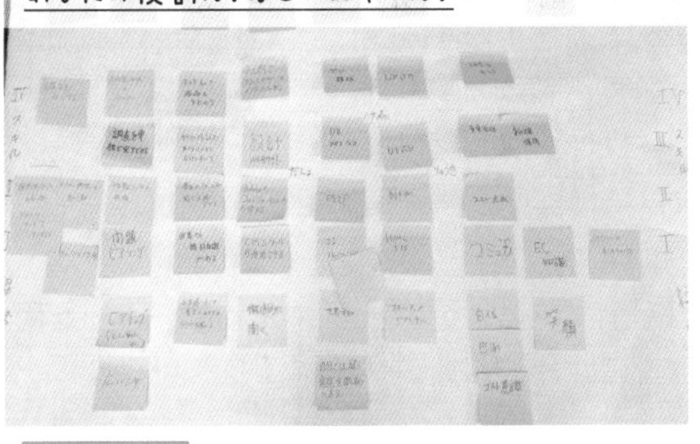

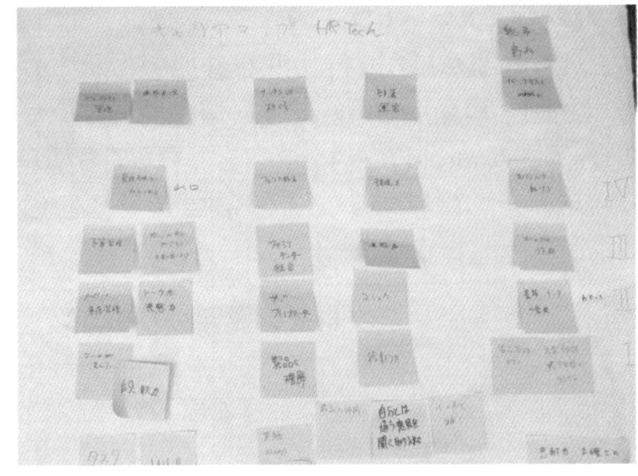

ビジョンとは「来たるべき未来像」「夢」「自分たちのミッション(使命)が実現した姿」です。その実現のためにはどんな仕事(タスク)があり、能力(スキル)が必要かを考えます。

S42「マンダラチャート」
1年後にどんな自分になりますか?

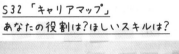

[illegible]	[illegible]	[illegible]	推進力	決断力	コミュ力	内外の人への見られている目を意識する	笑顔	感謝
他人事にしない	人間力の向上	解決能力を高める	毎日の進捗管理	部門管理能力を高めて定時退社を実現させる	従業員の能力向上に努める	困りごとを解決する	人あたりの良さを意識する	気配り
広い視野	気づきを増やす	時間を守る	業務の振り分け	作業時間の意識	優先順位(好きな事)を見極める	言われる前にやる	優しさ	思いやり
サンクスUP研修の受注で年間3,000万円の売上	サンクスUPシステムの受注で毎月の固定売り上げを100万円	掲載件数を増やし、ポータルサイトとして確立させる	人間力の向上	部門管理能力を高めて定時退社を実現させる	人あたりの良さを意識する	聞く耳	観察を心掛ける	悩み、考える時間を作る
新商品の開発	HRTech部門の予算達成	営業パートナーをつくる	HRTech部門の予算達成	社内外のコンシェルジュ	受け身の姿勢	両手を広げて包み込む姿勢	受け身の姿勢	広く浅くではなく、広く深く澄み切った心で
オンラインイベントの運営サポート業務を確立させる	補助金の情報を常にキャッチして、適格な提案をする	既存商品の完成度を高める	新しい販路の開拓	体重64キロ	楽しい飲み歩き	寄り添う	表面で見ずに立体的にとらえる	本を読む
顧客への定期訪問	新しい企業関係を築いていく	部門での勉強会の実施	週1回30分以上のマラソン	フットサル	ゴルフ打ちっぱなし	日本酒を覚える	料理を覚える	新規店舗の開拓
顧客満足度を高めて紹介をもらう	新しい販路の開拓	人脈作りの為、今まで参加して来なかった会に参加する	食事の見直し	体重64キロ	水を飲む	新しい友達(仲間)をつくる	楽しい飲み歩き	家では飲まない
SNS広告による商品の売り込みで全国展開	期待以上のサービスの提供を心掛ける	掲載企業とのコラボイベントの実施	毎日寝る前にストレッチ	睡眠時間の確保	歩く	お酒におぼれない、飲まれない	社長にこびる	予算の確保

ミッションとは「使命」「重要な任務」です。サンクスUP!では個人個人が何をすべきかをみんなで考え、個人目標に設定し、みんなで応援し続けます。

ファシリテーターの7つ道具

自分で道具を揃え使いこなそう
ファシリテーターとしてセッションを進行していくために最低限必要な道具です。操作に慣れましょう。

ファシリテーターの7つ道具

ノートパソコン

主に進行を示すパワポ画面を表示するのに使います。スペックはそこまで必要では有りませんが、原則としてMicrosoft365（PowerPoint、Word、Excel）がインストールされている必要があります。

タブレット（スマートフォン）

主に残り時間などの進行状況を参加者に示すのに使います。補助の記録撮影（動画・写真）も可能です。緊急時にはテザリングで通信手段を確保しましょう。AndroidでもAppleでもどちらでも構いませんが普段から慣れている端末の方がよいです。必ずタイマーアプリをインストールしておきましょう。

プレゼン資料のリモコン

離れていてもPowerPointを遠隔操作できるようワイヤレスコントローラーを用意しておきましょう。電池もチェックし予備電池も常に備えておきましょう。

ビデオカメラと三脚

全体の雰囲気は固定のビデオカメラを置いたほうが記録には便利です。Zoomのクラウド録画と併用すると録り逃がしを防止できて安心です。

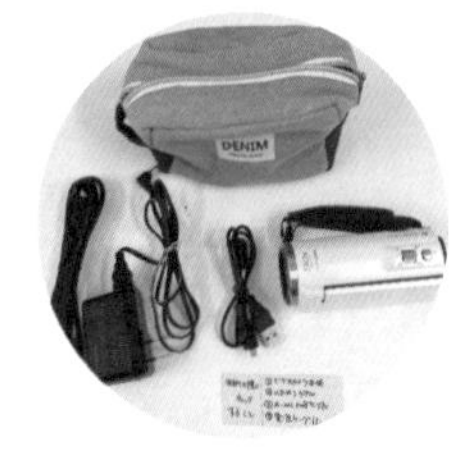

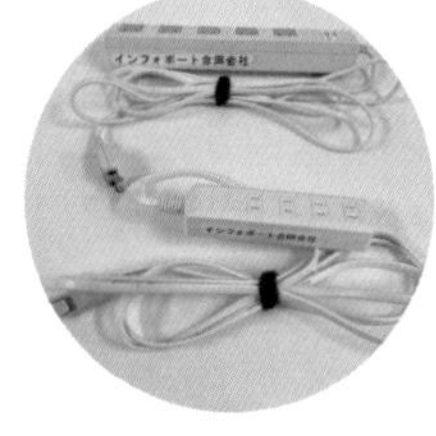

電源タップ・延長コード【2個】

長時間パソコンやスマホを使うので、電源タップは必須です。充電口が複数ありケーブルが長いものを選びましょう。ビデオカメラ用とPC用の2つは必要です。会社名をネームシールで貼っておくと紛失リスクを軽減できます。

文房具セット

ハサミ、ペン、のり、テープなど。未来の新聞をつくるときや成果物を貼り付ける時に重宝します。

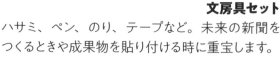

テキスト

本書です。手順の確認、ポイントチェックなどに役立ててください。

ファシリテーターに最低限必要なITリテラシー

1. Wi-Fi 接続の知識

相手先にWi-Fi環境が無い場合に備え、テザリングなど複数の通信手段を確保しておきましょう。

2. プロジェクタと接続ケーブルの知識

HDMIかD-sub15ピンケーブルか事前に確認し、変換ケーブルを持っていきましょう。最低限のプロジェクタの操作方法も必須。

3. タイマーアプリの操作

テンポよくファシリテートするには時間管理が必須です。以下のアプリをタブレット（orスマホ）にあらかじめインストールして操作になれておきましょう。

※研修でよくある操作
✓ 終了時間を 2:00 に
✓ タイマ1を 0:45 に
✓ 終了時間を 1:30 に

iPhone：**プレゼンタイマー**
Android：**プレゼンタイマ**

特にファシリテーター初心者の方はタイマーアプリの操作に戸惑いがちです

アイスブレイクのたびにタイマを測ってみるなど、操作に慣れるため何度も練習してみましょう！

4. パソコン画面の切り替え操作

特に以下の操作が多いので慣れておきましょう。

- PowerPointの途中からスライドショーを再開する「現在のスライドから」
- Zoomで画面共有する
- You Tube で動画を再生する。音声付きで。

ファシリ
ポイント

武器は持っているだけじゃ意味がないぞ！ちゃんと装備しないとな

RPGゲームの序盤によくこんな台詞を街の兵士などに言われます。ファシリテーターも同じで道具を使いこなさないといけません。とくに360分研修は時間がないので操作に手間取ってしまうと時間通りに終われないどころか場がしらけてしまいます。ふだんから使って慣れておきましょう。

ファシリテーターの消耗品

ファシリテーターは常にいつでも臨戦態勢で！
すべて100円ショップで揃えられるものです。コストを抑えて、持続可能な状態でいつでもセッションできるようにしましょう！

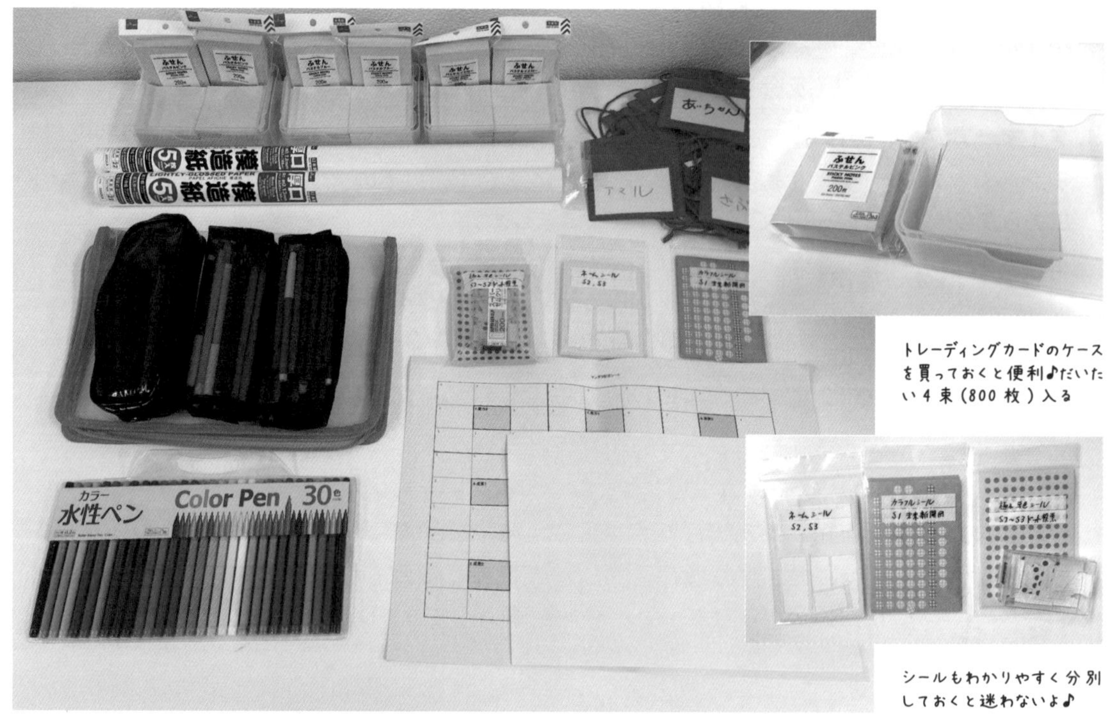

トレーディングカードのケースを買っておくと便利♪だいたい4束（800枚）入る

シールもわかりやすく分別しておくと迷わないよ♪

セッションに必要な備品（消耗品）

付箋（正方形 75x75mm）
もっとも消耗が激しいものです。最低限「赤」「緑」「黄」の3色は確保しましょう。「水色」もあれば尚良しです。粘着力はそれほど高くないので貼る際にはしっかり落ちないよう注意を促しましょう。

模造紙 白 薄口（545×788mm）
カラフルな付箋や文字を書くので白色がオススメです。2倍のサイズも売ってますが大きくて吊るすのに苦労しますのでこのサイズがお薦めです。大きくしたい場合はテープでつなぎます。

カラフルペン（30色）
紛失やインク切れも多いので消耗品と考えましょう。黄色などはそもそも見えづらいので省きます。

シール
ネームシール：SESSION 2のＫＪ法とSESSION 3のキャリアマップで使います。
カラフルドットシール：未来の新聞のドット投票で使います。新聞に貼ります。
極小単色シール：SESSION 2が終わった時に評価基準や共感マップなどに貼ります。付箋に貼るので極小サイズです。

白紙 A4用紙
自己紹介や褒めシャワーや気づきシートとして使います。コピー機のトレイから失敬しましょう。

マンダラシートA3サイズ
マンダラSESSION 4で使います。マスは小さいのカラフルペンではなくボールペンで書いてもOKです。

消耗品の補充について

消耗品の中でも減るスピードが激しいのは「付箋」です。中でも緑色がSESSION 2の褒めシャワーで多く消耗します。1テーブル（6人ほど）に1束200枚あれば問題ないでしょうが念の為予備も用意しておきましょう。意外に模造紙の書き損じた時に「おかわり」が来ることもあります。下記の表を参考に+αの余裕をもってセッションに臨みましょう。右のようなリュックに持って運ぶと便利です。

18人3テーブルで必要な消耗品モデル

SESSION	模造紙	付箋	A4コピー紙	シール	成果物
SESSION 1 未来新聞	サイズ小 (545x788mm) 9枚	赤300枚 黄300枚 緑 0 枚	白紙18枚	カラフル54粒	自己紹介シート／タスクツリー／スキルツリー／未来新聞
SESSION 2 評価基準	サイズ小 (545x788mm) 15枚	赤300枚 黄300枚 緑900枚	白紙18枚	ネーム72枚 小126束 (1束3粒セット)	褒められシート／共感マップ／評価シート（能力・姿勢・成果）／気づきシート
SESSION 3 キャリアマップ	サイズ小 (545x788mm) 6枚	赤300枚 黄600枚 緑300枚	白紙6枚	ネーム 18枚	キャリアマップ／気づきシート
SESSION 4 ミッション宣言	なし	108枚 もしくは 余りの付箋	マンダラ18枚		マンダラシート
1DAY合計	サイズ小 (545x788mm) 30枚	赤900枚 黄1200枚 緑1200枚	白紙 42枚 マンダラ 126枚	カラフル54枚 小126束 ネーム 90枚	

●お茶とお菓子

楽しい雰囲気を演出するための必須アイテムです。ポイントをまとめてみました。

個包装を選ぶ

切り分けが必要なものは進行を止めてしまう危険性も。自分のペースで食べられる小分けの個包装がベスト。

飲料は「お茶」メイン

コーラ等を買っても余ることもしばしば。だったら最初からお茶だけでもよいかも。

紙コップに名前を書いてもらう

セルフサービスにして気遣いを最小限にしておきましょう。

参加者の方がどんどん自由に発想してもらうために、ファシリテーターは快適な環境をキープしなければいけません。

Check 6 研修前のヒアリング

ヒアリングでセッションをデザインしよう
経営者もしくは人事担当幹部の方に以下の質問をします。効率よく的確に情報を引き出し、その会社ならではのセッションを共にデザインしましょう！

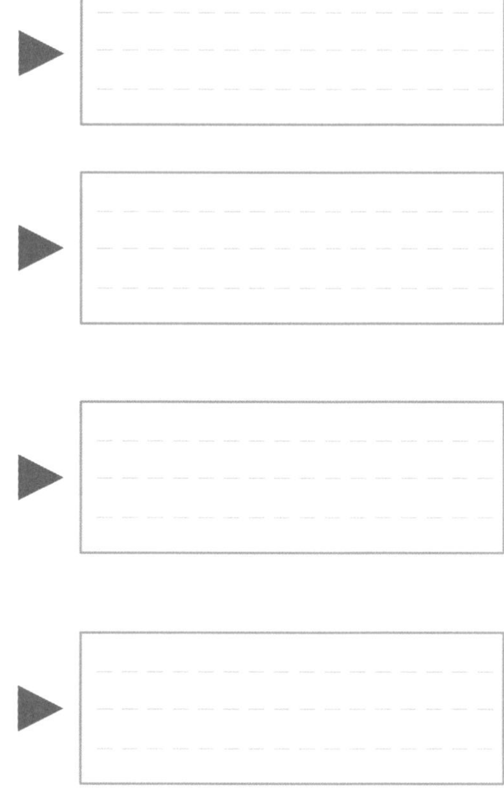

Q1.会社の基本情報を教えて下さい
- 業種・業態、部署・部門、社員数
- 強み・弱み・機会・脅威・経営課題
- 創業年数・創業者・承継者

Q2.今回研修を受ける部署について
- 対象は？幹部？一般社員？
- 人数は？課題は？雰囲気は？
- どんなタスクがありますか？
- どんなスキルを持っていますか？
- どうなってほしい？

Q3.会社に評価制度はありますか？
- 等級は？何段階？賃金テーブルは？
- 評価方法は？目標管理方法は？
- 賞与？年何回？評価基準は？上下差は？
- 成果重視？姿勢重視？能力手当は？

Q4. 経営理念や10年後のビジョンは？
- 経営指針、方針、計画を共有してる？
- ビジョンを一緒につくっていますか？
- エリアは？
- とどまる？県外？全国？世界？
- 業種は？
- 既存業種のみ？他業種展開？新規事業？

Q5. 未来編集会議の方向性と素材は？(→S17)
- 見出しはどれが好みですか？
- ついに業界No.1奪取！次は世界進出へ
- 驚きの新商品開発に成功！その名も××
- あこがれ企業No.1 日本一大切にしたい会社
- 未来編集会議用の素材を集てください
- 社員旅行や会社での集合写真
- 業界新聞やブログをA4カラー印刷で

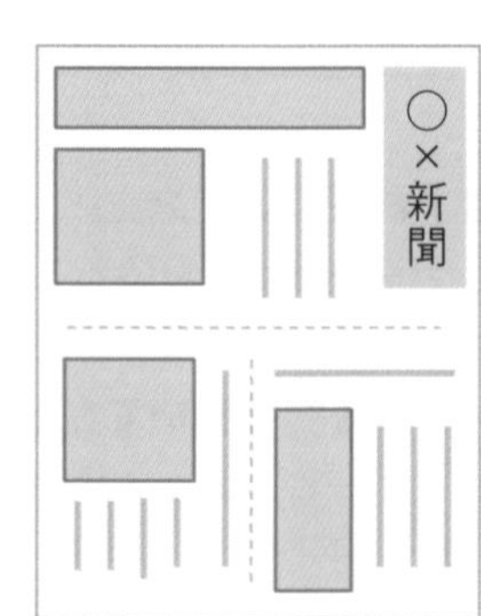

Q6.現在の会社のタスクについて教えてください（→S15）

部署名をそのまま書く？ 挑戦したいことや新規事業を書く？

Q7.評価基準のカテゴリを決めてください（→ S23）

・ ①〜⑥の中から自社にふさわしい言葉を4つずつ選んでください。
・ 統合や言い換え、オリジナルの表現等は自由です。

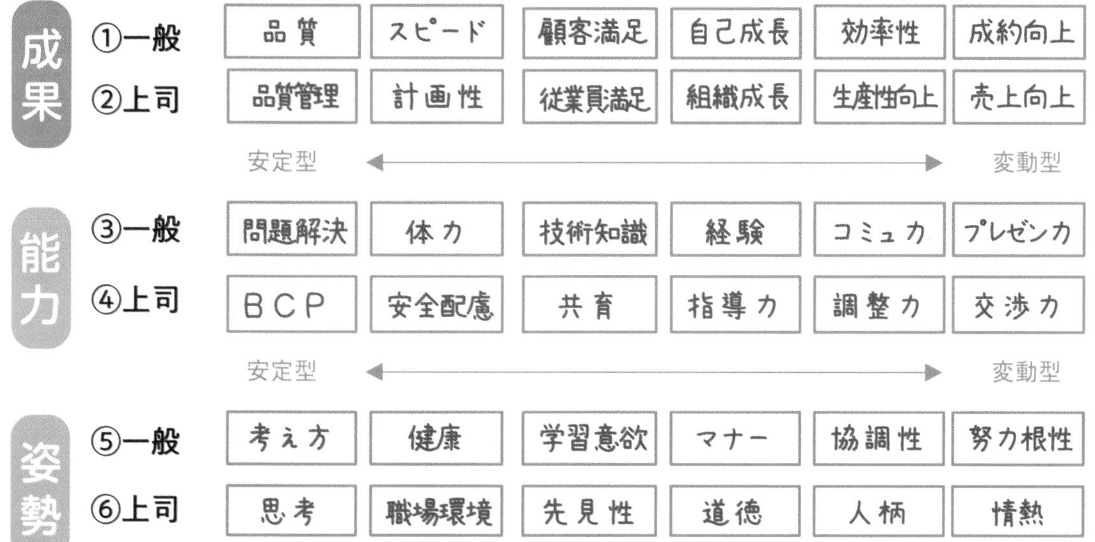

成果	①一般	品質	スピード	顧客満足	自己成長	効率性	成約向上
	②上司	品質管理	計画性	従業員満足	組織成長	生産性向上	売上向上
		安定型 ←				→ 変動型	
能力	③一般	問題解決	体力	技術知識	経験	コミュ力	プレゼン力
	④上司	BCP	安全配慮	共育	指導力	調整力	交渉力
		安定型 ←				→ 変動型	
姿勢	⑤一般	考え方	健康	学習意欲	マナー	協調性	努力根性
	⑥上司	思考	職場環境	先見性	道徳	人柄	情熱

Q8.今まで実施した社内研修や評価制度を教えてください

サンクスUP！は今まで実施した研修を否定するものでは有りません。むしろ、うまくそれを吸収し、未来志向のフレームワークでより精度を上げていくことができることを説明しましょう。

ファシリポイント

サンクスUP！はこれまでの研修と併用できます！

サンクスUP！はシステム思考を生み出すためのセッションの集合体です。サンクスUP！そのものに価値観やべき論はありません。せっかく今まで作ってきた評価制度や価値観を捨ててしまうのはもったいないので、ぜひ組み入れるようにデザインしましょう。評価制度も初年度は併用もしくはテストとしてシミュレーションすることが多いのが実情です。ファシリテーターは過去の否定ではなく今までの経緯を尊重し発展する未来をデザインすることを心掛けましょう♪

Q9.当日の流れを確認しましょう

「CHECK 5.会場の下見」「CHECK 6.当日の時間割」「CHECK 7.グループ編成と参加者リスト」に続きます。次のページへ！

Check 7 研修会場の下見と段取り

サンクスUP！の成功は準備が9割！
セッションには予想外のトラブル・ハプニングが付き物です。トラブルは発生するものとして考えましょう。だからこそ事前の段取りをどこまで詰められるか、が勝負です！

会場の事前下見「7つの質問」

1. Wi-Fi環境はあるか？
・IDとPASSは？使えるか？

2. 電源コンセントはどこにあるか？
・延長コードがいくつ必要か？
・セッションでPCは使うか？

3. プロジェクタかTVモニタか？
・TVモニタの場合部屋を暗くする必要がなくなる。レーザーポインタが映らないので注意。
・プロジェクタの場合、接続形式（HDMI等）を確認しましょう。

4. ホワイトボードはあるか？
・記述可能か？インクはあるか？
・イレーザー（黒板消し）はあるか？

5. 机の配置はどうなるか？
・基本は2つの机をつなげた「島」形式
・模造紙などを置く場所を確保するように

6. 模造紙を吊り下げられる？
・成果物を確認する時に必要。壁や窓など。材質に注意。
・テープを貼れるか？ NGな場合洗濯ばさみとロープを用意。

7. リストの印刷はだれがする？
・あらかじめ参加者リストをもらっておく
・タイムスケジュールも決めておく

見えますか？

事前の下見が難しい場合は、お客さんに上記の質問をして動画撮影してもらいましょう!

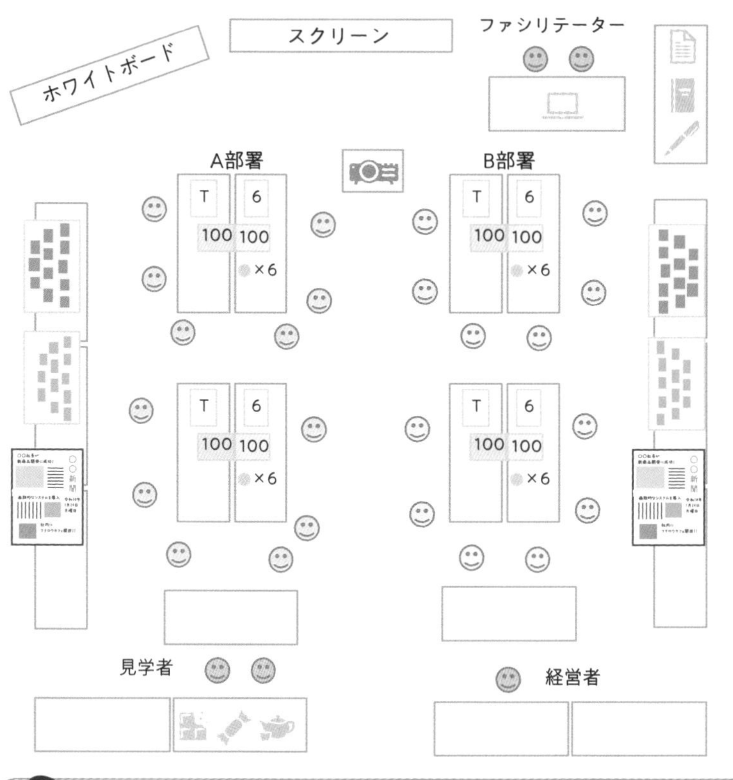

どこに模造紙を置くか？どこに未来の新聞を貼って、ドット投票してもらうか？空間デザインはこの段階からすでにはじまってますね♪

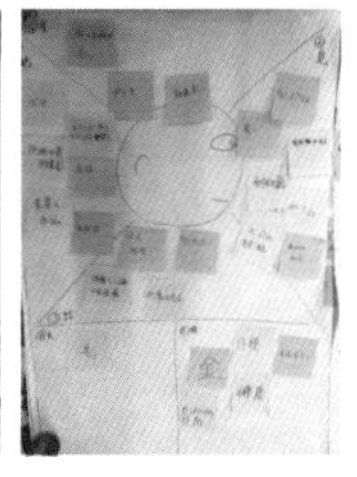

各セッションの最初のページに左図のような見取り図を書いていますので、ご参考に。

1DAYセッションは時間との戦いです。各テーブルにタイムスケジュールを書いた紙を印刷して時間が厳しいことを予告しておきましょう。特にストーリーテリングトリオの手順が難しいので場所と段取りをあらかじめ確認しておきましょう。

- 6　A4 自己紹介シート 6枚（人数分）
- 100　赤色付箋 約100枚
- 100　黄色付箋 約100枚
- ドットシール 6粒（人数分）
- T　タイムテーブルを書いたプリント
- 模造紙 A15タスクツリー
- 模造紙 A16スキルツリー
- 模造紙 A17未来ニュース

ファシリポイント

今までの成果物を常に見える位置におきましょう

サンクスUP！では、大きく「成果」「能力」「姿勢」の3つをいろんな角度やさまざまな立場から、何度も何度も考えます。ですので、今までどんな考えを出したか、を見ることがとても大事です。離れた位置に貼ってしまうとわざわざ見に行くことをしない傾向にあります。そこで**「なるべく近くの壁に貼る」「広いテーブルにして横に置く」**などの方法が考えられます。どうしてもスペースがない、遠い位置に張ってしまった場合は**「ファシリテーターが都度読み上げる」**ということが有効になります。限られた場所と時間で最大限の成果物を得るためには、**「周到な準備」と「臨機応変な柔軟さ」の両方がとても大事**です。

Check 8 研修当日の時間割

時間を制する者はセッションを制する！
あっという間に過ぎる楽しい時間にするか、ダラダラと過ごすツマラナイ時間にするかはファシリテーターの仕切りしだいです。

●事前の案内文

サンクスUP！研修の目的や意義を社内メールなどで必ず事前にお知らせしましょう。経営者が自ら発信した方が効果的です。

研修受講者各位
サンクスUP！研修のご案内
来る○月○日○時より研修を実施します。
【目的】
1. 人事評価制度構築の為
2. 個人目標シート設定
3. 10年ビジョンの創造
【経緯】
日頃、皆さんは、どうやって評価されている疑問に思ったことはありませんか？現在当社では

●記録（写真撮影・動画撮影）

- なるべく専門スタッフを配置する（ファシリテーターは司会進行に集中すべし）
- 写真はブレないよう細心の注意を払う
- 参加者が書いた文字が後から読めないことも多い
- 撮影した後に拡大してチェックする
- 何の模造紙かわかるよう記号や部署名を忘れずに書く
- ビデオは撮影できているかこまめにチェックする
- バッテリー注意

●当日の準備

- パソコンとプロジェクタの接続
- PowerPointとリモコンの動作確認
- ファシリテーター道具の準備
- 机の移動と配置
- 受付
- 名札はあった方がコミュニケーションが促進される
- 感染予防対策／体温チェック
- 弁当の手配
- お茶・お菓子

●交通・宿泊

- 何時に入るのか？
- 帰りはどうするのか？
- 懇親会はあるのか？
- 宿泊は？

●片付け

- ファシリテーターの道具は必ず自分で片付け、それ以外の片付けはなるべく周囲にまかせる
- 掃除
- 成果物（模造紙など）は会社に置く。壁に貼ることを推奨

食事は人類共通のコミュニケーション。うまく活用しましょう。

人類は少なくとも1万年以上前からお酒と食事でコミュニケーションしていたと言われます。食事をしていると仲間意識という認識が生まれやすく、またアルコールが入ると本音が出ることもあります。もちろん自分や相手の飲酒や食習慣には配慮する必要がありますが、1つのチャンスとして積極的に活用するのも1つの方法です。夜のおつきあいはNGでも、当日のお昼は弁当を別室で経営者と一緒に食べるのと、社員さんに混じってワイワイ食べるのではその後の研修の流れが変わってきます。

〜時間を管理しよう

	時刻	時間	タイトル	詳細	形態	道具
	8:20	0:40	準備	準備シート参照		
S1			未来新聞をつくろう			
1	9:00	0:10	チェックイン	アイスブレイク「４つの窓」	テーブル別（４）	A4カラー×人数分
2	9:10	0:05	フューチャーセッションとは			
3	9:15	0:05	ストーリーテリング	経営理念を語る		A4メモ用紙
4	9:20	0:20	ストーリーテリングトリオ	夢を共有	起立。３人×８グルー	A4カラーの裏
5	9:40	0:05	タスクツリー	あなたの仕事は？	チームで（２）	模造紙大、赤付箋
6	9:45	0:05	スキルツリー	あなたのスキルは？		模造紙大、黄付箋
7	9:50	0:40	未来新聞	10年後のグッドニュースは？	テーブル別（４）	模造紙小×4枚
	10:30	0:10	新聞発表			
	10:40	0:10	休憩	※未来新聞を仕込んでおく！		
S2			評価基準をつくろう			
1	10:50	0:20	ピグマリオンミーティング	褒めシャワー	チームで（２）	A4白、赤付箋、緑付箋
2	11:10	0:20	理想の新人・ベテラン		チームで新人・上司（	模造紙小×4枚、緑付箋
3	11:30	0:10	成果の価値基準をつくろう		チームで（２）	模造紙小×2枚、赤付箋
	11:40	0:10	能力の価値基準をつくろう			模造紙小×2枚、黄付箋
	11:50	0:10	姿勢の価値基準をつくろう			模造紙小×2枚、緑付箋
	12:00	0:10	全体を調整しよう			
4	12:10	0:10	サークル	気づきとアクション	チームごと	A4白2枚、黄赤付箋
	12:20	1:00	お昼休憩（ドット投票）	昼休み中に貼ってもらう		シール12枚×人数分
S3			キャリアマップをつくろう			
1	13:20	0:05	ドット投票確認	タスク・スキル・姿勢を一度に		シールを３つに分ける
2	13:25	0:10	キャリアマップ>タスク	模造紙横長・複数つなげる	チームで（２）	模造紙大、赤付箋
	13:35	0:05	キャリアマップ>スキル	LV4に分解して貼る		黄付箋
	13:40	0:10	立ち位置を考えよう	ネームシールを貼る		ネームシール
	13:50	0:10	キャリアマップ>姿勢			緑付箋
3	14:00	0:15	フィッシュボウル	6分×2回、コンサル入る	チームで（２）	
	14:15	0:15	キャリマップ仕上げ			
	14:30	0:10	サークル	気づきとアクション	チームで（２）	A4紙、黄付箋、赤付箋
	14:40	0:10	休憩			
S4			マンダラをつくろう			
1	14:50	0:10	メンターマッチング		チームでペアになる	
2	15:00	0:05	マンダラ説明			マンダラシート
	15:05	0:20	マンダラ1順	中央→８項目		
3	15:25	0:15	メンター補完タイム	おねだり＆要望		
	15:40	0:10	強制入力タイム			
4	15:50	0:20	ミッション宣言			付箋
	16:10	0:10	アンケート入力			スマホ
	16:20	0:30	終了（予備）			
	16:50		撤収			

スケジュールはなるべく細かく立てよう！

上記のようにExcelで分単位のスケジュールをつくっておきましょう。必ずこのとおりの時間に進みませんが、あらかじめファシリテーターが自分で時間設定することによってセッションの流れを頭の中に叩き込むことができます。

Check 9 研修メンバーのグループ編成

チームビルディングにふさわしいメンバー構成を！
サンクスUP！はやればやるほど仲良くなります。
これはコミュニケーションの機会が増え、自己開示が進むからです。
なるべく多くの人を巻き込み、社内風土を明るくしましょう！

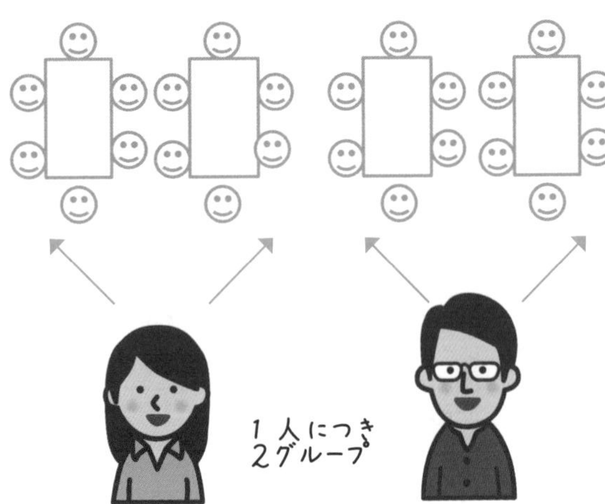

●1グループはだいたい6人が原則

- 人数が多すぎると…
- アウトプットの機会が減る
- 時間がかかる
- 人数が少なすぎると…
- アイディアが出にくい
- 多様な意見が出ない

●ファシリテーターは1人2グループまで

- 放置時間が長いと満足度は下がります
- とくに時間が短い1DAYだと顕著です

●サンクスUP！のグループ形式まとめ

全員参加フューチャーセッションとは、ストーリーテリング（経営者）

トリオ
ストーリーテリングトリオ

部署
タスクツリー・スキルツリー、未来編集会議、共感マップ、評価基準づくり、キャリアマップ

ペア
メンターマッチングとマンダラチャート

テーブル
サークル、ピグマリオンミーティング、ミッション宣言、他力本願タイム

シングル
マンダラチャート、瞑想、アンケート記入

チーム間で競わせると効果的

人は意識や能力の高い集団に身を置くと切磋琢磨しお互いを高め合います（ピア効果）。1チームで作る未来の新聞よりも、2チームで作る未来の新聞の方が明らかにクオリティが高くなることが多いです。これは他方のチームを意識することにより、競争意識が芽生え団結力が高まるためだと考えられます。ファシリテーターはこの心理を応用することで、より効率よく進行を進めることができます。

●普段から一緒に仕事をする人でメンバーを固める

SESSION 2で評価基準をつくる関係上、普段から一緒に仕事をする同僚同士でメンバー構成を固めたほうが、出てくる価値観（バリュー）がある程度統一されるので効果的です。これは部署によって求められる「成果」、必要な「能力」、ふさわしい「姿勢」が違うからです。

理想像が違う → 評価基準が異なってくる

例	管理部門（人材・総務）	販売部門（広報・営業）	開発部門（製造・デザイン）
求められる成果	間接業務・従業員満足	販売件数・売上・顧客満足	品質・納期
必要な能力	事務処理能力・総務系の知識	プレゼン力・ブランディングの知識	デザイン力・集中力・商品の知識
ふさわしい姿勢	コツコツ・調整	社交的・挨拶・マナー・交際接待	創造性・業界紙を読む

サンクスUP！研修では、「チームの目的・目標とは何か?」「その中で自分の役割は何か?」を考えるので、このチームの単位で構成する必要があります。
とはいえ、同じ会社・同じ経営理念で働く仲間であれば、ふだんの業務内容が多少違っても価値観（バリュー）は共通のものがあるはずです。最終的に360度評価をする時に、評価しやすい項目が入るように設計しておくのがポイントです。

●非正規・バイトの参加は？

ふだんから仕事をしているのであれば非正規雇用の社員やアルバイトの方も一緒に参加することを推奨しましょう。なぜならサンクスUP！は強力なチームビルディングが生まれるため、参加している人としてない人の間で温度差が生じてしまうからです。また、日本社会全体的としても同一労働同一賃金の問題も有るため、同じ尺度での評価基準が求められています。会社全体の評価制度見直しの機会ととらえ、全員参加でサンクスUP！に取り組むことをオススメしましょう。

●幹部だけで研修を行う場合は？

100人を超える組織の場合、まずは幹部だけでサンクスUP！を行うのも効果的です。経営者と幹部で10年後のビジョンや価値観、幹部組織としての役割・役職を考え、部署の目標をマンダラチャートで考えます。以下のセッションを変更すれば可能です。

SESSION 2

S2-2-1 共感マップ(理想の社長)

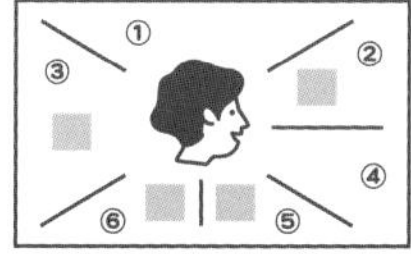

SESSION 3

S3-2-2 キャリアマップのスキルレベルを L1 ～ LV4 → LV3 ～ LV6 に変更

ファシリテーターの心得 Chapter 2

ファシリテーター
なおこさん

研修パートでは「フューチャー商事」という架空の会社で導入するというストーリーで解説します。18人の企業なのでファシリテーターは2人。それぞれの登場キャラのセリフにも注目してみてね♪

フューチャー商事
未来のお仕事をクリエイトする

経営理念
私たちは地域のリーディングカンパニーとしてハートフルな未来をクリエイトします。

タムラ社長
社長。業界のカリスマとして時代を築く。

タムラ部長
後継者。影が薄いようで実は野望を秘めている。

ヤエちゃん
専務。先代の奥さん。現場販売もしている。

ミヨちゃん
販売員。ヤエちゃんと仲良し。

キクちゃん
営業。入社したばかり。大卒。

ふじた
営業。叩き上げの数字主義者。盆栽好き。

コーヘー
入社5年。気さくなコーダー。

さなえ
主任。WEBデザイナー。クオリティに定評あり。

あやねぇ
敏腕課長。海外事業をまとめる2児のママ。

ナム
ネパール出身。英語も得意。海外サイト担当。

しのさん
マーケッター。お笑い芸人に詳しい。

ステファニー
海外取引先。日本大好きで趣味は歌舞伎観覧。

ジョージ
配送・在庫管理。セミプロバンドではボーカルを務める。

つっちー
在庫・資材管理。婚活中。趣味はパチンコ。

アンジェ
フィリピン出身。元英会話講師。夫はケント。

ケント
自称チャラ男。2児のパパで送り迎えは欠かさない。

まいまい
高卒入社1年。MT車をのりこなす。

サトシ
入社1年。趣味は切手集め。

ザブロー
サンクスUP！開発者。本書では解説キャラ。

あいちゃん
新米ファシリテーター。持ち前の明るさでファン急増中。

なおこ
新米ファシリテーター。持ち前の明るさでファン急増中。

かずさん
ファシリテーター。趣味はゲーム実況。

マーサ
社労士。みんなのお母さん的存在。

サンクス UP！360分研修

SESSION 1 未来編集会議

SESSION 2 評価基準

SESSION 3 キャリアマップ

SESSION 4 ミッション宣言

サンクスUP!

SESSION 1 未来編集会議

360分研修

SESSION 1 未来編集会議

私たちの会社の
「10年後の姿」
ってどうなってる?

S1-1.	サークル(自己紹介)	10
S1-2.	フューチャーセッションとは	05
S1-3.	ストーリーテリング(経営者)	10
S1-4.	ストーリーテリングトリオ	15
S1-5.	タスクツリー	10
S1-6.	スキルツリー	10
S1-7.	未来編集会議	40
S1-8.	プレゼンとドット投票	05

※所要時間(分)105

SESSION 1 の流れを確認しましょう。チェックインはテーブルごと、タスクツリーとスキルツリーと未来編集会議は部署ごとなど、セッションの単位をあらかじめ確認しておきましょう。

スクリーン

ファシリテーター

ホワイトボード

A部署

B部署

T 6 100 100 ×6

T 6 100 100 ×6

T 6 100 100 ×6

T 6 100 100 ×6

見学者

経営者

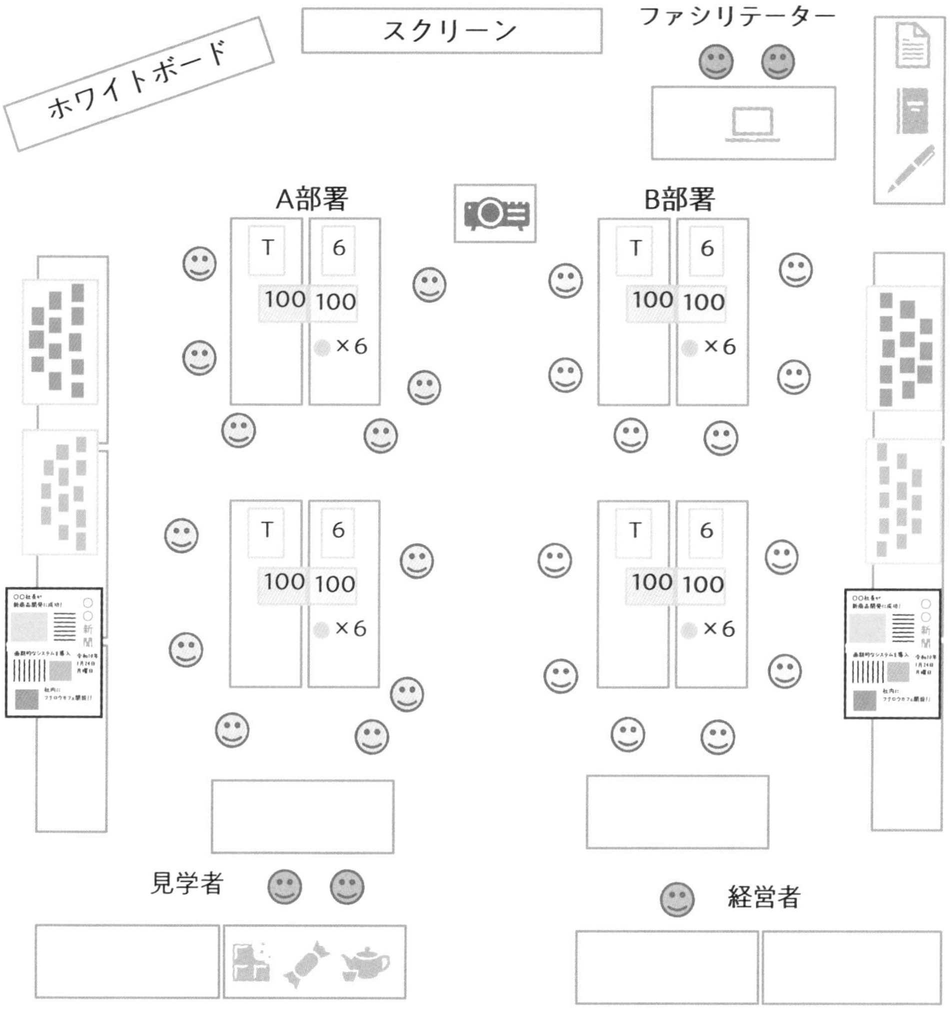

1DAYセッションは時間との戦いです。各テーブルにタイムスケジュールを書いた紙を印刷して時間が厳しいことを予告しておきましょう。特にストーリーテリングトリオの手順が難しいので場所と段取りをあらかじめ確認しておきましょう。

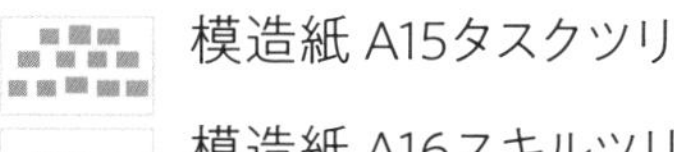

6 A4 自己紹介シート 6枚（人数分）

100 赤色付箋 約100枚

100 黄色付箋 約100枚

ドットシール 6粒（人数分）

T タイムテーブルを書いたプリント

模造紙 A15タスクツリー

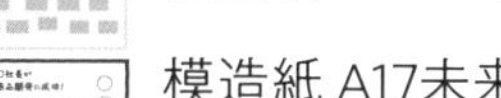

模造紙 A16スキルツリー

模造紙 A17未来編集会議

SESSION 1-1 サークル(自己紹介)

サークルとは環になって話すミニ会議のこと。最初のサークルはアイスブレイクも兼ねています。これからはじまる長～い一日を楽しく過ごしてもらうため最初が肝心です。ファシリテーターが率先して楽しい雰囲気をつくることが大事ですよ♪

① 机の上には自己紹介用シート「4つの窓」用のA4用紙を人数分置き、カラフルなペン置いておきましょう。

② 来た人から順番に席についてもらい、名札に名前を書いてもらいます。

③ 以下のように4つの項目について書いてもらい、自己紹介シートを完成させます。各テーブルに見本を置いたりプロジェクタで例示するとわかりやすいでしょう

定刻前

6

A4自己紹介シート

6分

4つの窓

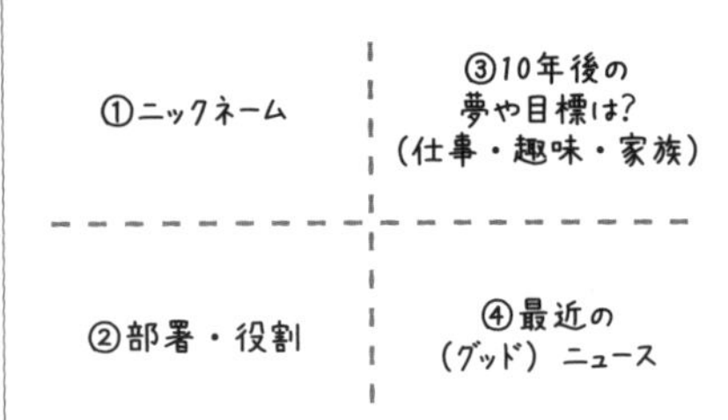

①ニックネーム	③10年後の夢や目標は?（仕事・趣味・家族）
②部署・役割	④最近の（グッド）ニュース

見本例

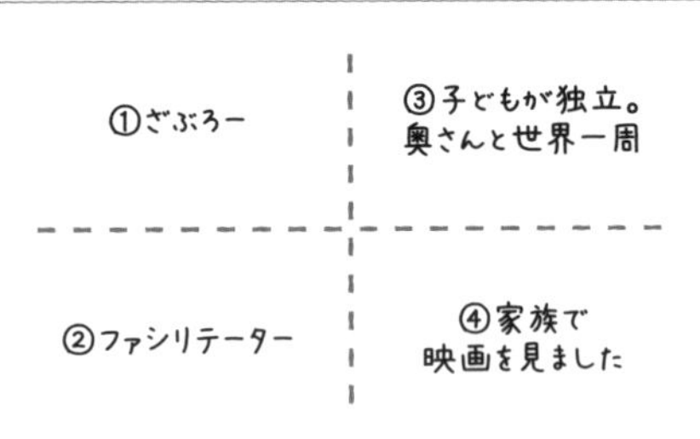

①ざぶろー	③子どもが独立。奥さんと世界一周
②ファシリテーター	④家族で映画を見ました

④ 定刻になったら、会社の人による「連絡事項」「本日の趣旨説明」などがある場合はそちらをお願いします。

開始時間

では、ファシリテーターさん。
あとはお願いします!

ファシリポイント

期待感を煽りましょう。退屈させてはNGです!

開始前からすでにファシリテーターの演出は始まっています!開始前の暇な時間…手持ち無沙汰になってきていると感じたら、自己紹介シートを書き始めておいてもらいましょう。早く来てくれた人ほど自己紹介シートをじっくり書けます。ほかにも「BGMを流す」「スケジュールを見せる」など、これから始まることにワクワクさせる期待感を演出しましょう。

4つの窓

①ニックネーム	③10年後の夢や目標は?（仕事・趣味・家族）
②部署・役割	④最近の（グッド）ニュース

「4つの窓」は自己紹介の究極のカタチ!?

この自己紹介は①名前、②所属、③目標、④個性を全員に聴く仕掛けがあります。①ニックネームでいつもと違う呼ばれ方で非日常を演出。③ではテーマに則した目標（ゴール）の内容に軽く触れ、④ではその人の個性・キャラクターが出やすい質問にします。これだけでもアイスブレイクができるはずです。

形式：テーブル
時間：10分

⑤ まずはファシリテーターが自己紹介シート（4つの窓）を見せながら軽く挨拶を済ませる。そして、まだ書けていない人に時間を区切って書いてもらうように促す。※
注意：長々と自己紹介しないこと！

はじめまして。ファシリテーターのあいちゃんです。10年後の夢は事務所を新築することで、最近のグッドニュースはステキなカフェを見つけたことです。よろしくお願いします♥

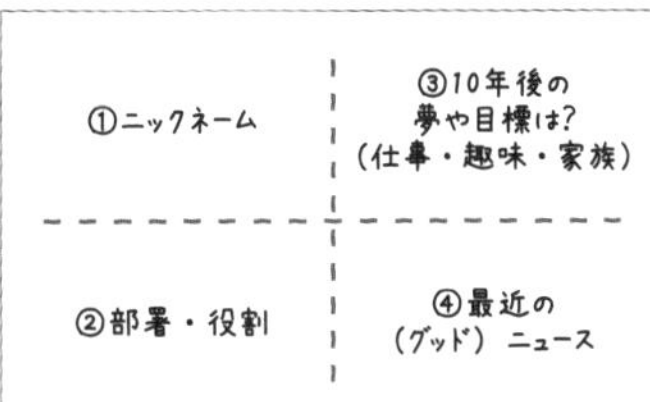
①ニックネーム
③10年後の夢や目標は？（仕事・趣味・家族）
②部署・役割
④最近の（グッド）ニュース

実際にファシリテーターがしゃべるセリフの吹き出しは白背景にオレンジ枠にします。

時間を測ってみんなに見せるアイコンです

まだ自己紹介シートが書けてない人もいるみたいですので、あと2分で書いてください。よーいスタート！

02:00
00:00

2分

⑥グループの中で「今日の日付から誕生日が近い人」を探して、その人から時計回りで自己紹介を**1人【30秒】以内**で順番に言っていきます。

誕生日が近い人から時計回り

① 名前は たかやん です。
② 部署は営業部です。
③ 10年後の夢はマイホームを建て家族で暮らすことです。
④ 最近のグッドニュースは彼女にプロポーズしました！

8分

ちーん♪
話が長い人がいたら近づきベルを鳴らす

⑦全グループが終わったら前に注目してもらい、次のセッションに移ります。

ファシリポイント

順番は「きょうの日から誕生日が近い人から順番に」!?

多くの会社では「順番」が決められています。役職順、名前順、社員番号順。そのいずれでもない「誕生日が近い人」順というのは日常生活ではほぼ意識しない順番でしょう。非日常を意識させるのと、誕生日という親しければ知っているキーワードを用いて親密度を測ることができます。

SESSION 1-2

フューチャーセッションとは

未来への集団行動

正義や勝敗を作らず
対話を通じて
理解し合い

さまざまな人達による
従来の組織とは違う
関係性を使って

①多様性

②対話

③未来
志向

総論賛成
各論自由

正義や勝敗を作らず
対話を通じて
理解し合い

できる人が
できることを
やる！

一人ひとりが
行動宣言

「イワシの群れ」
になる

協調アクションを起こす

●フューチャーセッション解説初回

サンクスUP！の根底の考え方である「フューチャーセッション」の解説です。ここは演劇部になったつもりで、雄弁に、未来を語る形で問いかけましょう。

●ねらいと効果

・場づくり・引き締め

日常生活でいつも会っている職場の人とあらためて褒め合ったり未来を語りあうのはなんだか照れくさく、行為を否定しがちです。フューチャーセッションの概念を理解してもらい「非日常」を演出しましょう。

・雰囲気の修正

A）聞く姿勢ができていない
→「対話」解説の強調

B）思い切った意見がでない
→「未来志向」解説の強調

C）部下の遠慮した発言が目立つ
→「多様性」解説の強調

Let's start for a happy future!「非日常」を創り出そう！

ファシリ
ポイント

人間誰しもはじめてやること、やったことないことには不安を感じます。まして「自分だけが恥ずかしい思い（＝屈辱）」を味わいたく有りません。そこでファシリテーターが率先して演技力によって不安を取り除きましょう。テーマパークのキャスト（水先案内人）になった気持ちでフューチャーセッションの説明を行います。基本的には「セリフ例」の文字を読めばOKですが、棒読みだったり、自分が意味を理解してないと途端に魔法が解けてしまいます。演じきる力がとても大切です。

●セリフ例

フューチャーセッションとは日本語でいうと「未来への集団行動」です。これには3つの特徴があります。

①多様性

1つ目は「多様性」。すなわち、さまざまな人達による従来の組織とは違う関係性を前提にすることです。

②対話

2分

2つ目は「対話」。正義や勝敗を作らず、対話を通じてお互いを理解し合うことです。

③未来志向

3つ目は「未来志向」。過去の経験だけにとらわれず、欲しい未来から逆算して考えることです。

この3つの特徴をもとに総論賛成各論「反対」ではなく、総論賛成各論「自由」の考え方で協調アクションを起こすことを目的にします。

協調アクションを起こす

一人ひとりが行動宣言

できる人ができることをやる！

ポイントは「できる人ができることをやる」ということ。そしてそのできることを「一人ひとりが行動宣言」することです。

みなさん、**イワシの群れ**を見たことありますか？イワシにはリーダーがいませんが、あんなに美しい集団行動ができます。今日はみんなでイワシになりきりましょう！

SESSION 1-2 グランドルール

- 上下関係を持ち込まず対等な立場で参加する。
- 思い切った自由な意見を出し合う。
- 意見は藩祖に全員の意見に耳を傾ける。
- 出てきた意見の否定や拒否は厳禁。
- ファシリテーターが手を上げたら、対話をやめて同じように手をあげる。

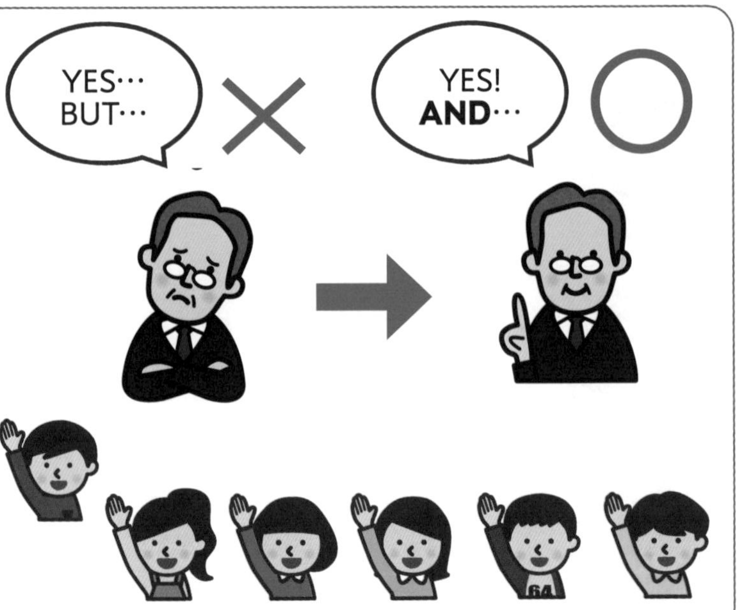

●グランドルールの説明

さきほどの概念的な説明に続いて、今度は具体的なルールの説明に移ります。

基本的に読み上げましょう。いかに共感を得られるかがポイントです。ファシリテーターが手を挙げるデモンストレーション（イワシの手）は毅然とした態度で行い、スムースに協力してもらうことが大事です。手を挙げてくれたことに心から感謝の気持を伝え、楽しさを演出し、信頼関係を築きましょう。

●ねらいと効果

- 話しやすい雰囲気をつくる楽しい会議には全員がアウトプット（発言・意思表示）することが不可欠です。多く喋ってしまう人をルールで攻めるのではなく、協力していくれている部分（積極的に発言してくれている、一生懸命考えてくれている）に感謝の意を伝え協力体制を構築することが極めて重要です。
- 信頼関係を築くイワシの手も上から目線でやるのではなく、協力してくれた度に「ありがとうございます、おかげでスムーズに進められるのでとても助かります」というような感謝の気持ちを伝えることがとても大事です。

「ルールで攻撃」ではなく「協力に感謝」

楽しい雰囲気をつくるファシリテーターは場づくりがとても大事です。ルールを守らない人を責めても雰囲気が壊れ、ますます険悪な雰囲気になることもしばしばあります。それよりもルールを守ってくれた瞬間に積極的にありがとうの発言をしましょう。すると相手もまんざらでもないリアクションがもらえ、協調アクションの模範になれます。ありがとうのイニシアティブ（主導権）を取るのがファシリテーターの重要なスキルです。

このフューチャーセッションの考え方に従ってこれからいくつかのルールを設定させてもらいます。

上下関係を持ち込まず対等な立場で参加する

思い切った自由な意見を出し合う

2分

発言は簡素に 全員の意見に耳を傾ける

このへんまではサラッと流し…

↓ ここは強調！

YES…
BUT…

出てきた意見の否定や拒否は厳禁です!!

YES!
AND…

今日は「でもね」とか「だけどね」とかいう発言は禁止です!

「いいね～」「だったらこれも」という悪ノリ大歓迎です!

1分

そしてファシリテーターが手を挙げたら、対話をやめて同じように手を挙げてください。

ファシリテーターが手を挙げるアイコン

→ 手を挙げたか確認

一度やってみましょう（手を挙げる）

全員が手を挙げるまで絶対に次に進めない

→ 手を挙げたか確認

一度やってみましょう（手を挙げる）

全員が手を挙げるまで絶対に次に進めない

ありがとうございます。おかげでスムースに進められそうです。

全体フローの確認と問いかけ

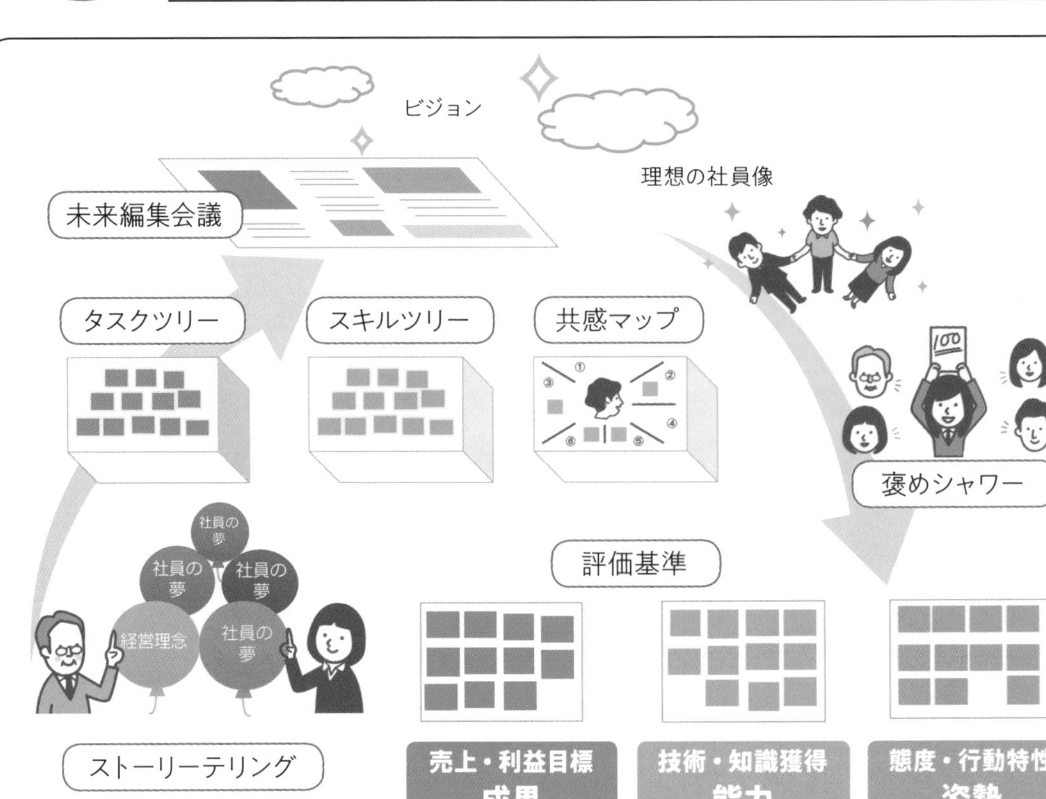

SESSION 1 未来編集会議

私たちの会社の10年後はどうなっていますか？

SESSION 2 評価基準

私たちの会社の大切な価値観って何ですか？

●問いかけのセリフ例

さぁ、みなさん！セッションをはじめましょう！

SESSION 1では未来編集会議で10年後の会社の姿を考えます。

SESSION 2ではお互い褒めあって大切な価値観を見つけます。

SESSION 3 ではお互いの立ち位置と役割を確認します。

SESSION 4では、個人目標を考えます。

ということで
SESSION 1
最初の問いかけは

協調アクション

SESSION 3 キャリアマップ

私たちの会社にはどんな役職がありますか？

▶

SESSION 4 ミッション宣言

私は何をするか？
宣言しましょう

ストーリーテリング(経営者)

まずはじめに経営者が経営理念を語ります。トップダウンで方向性を示す儀式です。

動画か語りか、どちらか予め経営者と決めておきましょう。
どちらも【3分】程度が目安です。

①

3分

A. イメージ動画がある場合

会社の未来、将来、ビジョン、夢をイメージできる動画がある場合はそれをみんなで見ます。動画や機材確認、とくに音声に注意しましょう。

B. 経営者が自ら語る場合

動画がない場合や自ら語った方がよい場合は、経営者が自らスライドで理念・社是等を投影しながら社員に語りかけます。

② ファシリテーターを「聴き役（インタビュアー）」、あらかじめ決めた書き役ととして指名し、前に出てきてトライアングル状で椅子に座ります。

1分

さきほどの動画でとくに伝えたい点は？

さきほどの話でとくに強調したいことは？

それは「三方よし」、つまり自分だけの利益を考えないことで…

2分

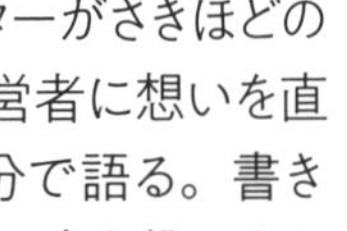

③ あらためて聴き役のファシリテーターがさきほどの語り（もしくは動画）について、経営者に想いを直接聴く。経営者はそれについて2分で語る。書き役はその内容をひたすらメモをとる。書き役はあとでどんな内容だったか発表します。

ファシリテーターは聴き役のお手本となろう！

短時間で話を引き出すには「傾聴（うなずき、繰り返し、言い換え）」はもちろん、一歩踏み込んだ質問力も大切です。右の「たちつてと」を参考にしてください。

ファシリ
ポイント

たとえば？（例示）
ちがいは？（こだわり）
つまり？（具体化）
ていどは？（程度・量）
ところで（話題変更）

形式：全員
時間：10分

④ あらかじめ決めた時間【2分】が来たら、途中でも話を終えてください。経営者だからといってファシリテーターが遠慮してしまうとこれ以降時間をコントロールできなくなってしまいます。

⑤ 書き役が今の話を【45秒】で今の話がどんな話だったかをフィードバックしてください。

三方よしとは自分だけの利益ではなく常に自社・顧客・世間の三方の利益を…

1分

⑥ 最後に経営者に感想を聞いて終わります。

社長、先程の話で合ってましたか？

うん。さすが部長だ。うまくまとめてくれた。ありがとう

ファシリポイント

書き役は「後継者」か「次世代エース」を指名しよう

書き役は次世代のエースがオススメ。事業承継を控えている場合は次の社長候補でも効果的です。社員さん達にはトップの意思を引き継ぐというセレモニーとして映る効果があります。同時に次のトリオのデモンストレーションも兼ねています。

ファシリポイント2

タイマーアプリを使いこなしましょう

ストーリーテリングでは
1鈴目：2：00
2鈴目：2：45
とセットしてください。書き役のフィードバックまで時間変更なしで通せます。また経営者・トリオも含めて**「イワシの手」は極力使わないようにしましょう。**流れが悪くなり時間がかかってしまいます。

ビジョン

10年後の夢

SESSION 1-4 ストーリーテリングトリオ

●3人グループ(トリオ)に分ける

① 参加人数を3で割った数字を順番に言う。

人数20人÷3=7グループ

※トリオに足りていない場合は幹部やスタッフが入る

② 椅子とペンとA4用紙を持って同じ番号同士のトリオで集まる。

3分

2分

トリオ1　トリオ2　トリオ3

① トリオ内でじゃんけんする。

1番めに勝った人→ A

2番めに勝った人→ B

3番めに勝った人→ C

Ⓐ Ⓑ Ⓒ

●聴く姿勢について話す

④ 以下のようなセリフでうなずきの練習を全員で行う。

さきほどは○○社長から経営理念、いわば会社の夢について語ってもらいましたが、今度はみなさんが夢を語る番です。

そこで重要なのが聴き役の人が「うなずく」ことです。今日は90度の角度で少々オーバーにうなずいてみましょう。練習してみましょう、さん、はいっ!

1分

あれ?みなさん、まだまだリアクションが浅いですね。もう一回やってみましょう。うん、うん。

あ、いいですね。すばらしい!ありがとうございました

うん　うん

形式：トリオ
時間：15分

●各トリオで10年後の夢を語り合う

⑤「話し役」がA、「書き役」がB、「聴き役」がCの役割。A：話し役は【2分間】で【10年後の夢】について話す。その時、C：聴き役は話し役が話しやすいように引き出し、B：書き役はメモをとる。

⑥ 話が終わったら、Bが【45秒】でさっきの話がどんな話だったか説明する。

ポイント
- 自己紹介のとは別の夢でもＯＫ
- 特に夢がない場合は10年後はどうなっているかの予想でもＯＫ
- ぶっ飛んだ夢でも全然ＯＫ

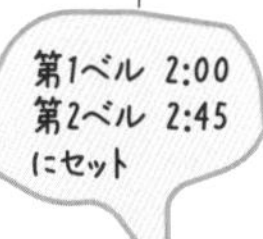
第1ベル 2:00
第2ベル 2:45
にセット

1 2分
2 45秒

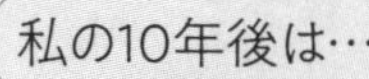
私の10年後は…

Ⓐ 話し役

Ⓑ 書き役
なるほど…

Ⓒ 聴き役
今の話は…

Ⓑ フィードバック

⑦話し役・書き役・聴き役の役割をローテーション。「話し役」がB、「書き役」がC、「聴き役」がAの役割。その後Cがフィードバック。イワシの手などを効果的に使ってワイガヤと静寂を使い分ける。

1 2分

2 45秒

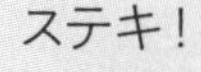
ステキ！

Ⓐ 聴き役

Ⓑ 話し役
私の夢は…

Ⓒ 書き役
さっきの話は…

Ⓒ フィードバック

⑧最後は「話し役」がC、「書き役」がA、「聴き役」がBの役割。その後Aがフィードバック。

1 2分
2 45秒

Ⓐ 書き役
いいね！

Ⓑ 聴き役
僕の夢は…

Ⓒ 話し役
Cさんの夢は…

Ⓐ フィードバック

タスクツリーとスキルツリー

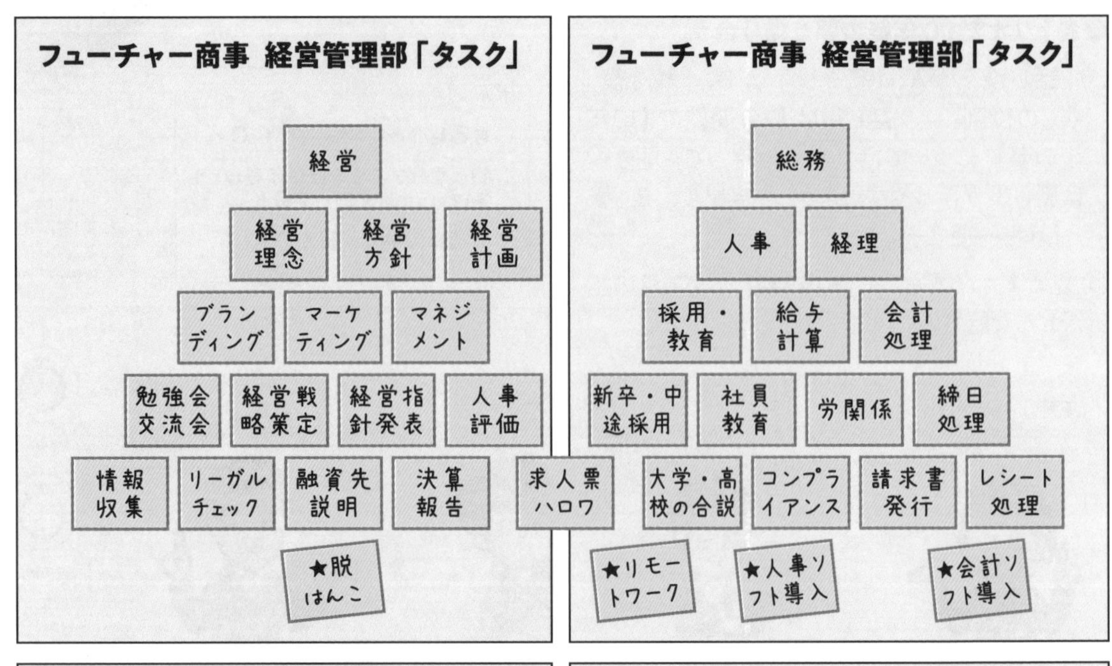

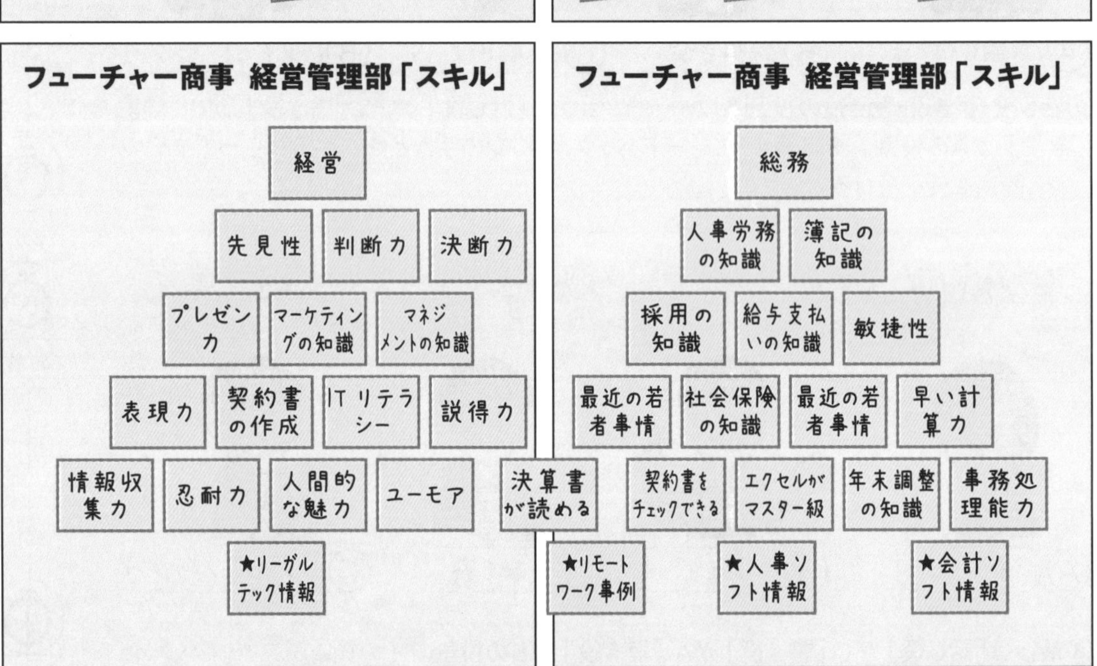

付箋をピラミッド状にならべて、自社のタスク（仕事）とそれに付随するスキル（技術・知識）の構造を見える化します。

ここからは、ロジックツリーという手法を使います。

サンクスUP！では、タスクを赤色の付箋で「タスクツリー」とし、スキルを黄色の付箋で「スキルツリー」として構造をみんなで考えます。

S15

タスクツリー

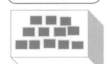

S16

スキルツリー

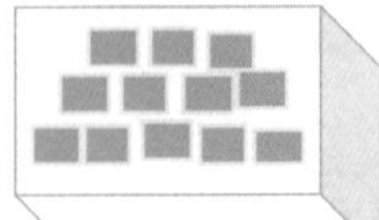

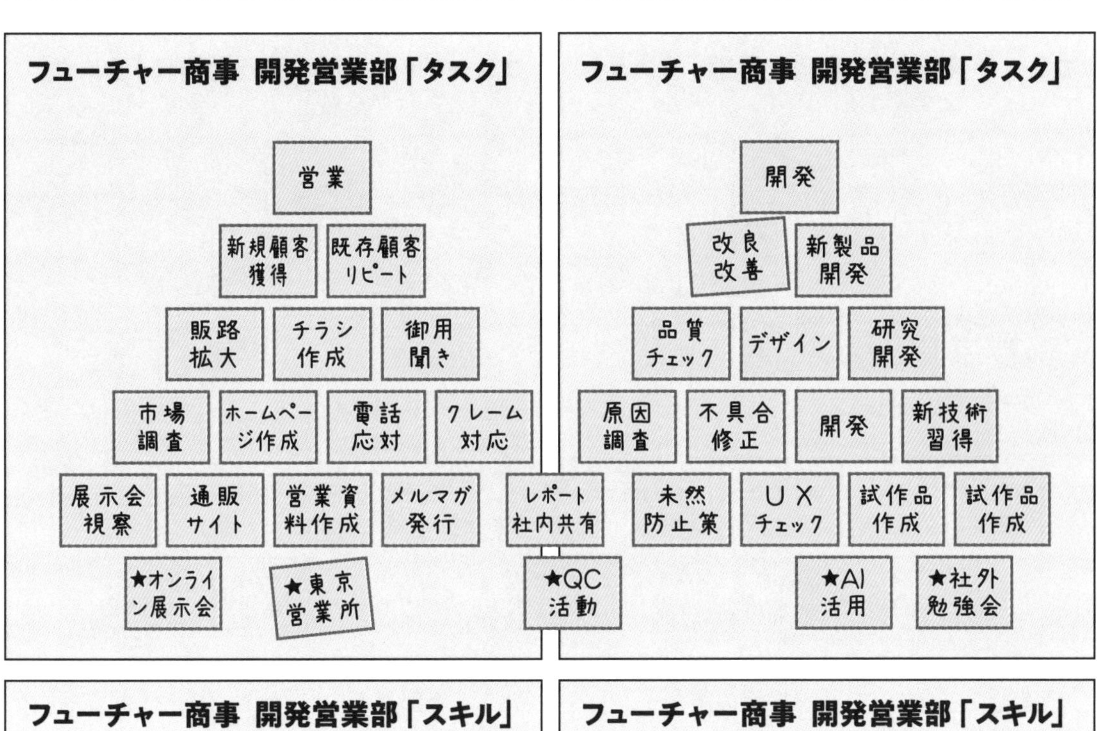

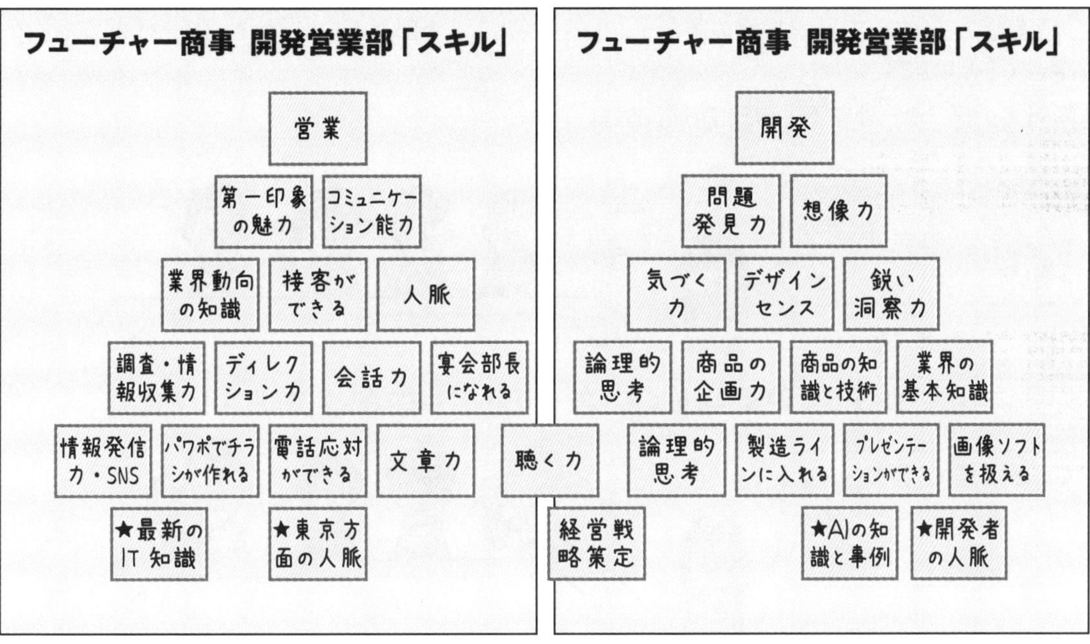

ファシリポイント

「100%の完成を目指さない」

ふだんやっている仕事とはいえ、いざ考えてもなかなか出てこないどころか飽きてしまいます。参考例として上図を投影しておくなど、ヒントやお手本を示してなるべく早い時間内で終わるようにしましょう。100%完成を目指すのではなく、60%くらいの完成度を目指すことを伝えましょう。（後日修正してOKです、と伝えましょう。）

タスクツリー

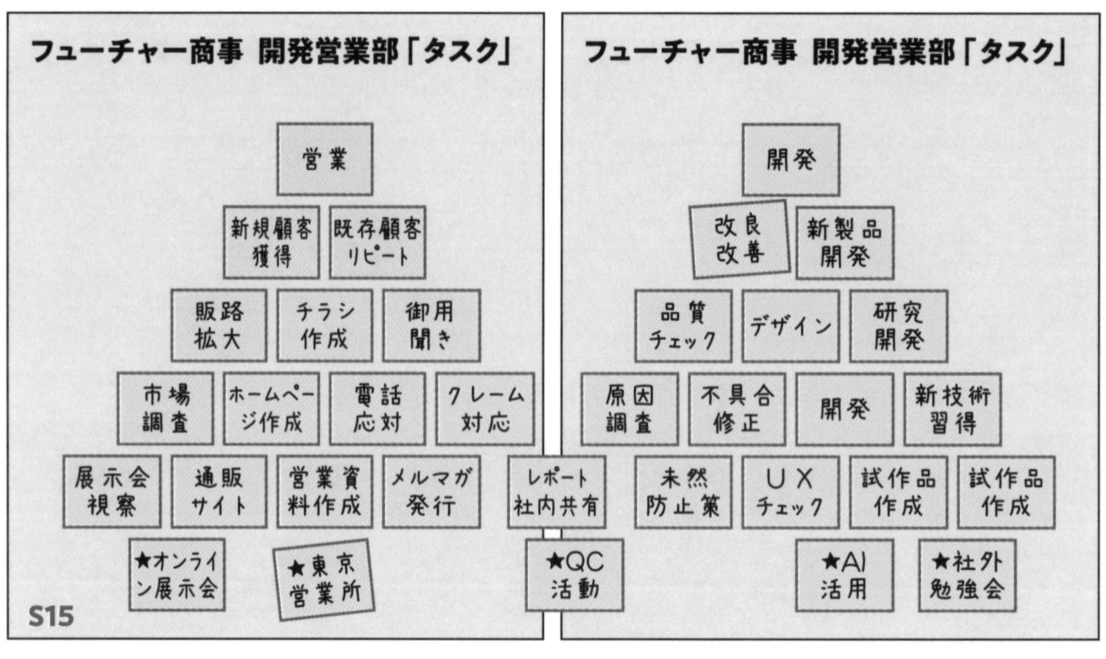

① 模造紙を縦長にして、「参加者の誰か一人」を指名して、上部真ん中に「会社名」や「部署名」を書いてもらいます。

② ファシリテーターは左下にS15と記述しましょう。

ちょうど真ん中にいる○○さん、今から私が言う言葉を書いてください。

指示

③ 近くにいる人を指名して、**「部署のメインタスク」**を赤系の付箋に書いて最初に貼ります。

今度は△△さんが「経営」、□□さんが「総務」と書いてこの辺に貼ってください。

指示

1分

部署の「メインタスク」は事前ヒアリングでつくっておきます！

タスクツリーの最初は理解がなかなか難しいところです。あらかじめ経営者や人事担当と話して最初に何のタスクを貼るのか決めておきましょう。（p.37 CHECK6 Q7）

ファシリポイント

フューチャー商事 開発営業部「タスク」
営業

← メインタスク →

フューチャー商事 開発営業部「タスク」
開発

形式：テーブル
時間：10分

④ 現在タスクを赤系の付箋で下に連ねて貼ってください。より細かいタスクは下に連ねます。【3分】で一旦区切ります。

3分

これからタスクツリーというものをみんなで作っていきます！私たちの部署にはどんな仕事（タスク）がありますか？

お手本を参考にどんどん書いて貼ってください。今から3分間で集中してやります！

タスク とは、やるべき仕事や業務のこと。

事業・部門・部署・エリア・プロジェクト・課題や業務など

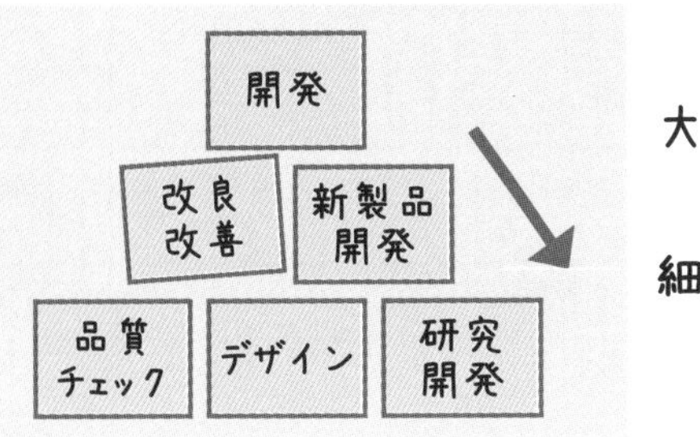

⑤ 次に同色の付箋で将来チャレンジしたい仕事を文頭に「★」書いて、貼ります。あと【3分】で仕上げましょう。

3分

次に「未来のタスク」についても考えてみましょう。まだ現在のタスクが書けてない場合は追加OKです。あと3分で一旦終了します。よーいスタート！

★未来のタスク やりたい仕事・新規事業のこと

新部署・新営業所・進出したいエリア・新プロジェクト・研究開発など

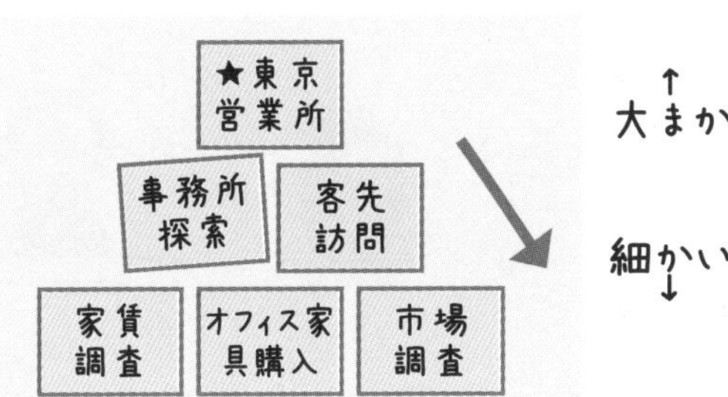

⑥ 時間が来たら「イワシの手」をして強制終了します。任意に指名してどんな付箋を貼ったか？どんなタスクがあるかを発表してもらいます。

1分

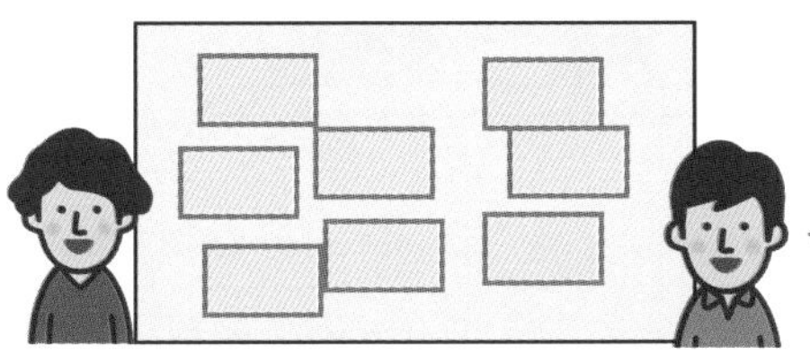

ぼくたちの部署のタスクは○○があって、そのためには○○をして・・・

重複しないように声に出して貼ってもらいましょう

静かに黙々とやってしまうと盛り下がります。何度も呼びかけて声を出してもらうようにしましょう。

ファシリポイント

スキルツリー

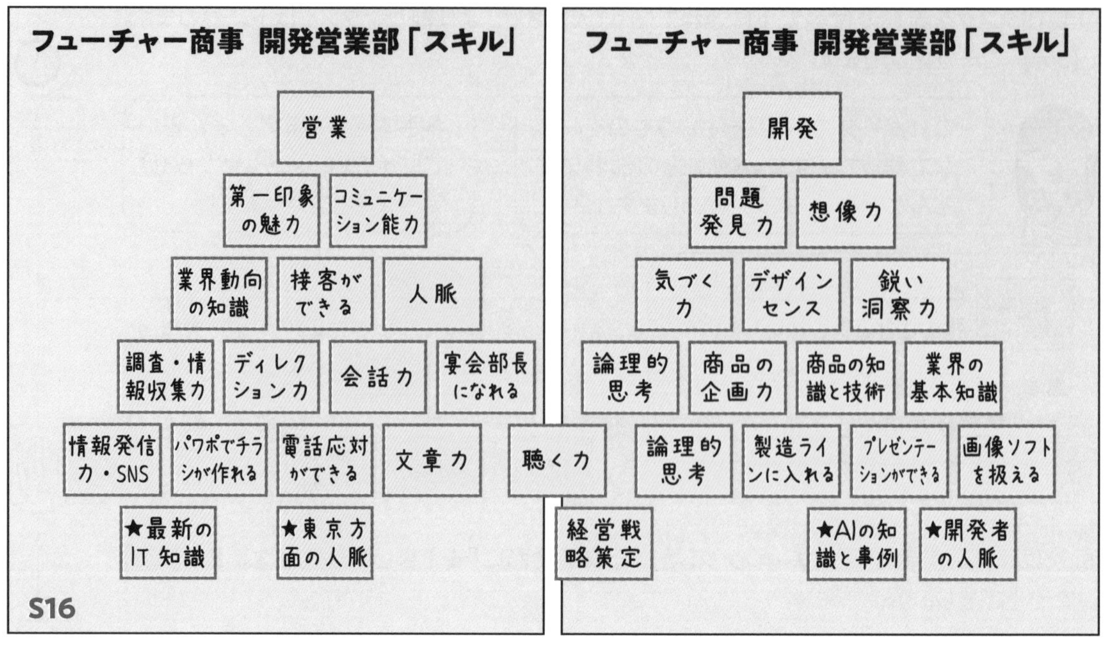

① 模造紙を縦にして、「参加者の誰か一人」を指名して、上部真ん中に「会社名」や「部署名」を書いてもらいます。

② ファシリテーターは左下にS16と記述しましょう。

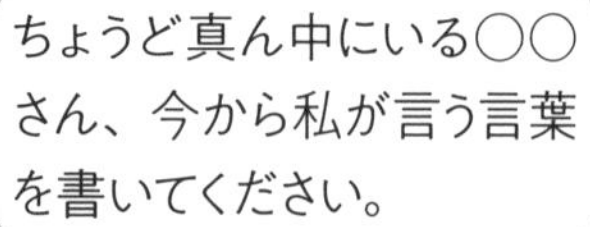

ちょうど真ん中にいる○○さん、今から私が言う言葉を書いてください。

指示

③ 近くにいる人を指名して、**「部署のメインスキル」**を黄系の付箋に書いて最初に貼ります。

今度は△△さんが「営業」、□□さんが「開発」と書いてこの辺に貼ってください。

指示

1分

タスクツリーとスキルツリーは鏡の関係!?

タスクを実行するためにはどんなスキルが必要か?をツリー構造状に表したのがスキルツリーです。同じような位置関係のところに対応するスキルを書いておけばわかりやすいと思います。

ファシリポイント

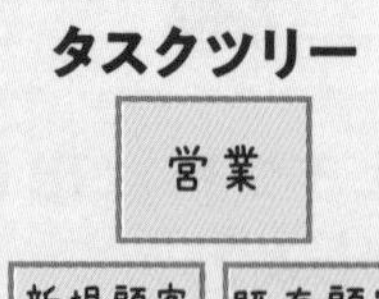

形式：テーブル
時間：10分

④ タスクをするにはどんなスキルが必要か？黄系の付箋でタスクと鏡のような位置関係で貼っていきましょう。【3分】で一旦区切ります。

私たちの部署のタスクをこなすために、自分は現在どんなスキルを持っていますか？スキルも3分で完成を目指しちゃいましょう！

4分

スキル　タスク達成に必要な能力

知識・技術・テクニック・資格など。「○○力」と表現されることも。

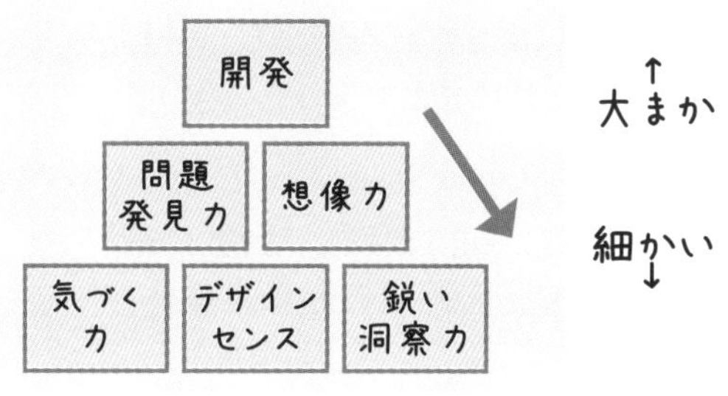

⑤ 次に未来のタスクを受けて、自分が習得したいスキルを文頭に「★」書いて、貼ります。あと【3分】で仕上げましょう。

次にチャレンジしたいスキルを書きましょう。思いつかない場合はタスクツリーを追記してもOKです。あと3分で仕上げましょう！

4分

★未来のスキル　これから習得したいスキル

新規事業・チャレンジプロジェクトに必要な知識・技術など

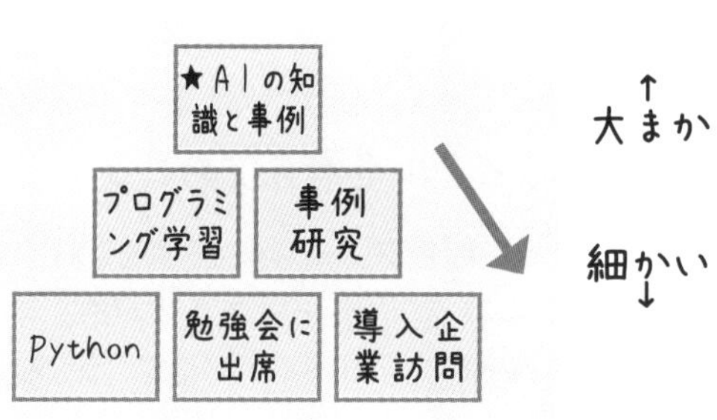

⑥ 時間が来たらイワシの手して強制終了します。任意に指名してどんな付箋を貼ったか？どんなスキルがあるかを発表してもらいます。

1分

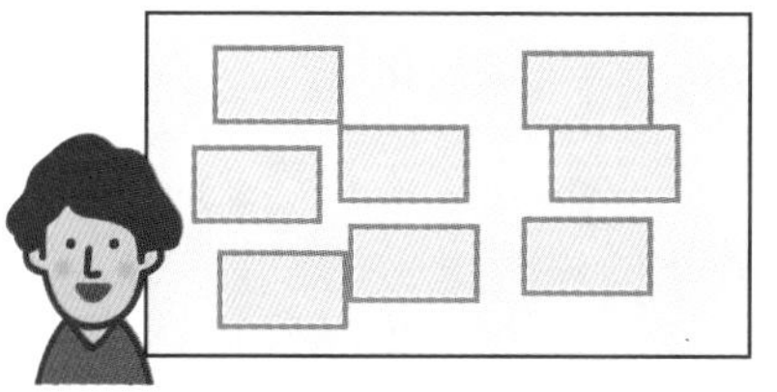

ぼくたちの部署のスキルは○○があって、将来的には○○を修得して…

ファシリテーターが貼った付箋の文字を読みましょう

このセッションはどうしても沈黙になりがちです。ここはファシリテーター自らが声を出して盛り上げていきましょう。貼った付箋をそのまま読む「繰り返し」や少し違う表現をする「言い換え」が効果的です。

「イメージすること」は大事ですよねぇ

SESSION 1-7 未来編集会議(準備)

未来編集会議で夢を飛躍させよう♪

ストーリーテリングによって、「経営者の想い」と「社員の個々の夢」のアイディアをお互い傾聴させました。(①膨張)

その後、現在やるべきこと(タスク)とそのために必要な能力(スキル)を整理し、一旦アイディアをツリー状にまとめました。(②収縮)

最後に想像力を働かし「10年後に会社に訪れるHAPPYな未来」を新聞の形に具体化・イメージ化していきましょう。(③実現性)

記事作りは未来への協調アクションそのもの。未来ニュースをみんなで描き終えたという達成感はその後のセッションにも大きくプラスに影響します。

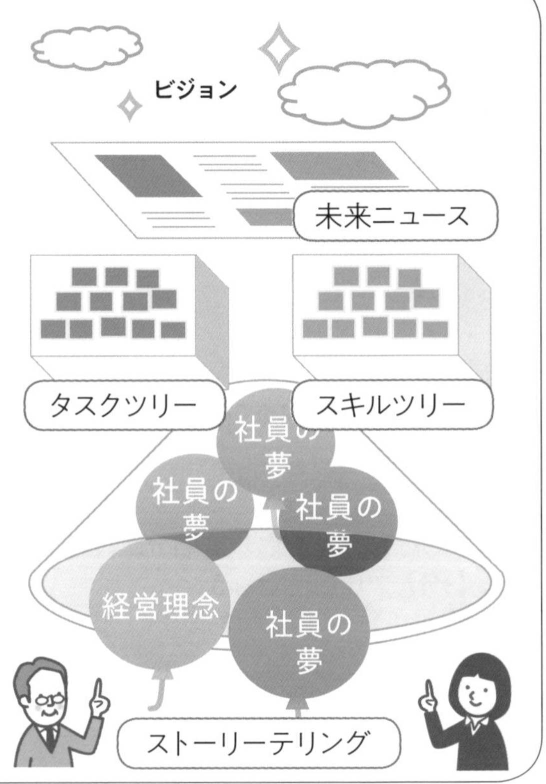

事前準備. 1 あらかじめ見出しタイトルを考えておこう

経営者があらかじめある程度ストーリーを考えておくことも大事です。漠然と10年後の未来を考えるよりも、会社の方針や理念に沿った未来の方向性を示せば、記事がそこまで違う方向性に行かなくて済みます。たとえば自社商品のシェアを伸ばす未来を描きたい場合は

主力商品○○が遂に業界No.1へ!

新規事業・商品開発を目指したい場合は

驚きの技術革新!ついに○○を解決!

業績成果よりも社内の充実度を増やしたい場合は

日本一大事にしたい会社大賞受賞!

などあらかじめ見出しタイトルの方向性を決めておき、新聞の素材となる業界雑誌や新聞もそれに類するものを用意しておくのがポイントです。

日頃から経営者と社員が、あるいは社員同士で共通のビジョンを描けているかどうかが新聞に反映されます。

山日新聞

令和10年1月24日月曜日

岡山企業が快挙!不可能を可能に!

○×株式会社(本社岡山市)の凸凹社長はこのたび○○の開発に成功。従来不可能と言われた滅茶苦茶課題をイノベーションで解決。みんなからスゲーなって言われまくってます。良かったね。

画期的なイノベーション工法
レンジでチンするだけで新品同様に

ドヤ顔の○○社長(51)

社内に癒しのカフェ

ふくろうで不苦労

「家で飼えないから会社で飼いたい!」○○さんの一言で社内食堂を梟カフェに改築。近隣住民に開放しているという。

これはすごい開発なんじゃ!本当びっくりだわい。ワシが育てたも同然じゃよ。

○大学
恩着教授

S17 部署名

事前準備.2
未来ニュースの出来映えは「素材の準備」にかかっている！

未来ニュースを楽しく魅せるためにはあらかじめ大量の写真や新聞を用意しておく必要があります。これを用意できるのは経営者でしょう。こういう姿勢を社員さんはよく見ています。

準備物
- 模造紙
- カラフルペン
- 業界雑誌、地元新聞記事
- のり、ハサミ

オススメの素材
- 業界の雑誌
- 地元の新聞
- 社員旅行や社員集合写真
- 表彰している時の写真

オンライン研修の場合はExcelでも未来ニュースは描けます！

未来ニュースはアナログ感満載でみんなでワイワイしながら作るのが一つの醍醐味ですが、ITリテラシーがある程度高いチームであればExcelでも代用可能です。むしろインターネットの画像をすぐにコピペできるため、短時間でより表現力豊かな新聞を作ることができることも。

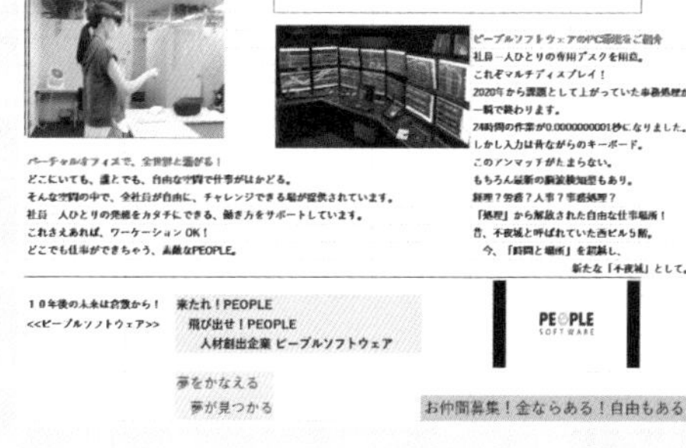

SESSION 1-7

未来編集会議

10年後に新聞に載るくらいHAPPYなことがこの会社に起こります。それはなんでしょう?自由な発想で楽しい未来を描いてください

3分

① 見本をもとに、10年後の未来ニュースをみんなでつくります。以下のポイントを伝えます。
見出し、リード、本文などの構成を工夫して本物っぽく記事に仕上げましょう。
雑誌の切り抜きや写真などを効果的に使いましょう
手描きのイラストも味が出てGOODです。
がんばって【30分】でつくりましょう。

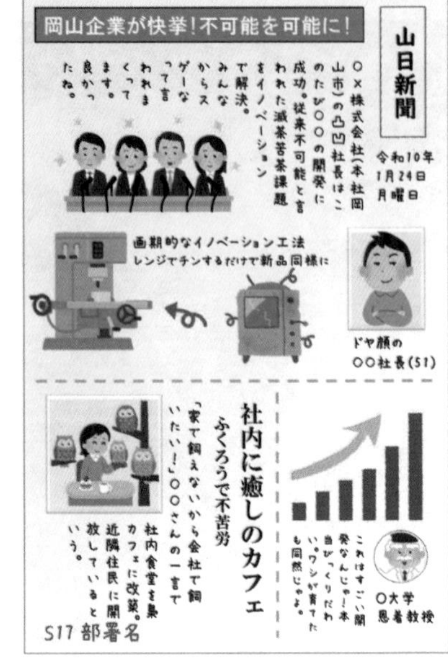

山日新聞

令和10年
1月24日
月曜日

岡山企業が快挙!不可能を可能に!

○×株式会社(本社岡山市)の凸凹社長はこのたび○○の開発に成功。従来不可能と言われた滅茶苦茶課題をイノベーションで解決。みんなからスゲーなって言われまくってます。良かったね。

画期的なイノベーション工法
レンジでチンするだけで新品同様に

ドヤ顔の
○○社長(51)

社内に癒しのカフェ
ふくろうで不苦労

「家で飼えないから会社で飼いたい!」○○さんの一言で社内食堂を集カフェに改築。近隣住民に開放しているという。

これはすごい開発なんじゃ!本当びっくりだわい。ワシが育てたも同然じゃよ。

○大学
恩着教授

S17 部署名

② 手に持ったタイマーを強調し、
終了時間は「30分」にセット
呼び鈴1を「15分」にセット
して「よーいドン」でスタート。

③（しばらく様子を見ます）ファシリテーターや上司が口出ししすぎないよう注意。じっくり観察しましょう。

15分

④【中間チェックタイム】
15分経過したら「イワシの手」をして以下のセリフを言います。

今でちょうど半分です。いかがでしょう?もう半分くらいは書けましたか?

時間は有限です。話ばかりして手を動かさないのはダメですよ♪

ファシリポイント

未来編集会議を通じて協調アクションを生み出そう!

みなさんは長くてつまらない会議でウンザリした経験はありませんか?たいていは終わりの時間を決めてなかったり延長してたりで嫌になりますよね…。未来ニュースづくりに許された時間は30分!とても短い時間で完成させるためにはとにかく協力するしかありません。「とりあえず書いてみて!」「イラストは自分が描くから、○○さんは記事を集めて!」「おおー!そのネタいいね!」など**協調アクションがどんどん出てきます**。特にラスト5分は見ものです。未来ニュースは時間の大切さを実感できる私が大好きなセッションです。

形式：部署
時間：40分

⑤-A 全然描けていない場合（白紙に近い状態）

チームで相談して**延長の時間を自分たちで決めてもらいます**。ただし、一度その時間を決めたら、それ以上は絶対に延長しないことを伝え再開してください。実際にタイマーの時間も増やします。

わかりました。5分延長ですね？ 5分だけで良いんですね？時間が来たら強制的にペンを置いて発表してもらいますのでそのつもりでお願いしますね。

+〇分？

⑥-B 順調に描けている場合

チームの団結力と段取りの素晴らしさを褒め称えそのまま続けます。※複数チームで進捗度に差がある場合は、遅い方に合わせてください。

⑦ 新聞づくり再開。前半との動きの差を観察します。10分前、5分前、2分前、1分前に残り時間を伝えて煽っちゃいましょう。このとき大きなタイマーを見せながら告げると効果的です。ただし、あくまでゲームっぽく楽しい感じにして威圧的になり過ぎないように注意しましょう。

15分

⑧ 残り3分前になったら未来ニュースをこの後みんなで発表することを伝え、発表者を決めてもらいます。

残り5分です。もう延長しませんよー！

そろそろ発表者を決めておきましょう。チームの中で誰が発表するか？複数で分担して発表してもOKです。

⑨ 時間が来たら「イワシの手」をして強制終了。**絶対にこれ以上の延長はしない**。途中でもそのまま発表してもらう。

エピソード：未来編集会議でリベンジをキメた運送会社のカリスマ社長

運送会社のO社長は強力なリーダーシップで何でも自分で決めちゃうカリスマ経営者。ところが幹部セッションで未来ニュースをつくってみたところ、みんなO社長の顔色を伺い、誰も手を進めずあっという間に30分経過。延長10分追加してやっとできた新聞もイマイチな出来映え…。業を煮やしたO社長は今度は事業所ごとに一般社員さんと未来ニュースをつくってみることに。今度は社長自らたくさんの雑誌と地元新聞を持参。さらにハサミをチョキチョキひたすらアシスト。その結果、延長なしでステキな夢と未来がたくさん詰まった新聞が事業所ごとにできました。未来の新聞にはその会社の個性が出ますね。

SESSION 1-7 未来ニュース発表とドット投票

さー、ステキな未来ニュースが描けましたか？ ここからお互いチームで90秒間で発表し合いましょう。そして面白い記事にはシールを貼りましょう♪

2031年7月15日、社内に癒やしのふくろうカフェ OPEN。いつでも利用できる癒やしの空間は大人気でご近所の方も利用可能となり…

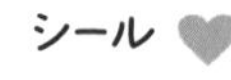

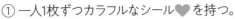

① 一人1枚ずつカラフルなシール♥を持つ。

② 各グループごと【90秒】にまとめて新聞の記事内容を発表してください。発表者以外は模造紙を持ち、全員参加で発表を盛り上げるなど工夫する。

③ 聴く側のチームは相手の発表を傾聴し、90度頷き等オーバーリアクションを行い、「いいね!」と思った文章・単語・表現・イラスト・写真の箇所に1枚シールを貼る。

④ グループ交代。

気に入った箇所にシールを貼る

90秒

2031年7月15日、ついに我社が開発したメロンカレーパンが注目の菓子パン特集でぶち抜き2面で特集されることに…

シールを貼ることで『みんながどこに共感したのか?』がわかります。

新聞の中には荒唐無稽な記事や明らかにウケ狙いのものも出てきます。しかしそれを拒絶しなくても大丈夫です。ドット投票をすれば、社員みんなが進みたい未来への方向性が浮かび上がってきます。**ドット投票は多様性を認めつつも方向性を探るための有効な手段**といえます。

エピソード：未来ニュースでよく出る記事ネタTOP5

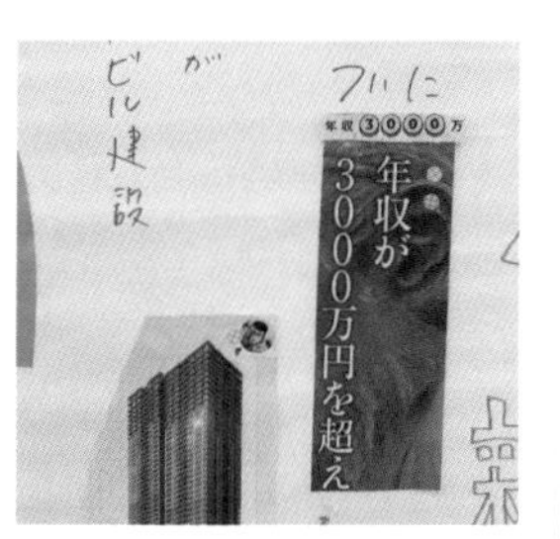

1位：社員全員年収○千万！？収入爆上がりネタ

ダントツで多いのがお金のネタ。やっぱりロマンだけでお腹がふくれません。大事ですよね。本業がうまくいった結果として書くパターンと、サブ記事として突然書くパターンも。その場合ファシリテーターは「なぜ収入を上げられたか？も記事にしてみましょう」をふってみるのが大事です。すると「宝くじを当てたから」「温泉を掘り起こした」なんて回答も。経営者に「それが今の御社の現状です」と伝えましょう…。

2位：みんなで新天地へ！おしゃれな新社屋・新拠点

会社の規模拡大とともに心機一転の新拠点ネタを書く人も多いですね。ただし大きなビルよりも空気の良いサテライトオフィスでワーケーションしたいという今どきの傾向もあります。

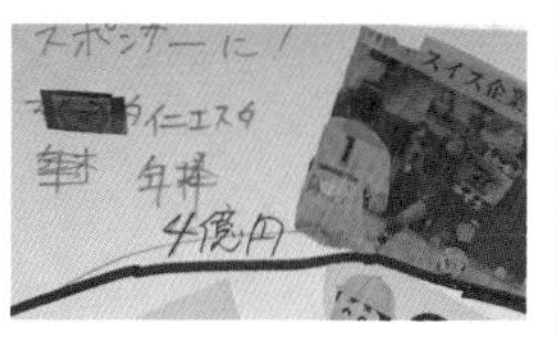

3位：地域スポーツチーム買収！スポンサー企業に

地域のヒーローといえばスポーツ選手。球団まるごと買う野望から自分のお気に入り選手の支援まで夢のサイズはさまざま。みんなで応援に行くと楽しそうですね！

4位：超高齢者社会の象徴！？シルバー人材が大活躍！

10年後の夢を尋ねると「10年後なんてワシはいない！」とベテラン社員からの声がチラホラ聞こえてきます。そのような配慮からか100歳まで活躍できる会社の仕組みをみんなで考えたり、黄綬褒章獲得のシナリオを考えたり。未来の主役は若者だけではありません。

5位：みんなの憩いの場♪カフェ・飲食事業

根強い人気の「カフェやりたい」話。スタバのようなオサレカフェから趣味の釣りが高じた本格居酒屋まで。カフェの場合は収益化よりも、みんながくつろげる場所をつくりたいという想いの方が強いようです。

エピソード：未来編集会議で理念の浸透をCHECKしよう

ある意味「S17:未来編集会議」は「S13:経営者のストーリーテリング」の答え合わせといえます。S13で経営者が語ったビジョンが未来ニュースの内容にどこまで反映されているのか？試されます。たとえばある会社はS13で「SDGs」や「ダイバシティ経営」のことを熱く語っていましたが、その未来の新聞にはそのような内容は認められませんでした。一方ある会社は経営者が地域発展の想いとそのための数字目標が示されると、各部署でつくった新聞にはそれぞれの数字目標とアクションが含まれた新聞内容がありました。これはふだんからビジョンについて語っているかの差です。

SESSION 2 評価基準

SESSION 2 評価基準

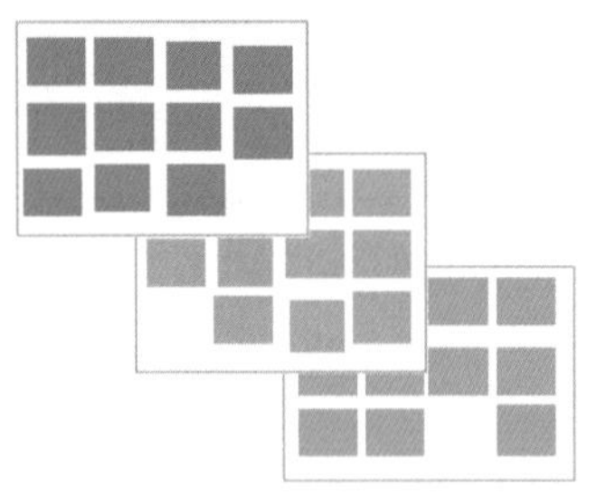

私たちの会社の
「大切な価値観」
って何だろう？

S2-1.	ピグマリオンミーティング（褒めシャワー）	20
S2-2.	共感マップ	20
S2-3.	評価基準づくり（成果・能力・姿勢）	30
S2-4.	サークル（クロージング）	10
S2-5.	ドット投票	10

※所要時間（分）90

SESSION 2は模造紙をたくさん使うのでSESSION 1のものと含めて場所の確保が重要です。あらかじめ予備の机で展示スペースを作っておく、壁に貼っておくなど工夫をしましょう。

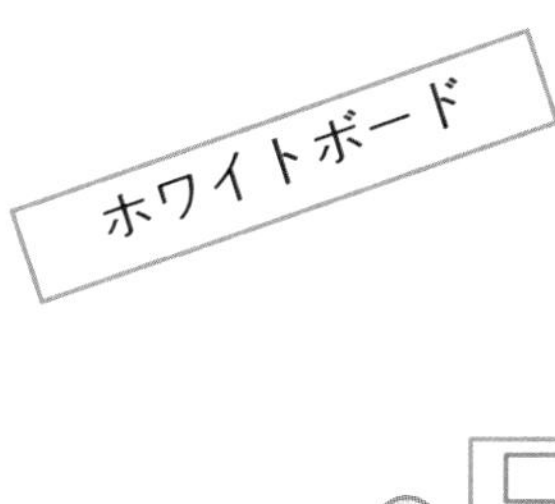

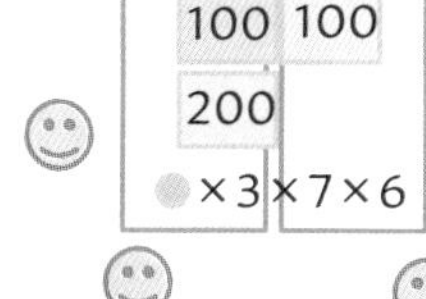

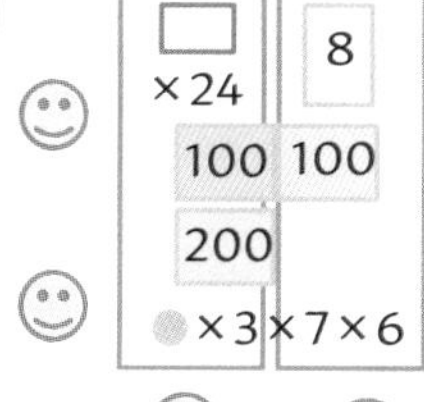

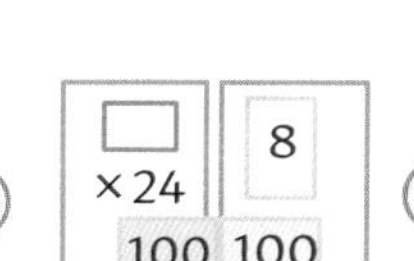

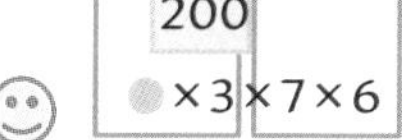

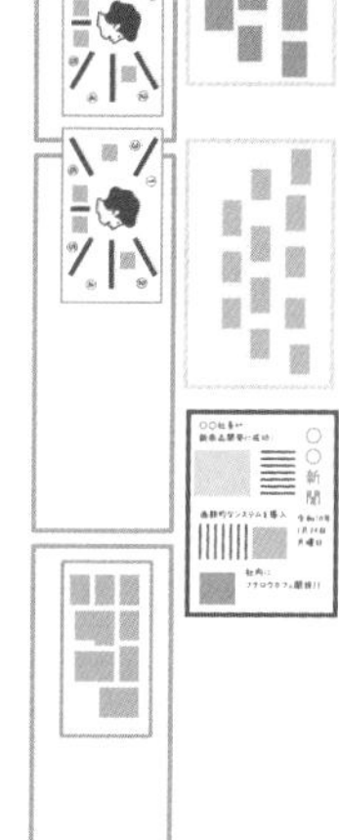

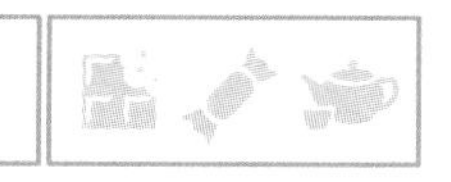

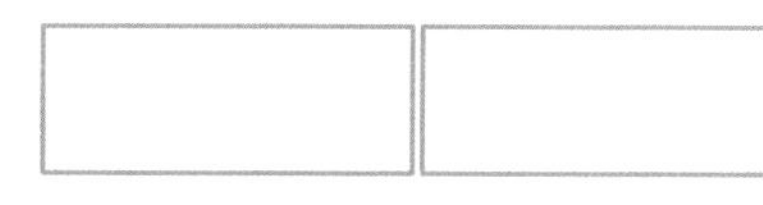

1つのテーブルに必要なもの

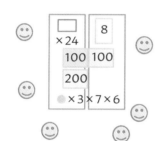

- 6 A4 自己紹介シート 6枚（人数分）
- 200 緑色付箋 約100枚
- 100 赤色付箋 約100枚
- 100 黄色付箋 約100枚
- ドットシール 6粒（人数分）

1つの部署に必要なもの

模造紙 S22共感マップ 2枚

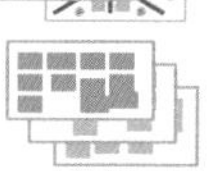
模造紙 S23評価基準シート 3枚（成果・能力・姿勢）

6 模造紙 気づきとアクション 1枚

ドットシールは「3枚」に分けられた束を7セットを人数分必要です。時間がある時にあらかじめ切って置きましょう。配る時間もロスになりがちなので、予め配っておくのも手です。

SESSION 2-0 全体フローの確認と問いかけ

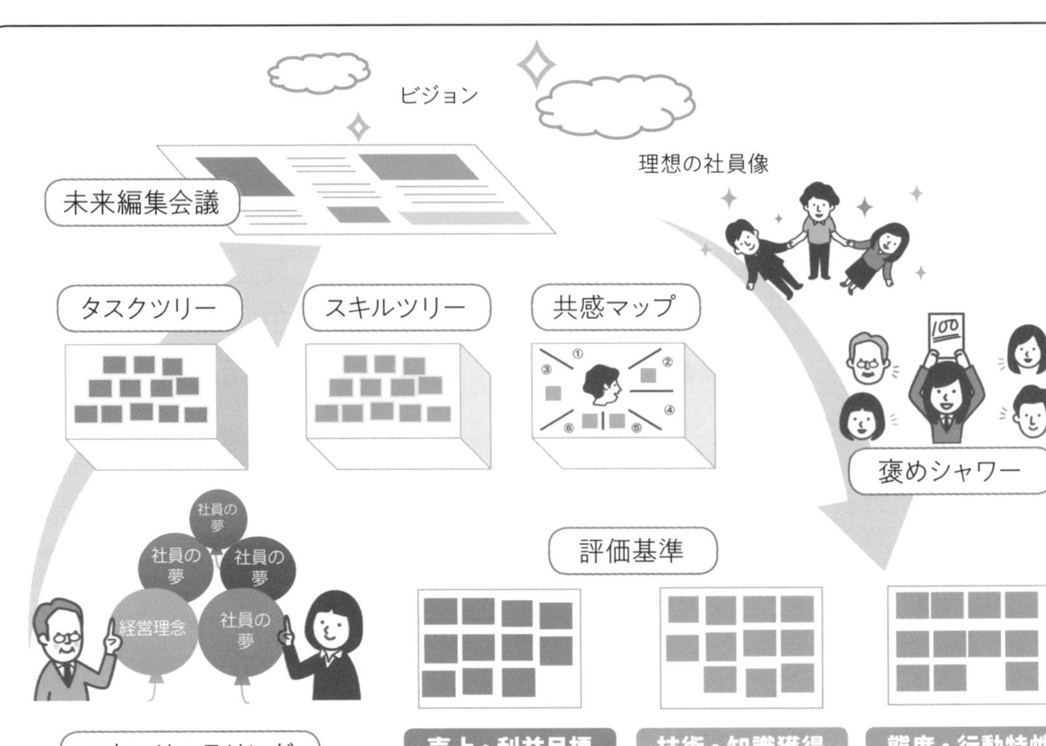

SESSION 1 未来編集会議

私たちの会社の10年後はどうなっていますか?

SESSION 2 評価基準

私たちの会社の大切な価値観って何ですか?

●問いかけのセリフ例

SESSION 1ではみんなで理想的な未来像を「新聞」という形で表現してみました。

次のSESSION 2では、その未来像をもとに、その未来にふさわしい理想的な社員の姿をイメージします。

理想の社員はどんな行動をする人なんでしょう?
理想の上司はどんな価値観を持っている人でしょう?

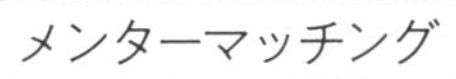

協調アクション

応援

SESSION 3 キャリアマップ

私たちの会社にはどんな
役職がありますか？

SESSION 4ミッション宣言

私は何をするか？
宣言しましょう

私たちの会社の
「大切な価値観」
って何だろう？

SESSION 2-1 ピグマリオンミーティング（褒めシャワー）

さぁ SESSION 2は褒めシャワーからはじまります。まずは、自分の短所と長所を付箋に書いてA4用紙に貼りましょう。あくまで自分が思うとおりでよいので、恥ずかしがらずに貼ってみましょう。

もちろん長所しか思いつかない人は短所は書かなくて結構です。逆でもよいですが、一つくらい自分の長所を見つけてあげましょうね。

① ファシリテーターは全員にA4白紙の紙を配ります。

② 配られたA4の紙上部に「○○（自分の名前）の長所・短所」と書き、【2分間】で長所と短所を書きます。

2分

赤系の付箋→ 自分の短所

緑系の付箋→ 自分の長所

③ イワシの手。全員、ペン1本と緑色の付箋を一束持って起立し、ある程度広い場所を確保。

まずはファシリテーターがお手本を示す。

④「全グループの中で人数が多いグループ」にファシリテーターが行って、そのグループの中で一番社歴が浅い人を「褒めターゲット」に指名。自分の長所・短所を発表。

じゃあ サトシさん あなたを褒めターゲットにします！
今から先程書いた長所・短所をグループのみんなに簡潔に伝えてください。

ぼくの短所はネガティブ発言が多いことと、空気が読めない事です。長所は慎重に確認できることと、素直なことですかね…

緑色の付箋とペンを持参しておく

⑤ ターゲットの長所だけを（短所は不要）思いついた人から順番に貼る。

思いついた人から長所を緑色の付箋に書いてどんどん貼りましょう！
挨拶がサワヤカ！
メカに詳しい！
褒め
シャワー

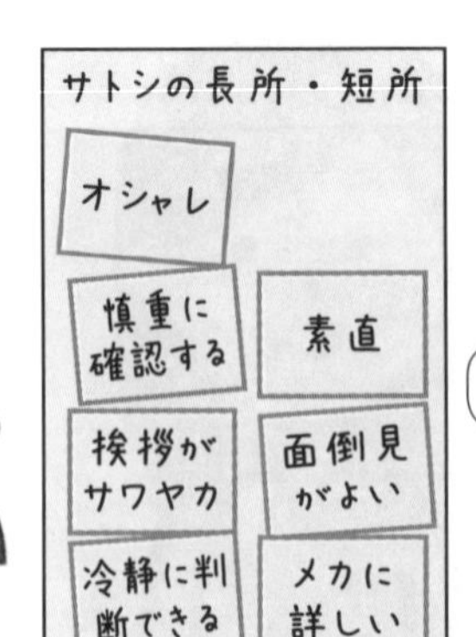

90秒

次に各グループで実際にそれぞれで褒めシャワーを実行する

⑥ 各グループ内で「社歴の浅い人」を最初の褒めターゲットに。「長所・短所発表」→「褒め言葉貼り付け」を含めて90秒で実行。褒めシャワーを浴びせましょう！【90秒】テンポよくシラけさせないのがポイントです。以下のようなセリフで盛り上げます。

90秒
x人数分

さぁ思いついたらどんどん貼っていきましょう！

おっと3連コンボだー！
これはウレシイですね。

あ、テレないで声に出してくださいね♪「オシャレ」？たしかに♪

- 連続して貼ってもOK（コンボ）
- 褒め言葉の重複もOK。
- 目を見てしゃべって貼ると嬉しさ倍増。
- 短所付箋が見えなくなるまで貼りまくろう。

⑦ 全員分まわったら終了です。お礼を言ってA4用紙に生い茂った緑色の付箋（通称：長所の葉っぱ）を持って帰って席についてください。

ファシリポイント

みんなに「褒めの言の葉」がたくさん生い茂るように配慮しよう。

SESSION 2のアイスブレイクの役割も担う「褒めシャワー」。最初の方は不慣れなため褒め言葉が少ないまま時間が来てしまうことも。そういう時はこっそり時間を延長しましょう。褒めシャワーが少ないと寂しいですから。

エピソード：ふだん褒めない男性ほど盛り上がる！？

「うちの社員が褒め合うとは思えない！」販売系会社のF部長は当初褒めシャワーを理由にサンクスUP！導入を躊躇していました。いざやってみると大盛りあがり！F部長が目を丸くして「信じられない…」と感動してくれました。褒めシャワーはゲームのような感覚で盛り上がるため、男性・女性関係なく褒め言葉が生い茂ります。ふだん褒めない方ほど新鮮な感覚かもしれません。

SESSION 2-2-0 共感マップ 導入

① ファシリテーターは全員着席してもらった後、正面スライドに注目してもらい、以下のセリフを言います。

3分

みなさん、いっぱい褒められて、とっても楽しくなりましたね。ところで、褒められてばかりいる理想の社員ってどんな人だと思いますか？次の図を見てください。

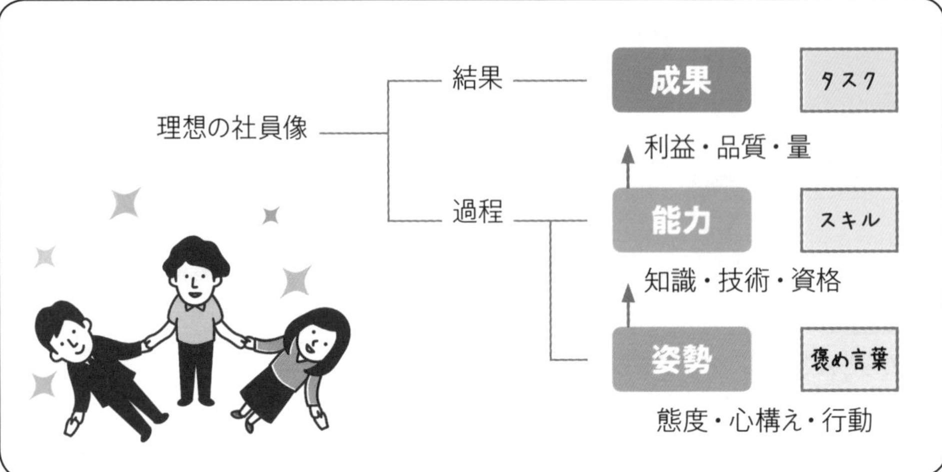

このように、サンクスUP！ではすべて

成果　能力　姿勢

の3つに分けて考えます！

成果 とは、**売上・利益・成約件数・品質・タスクの結果を**指します。企業が存続し発展するのに欠かせない数字的な結果のことです。

→ 日本では年功序列型から脱却するため「成果主義」が導入され始め、最近ではテレワークの社員を評価する「ジョブ型」が注目されていますが、いずれも過程（プロセス）よりも結果のみを重視する評価方法です。

能力 とは、成果を上げるために必要な**知識・技術などの スキル**を指しています。

→ 外的要因によってたまたま結果がでなくても能力を持っていれば次は成果を出すこともあるでしょう。能力が高いと安定したパフォーマンスが期待できます。

姿勢 とは、成果を出すため、あるいは能力を身につけるために必要な**心構えや勤務態度や正しい行動**のことです。

→ 経営理念やビジョンの実現のためには、短期的な成果よりも長期的な人材育成が必要です。理想の社員像を定義するためにはふだんから褒めて感謝することがとても大切です。なぜなら人は褒められると嬉しくてその行動を繰り返すからです。

② スライドを進めます。未来志向で理想像を考えるため以下の小芝居をしましょう。

みなさん、いっぱい褒められて、とっても楽しくなりましたね。ところで、褒められてばかりいる理想の社員ってどんな人だと思いますか?次の図を見てください。

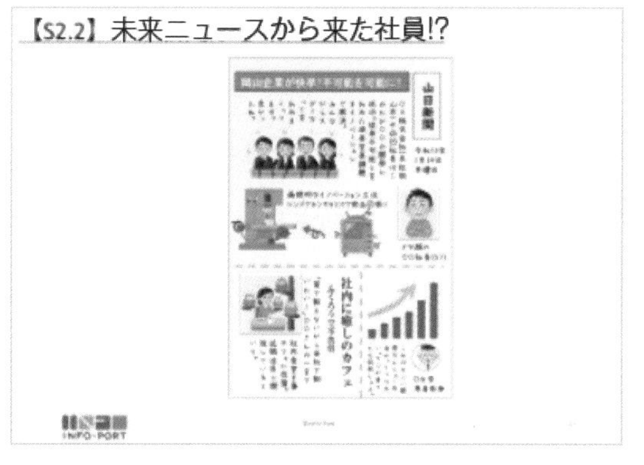

2分

おおーっと!だれか来ましたね~。理想の社員です!未来から理想の社員がやってきました!!

ノリノリで
演じきる!

さぁ10年後、あのHAPPYな未来から来た理想の社員はどんな人でしょうか?理想の上司は?理想の新人は?みんなで考えてみましょう♪

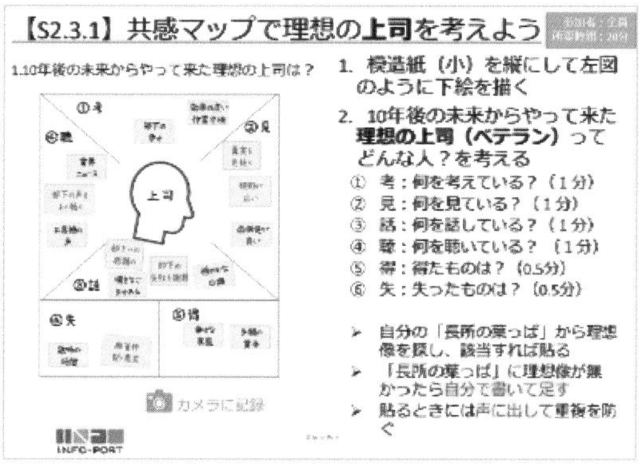

ファシリ
ポイント

「適切な行動」を褒めて伸ばすトレーニングをしよう!

日本の教育現場や企業ではやたら「反省会」が多く、下手すれば個人攻撃・吊し上げの場になりがちです。だからといってやたら褒めればいいのか?というとそれも違います。褒めシャワーや共感マップをやると単純な褒め言葉の3S(すごいね、すてきだね、すばらしいね)だけだとすぐ尽きてしまい、枠が埋まらないことに気づきます。なにがすばらしいのか?どうしたら認められるのか?具体的な行動を考え、それを適切なタイミングで褒めることが大事です。研修ではそれを意識してトレーニングしましょう。

SESSION 2-2-1 共感マップ 理想の上司

みなさん、いっぱい褒められて、とっても楽しくなりましたね。ところで、褒められてばかりいる理想の社員ってどんな人だと思いますか? 次の 図を見てください。

① 机の真ん中あたりにいる人を指名。模造紙に右図を書いてもらいます。

(1)下部1/4くらいのところで横線を1つ

(2)その中心から下に縦線を1つ

(3)上部3/4の真ん中に○(円)を描く

(4)その円の後ろ側に斜め線2つでバッテンを描く

(5)該当箇所に①考、②見、③話、④聴、⑤得、⑥失を書く

(6)円を横顔っぽく落書きして「上司」と書く

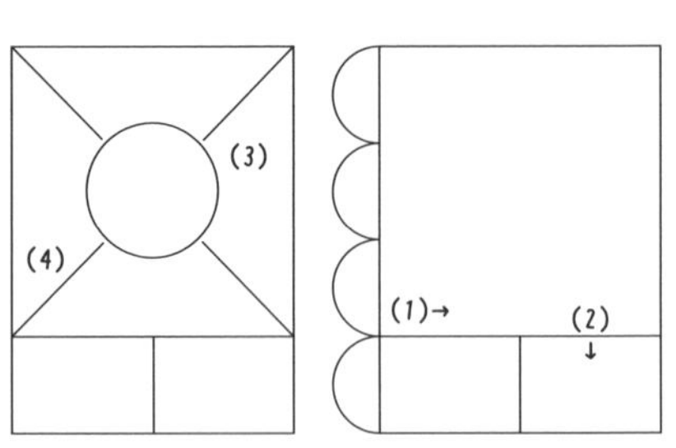

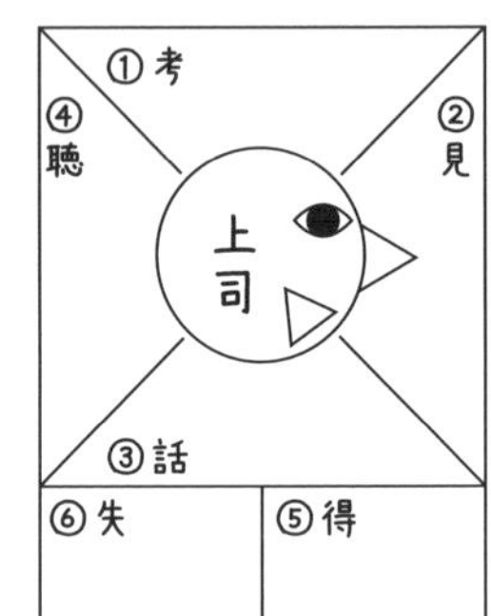

3分

指示

② ファシリテーターの指示に従って以下をグループで考え、緑色の付箋で貼る。

10年後の未来から来た理想の上司ってどんな人でしょう?きっとすごい人ですよね?

今から①から⑥まで、1分ずつで考えてみてください。

① 何を考えていますか?

部下の幸せ　効率の良い作業方法　など

1分

② 何を見ていますか?

1分

③ 何を話していますか?

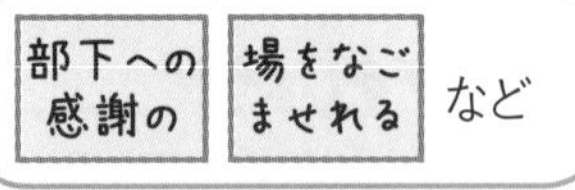

1分

④ 何を聴いていますか?

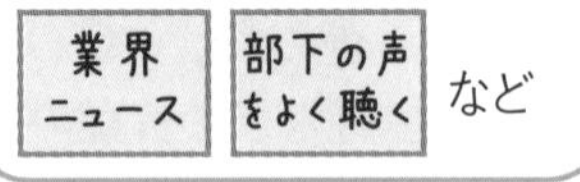

1分

①考　④聴　②見　上司　③話　⑥失　⑤得

⑤と⑥はあまり出ないので1分にまとめて行う

最後は2つ一緒に考えます。
⑤何を得て
⑥何を失いましたか?

多額の賞与　を得て

麻雀仲間・悪友　を失ったかも

1分

さっき褒めあった「長所の葉っぱ」をちぎって理想の上司に入れて見てください。

無ければ、新しく書いて貼ってください。

↓注意事項

無言で貼らないでください。貼る時は声を出して貼ってください。

今回は重複NGです かぶったら上に重ねてください。

上司

① 考：効率の良い作業方法／部下の幸せ

② 見：視野が広い／真実を見抜く／面倒見が良い

③ 話：部下への感謝の／部下の失敗を謝罪／場をなごませれる／穏やかな口調

④ 聴：業界ニュース／部下の声をよく聴く／お客様の声を聴く

⑤ 得：多額の賞与／幸せな家庭

⑥ 失：麻雀仲間・悪友／趣味の時間／青春の1ページ

面倒見が良い

「面倒見が良い」貼りますー

「お客様の声を聴く」

「穏やかな口調」

③ 自分の「長所の葉っぱ」をもう一度確認。理想の上司に入れる。

1分

もう一度自分の「長所の葉っぱ」を見てください。

あと1つ理想の上司に入れてみましょう。かぶっていたら上に重ねてみましょう。

ファシリポイント

「理想の上司像」は自分の中にもある！

このセッションで感じてほしいことは「未来から来た理想の上司」は、実は「成長した未来の自分」なんだ！ってことです。なかなか自分の「長所の葉っぱ」からは遠慮して入れない傾向にありますが、③で時間をつくって1つでも入れてもらいましょう。

SESSION 2-2-2 共感マップ 理想の新人

次は「理想の新人」について考えましょう。
10年後の私達の会社にはどんな人が入社してほしいですか？
みんなで考えてみましょう！

① 机の真ん中あたりにいる人を指名。模造紙に右図を書いてもらいます。

(1)下部1/4くらいのところで横線を1つ

(2)その中心から下に縦線を1つ

(3)上部3/4の真ん中に○（円）を描く

(4)その円の後ろ側に斜め線2つでバッテンを描く

(5)該当箇所に①考、②見、③話、④聴、⑤得、⑥失を書く

(6)円を横顔っぽく落書きして「新人」と書く

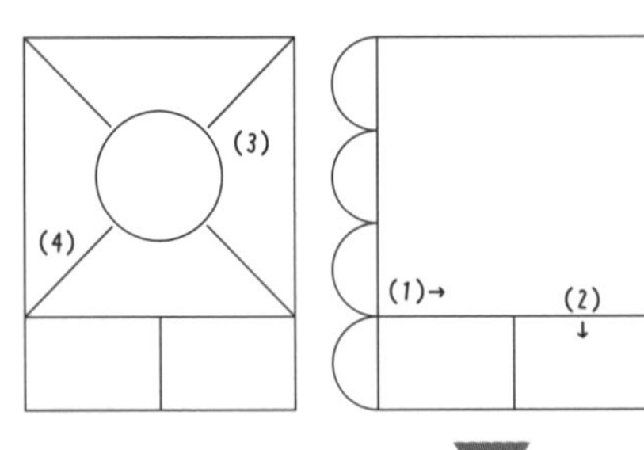

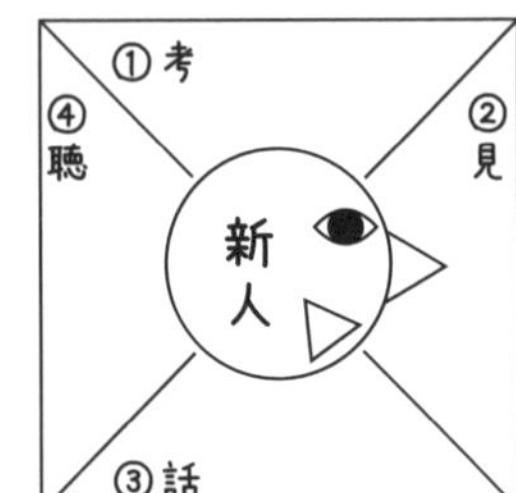

3分

② ファシリテーターの指示に従って以下をグループで考え、緑色の付箋で貼る。

10年後の未来から来た理想の新人ってどんな人でしょう？きっとすごい人ですよね？

今から①から⑥まで、1分ずつで考えてみてください。

質問	付箋の例
① 何を考えていますか？	時間を守る／礼儀作法 など
② 何を見ていますか？	マニュアルを何度も見る／先輩の背中 など
③ 何を話していますか？	報告連絡相談／率直に発言する など
④ 何を聴いていますか？	業界ニュース／業界の噂話 など

最後は2つ一緒に考えます。
⑤何を得て
⑥何を失いましたか？

安定した収入 を得て

新卒という特権 を失ったかも

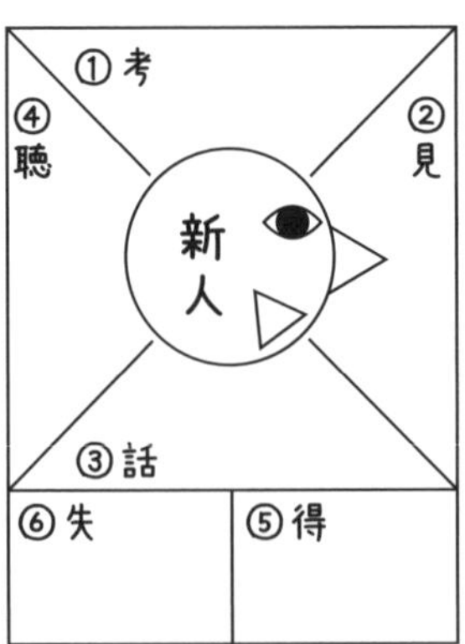

⑤と⑥はあまり出ないので1分にまとめて行う

1分
1分
1分
1分
1分

さっき褒めあった「長所の葉っぱ」をちぎって理想の新人に入れて見てください。

無ければ、新しく書いて貼ってください。

↓ 注意事項

無言で貼らないでください。貼る時は声を出して貼ってください。

今回は重複NGです かぶったら上に重ねてください。

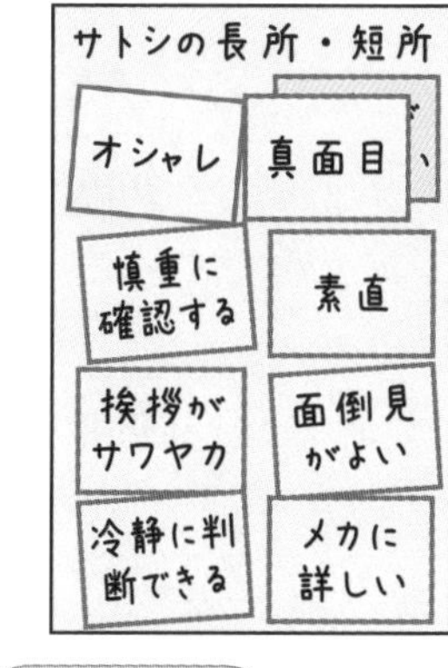

「段取り上手」貼りますー。

「お客様の声を聴く」

「元気の良い挨拶」

③ 自分の「長所の葉っぱ」をもう一度確認。理想の新人に入れる。

1分

もう一度自分の「長所の葉っぱ」を見てください。

あと1つ理想の新人に入れてみましょう。かぶっていたら上に重ねてみましょう。

ファシリポイント

幹部セッションの場合は「理想の社長」を入れる

経営者と幹部でサンクスUP！研修を行う場合は「理想の新人」のかわりに「2-2-1：理想の社長」を入れましょう。その際にお互いの理想像を言い合うことになるので、「社長のここがダメだからこれを入れてやろう」という他者攻撃にならないように気をつけましょう。また、理想像を考える順番は常に上長が先で「社長→上司」「上司→新人」とします。

評価基準づくり

いよいよ評価基準をつくります。タスクツリーから成果の評価基準を、スキルツリーから能力の評価基準を、褒め言葉・共感マップから「姿勢」の評価基準をそれぞれ新人・ベテランにわけてつくります。

さてみなさん、これから実際に評価基準の言葉をつくっていきます。サンプルを見てください。言葉をカテゴリに分けて上から順番に読むと、なんとなく言葉になって来ます。一緒に言葉を紡ぎましょう♪

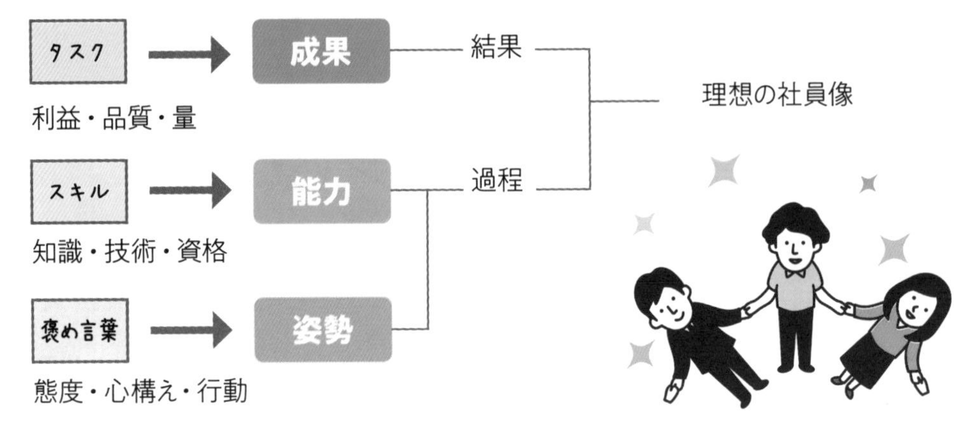

売上・利益目標
成果

タスクツリー

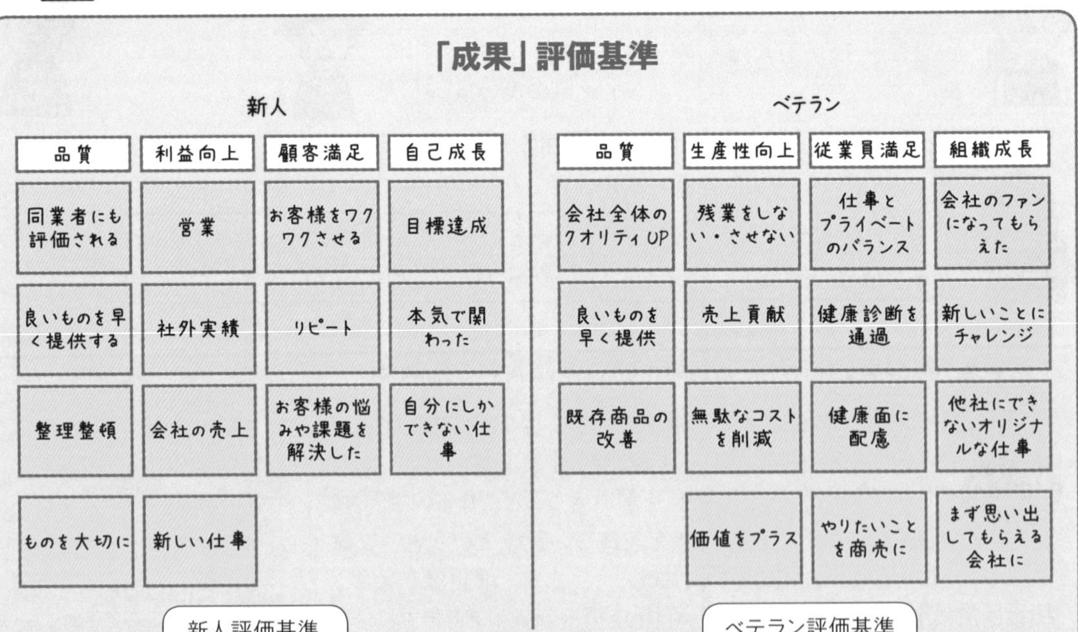

「成果」評価基準
新人
品質
利益向上
顧客満足
自己成長
同業者にも評価される
営業
お客様をワクワクさせる
目標達成
良いものを早く提供する
社外実績
リピート
本気で関わった
整理整頓
会社の売上
お客様の悩みや課題を解決した
自分にしかできない仕事
ものを大切に
新しい仕事
新人評価基準
ベテラン
品質
生産性向上
従業員満足
組織成長
会社全体のクオリティUP
残業をしない・させない
仕事とプライベートのバランス
会社のファンになってもらえた
良いものを早く提供
売上貢献
健康診断を通過
新しいことにチャレンジ
既存商品の改善
無駄なコストを削減
健康面に配慮
他社にできないオリジナルな仕事
価値をプラス
やりたいことを商売に
まず思い出してもらえる会社に
ベテラン評価基準

技術・知識獲得
能力

「能力」評価基準

新人				ベテラン			
健康	コミュ力	技術	知識	指導力	技術	調整力	経験
休まないで出勤できる	他人の気持ちを配慮できる	パソコンが使える	原因を調べられる	メンタルフォローができる	値段を決めることができる	トラブルを収束できる	知識と経験が豊富
健康である	コミュニケーション力がある	道具・機械を使いこなす	危険を回避できる	全体を視る力がある	ITの知識と技術がある	交渉術に長けている	お客様から信頼が厚い
無駄をなくすことができる	察することができる	現場作業が早い	同じミスをしない	伝える力	情報収集力	ピンチに強い	判断力
		センスがある	必要な資格を取得している	問題抽出力	洞察力	営業力	問題解決力
				意思決定が早い			

新人評価基準　　ベテラン評価基準

態度・行動特性
姿勢

「姿勢」評価基準

新人				ベテラン			
考え方	協調性	マナー	熱意	指導力	思考	人柄	先見性
前向きな考え方	笑顔	マジメで忠実	熱意	ダメな事はハッキリ伝える	ぶれない	よくおごってくれる	情報収集
プラス思考	あいさつができる	謙虚	一生懸命	理由を明確に伝える	安全安心	面倒見が良い	全体の動きを把握
夢と希望	なんでもすぐやる	陰口を言わない	あきらめない	部下の成長を見守る	なんでも受け入れる	相談にのる	公平
目標を持つ	ごめんなさいって言える	学習意欲	行動力	部下のメンタル	いい意味で調子良い	場をなごませれる	斬新な発想ができる
		自分を知る		部下の長所短所	忍耐強い		

新人評価基準　　ベテラン評価基準

SESSION 2-3-1

評価基準づくり1成果

① 模造紙を横にして、「参加者の誰か一人」を指名して、上部真ん中に**「会社名（部署名）」**と**「能力評価基準」**を書いてもらい、中央を線で分断し、左側上部に**「新人」**右側上部に**「ベテラン」**と書いてもらいます。

② ファシリテーターは左下にS231と記述しましょう。

3分

ちょうど真ん中にいる○○さん、今から私が言う言葉を書いてください。

指示

フューチャー商事 営業開発部「成果」評価基準

新人　　　　ベテラン

3分

③ タスクツリーに貼られている付箋の中から、**会社の成果**に関する言葉を転載します（剥がさずに書き写す）。単語でOK。とりあえず置き場所は、右側（ベテラン）か左側（新人）か区分けして貼りましょう。

S231　新規顧客獲得　不具合修正

あなたが大事だと思うタスクの付箋を成果シートに書き写してください。ベテランか新人かだけ選んで場所は適当でOKです。

これはベテランの大事な仕事だと思うなぁ…

④ 余裕がありそうであれば「ネームシール（ラベル）」を渡してカテゴリに分けることを告げる。付箋はたくさん貼っても良いし、ネームシールも後から差し替えてもよいことを伝えます。

似通った単語は縦に並べてみてください。そしてその上にカテゴリを名付けてみてください。たとえばサンプルはこうなってます。

新人	品質	利益向上	顧客満足	自己成長
ベテラン	品質	生産性向上	従業員満足	組織成長

生産性向上

残業をなくす

売上貢献

コスト削減

価値プラス

⑤ 時間が来たらイワシの手をして一旦修了。あとでもう一度編集することを告げて、成果シートの上に新しい模造紙を重ねる。

SESSION 2　評価基準

Chapter 3　サンクスUP!360分研修

形式：部署
時間：10分

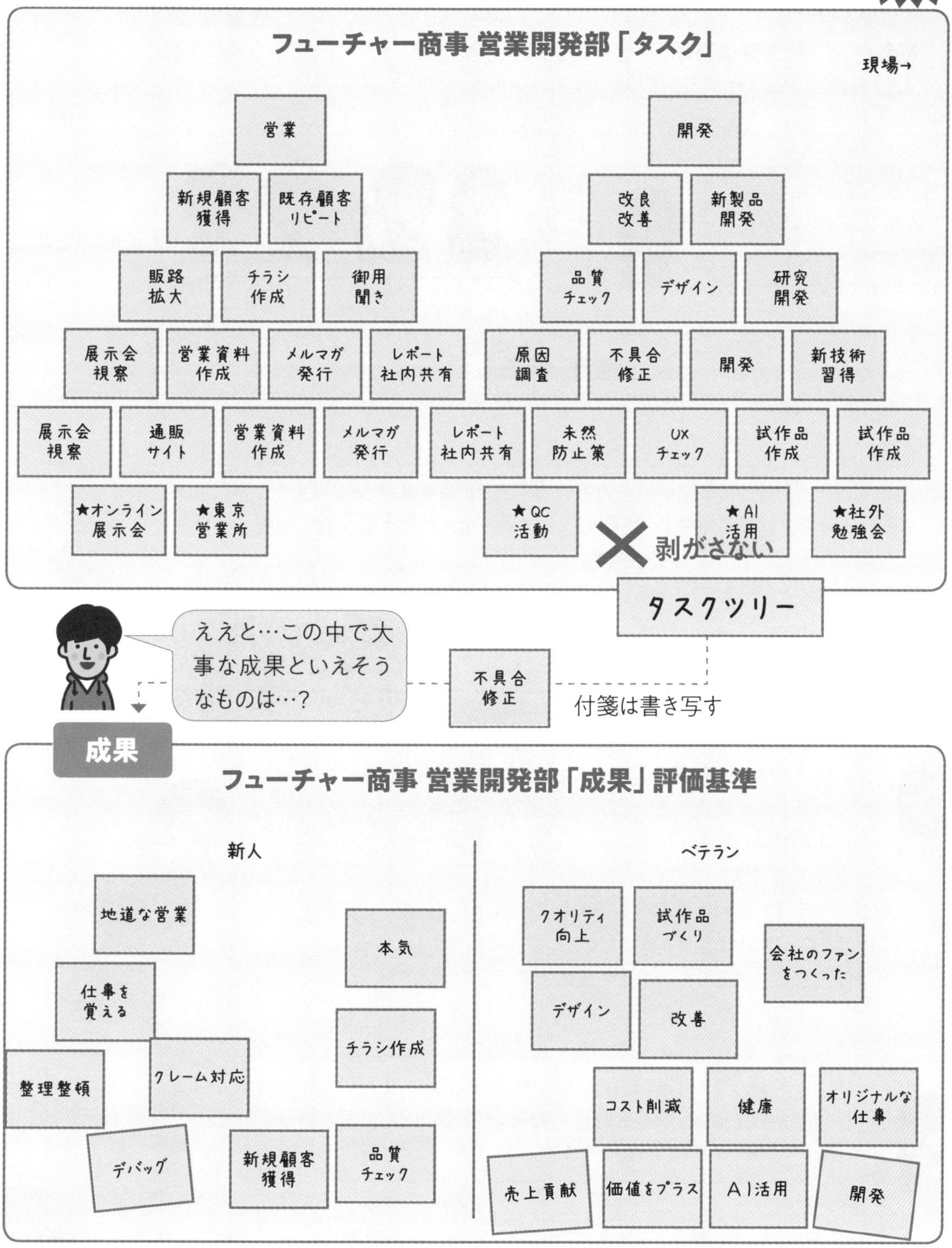

フューチャー商事 営業開発部「タスク」

現場→

営業

新規顧客獲得 / 既存顧客リピート

販路拡大 / チラシ作成 / 御用聞き

展示会視察 / 営業資料作成 / メルマガ発行 / レポート社内共有

展示会視察 / 通販サイト / 営業資料作成 / メルマガ発行

★オンライン展示会 / ★東京営業所

開発

改良改善 / 新製品開発

品質チェック / デザイン / 研究開発

原因調査 / 不具合修正 / 開発 / 新技術習得

レポート社内共有 / 未然防止策 / UXチェック / 試作品作成 / 試作品作成

★QC活動 / ★AI活用 / ★社外勉強会

✕剥がさない

タスクツリー

ええと…この中で大事な成果といえそうなものは…？

不具合修正

付箋は書き写す

成果

フューチャー商事 営業開発部「成果」評価基準

新人

地道な営業 / 本気 / 仕事を覚える / チラシ作成 / 整理整頓 / クレーム対応 / デバッグ / 新規顧客獲得 / 品質チェック

ベテラン

クオリティ向上 / 試作品づくり / 会社のファンをつくった / デザイン / 改善 / コスト削減 / 健康 / オリジナルな仕事 / 売上貢献 / 価値をプラス / AI活用 / 開発

付箋はどんどん貼ってもらおう

頭の中で考えるよりもまずは書いて貼ってみよう。付箋はたくさんあります。ブレインストーミングしよう。

SESSION 2-3-2 評価基準づくり２能力

① 模造紙を横にして、「参加者の誰か一人」を指名して、上部真ん中に**「会社名（部署名）」**と**「能力評価基準」**を書いてもらい、中央を線で分断し、左側上部に**「新人」**右側上部に**「ベテラン」**と書いてもらいます。

② ファシリテーターは左下にS232と記述しましょう。

3分

ちょうど真ん中にいる○○さん、今から私が言う言葉を書いてください。

指示

「能力」評価基準

新人　　ベテラン

3分

③ スキルツリーに貼られた付箋の中から、会社で**重要なスキル**に関する言葉を転載します（剥がさずに書き写す）。単語でOK。とりあえず置き場所は、右側（ベテラン）か左側（新人）か区分けして貼りましょう。

問題発見力　問題発見力

S232

あなたが大事だと思うスキルの付箋を能力シートに書き写してください。ベテランか新人かだけ選んで場所は適当でOKです。

これはベテランにも新人にも必要なスキルだ！

④ 余裕がありそうであれば「ネームシール（ラベル）」を渡してカテゴリに分けることを告げる。付箋はたくさん貼っても良いし、ネームシールも後から差し替えてもよいことを伝えます。

似通った単語は縦に並べてみてください。そしてその上にカテゴリを名付けてみてください。たとえばサンプルはこうなってます。

新人	健康	コミュ力	技術	知識
ベテラン	指導力	技術	調整力	経験

知識
原因を調べられる
危険を回避できる
同じミスをしない
必要な資格を取得している

⑤ 時間が来たらイワシの手をして一旦修了。あとでもう一度編集することを告げて、成果シートの上に新しい模造紙を重ねる。

形式：部署
時間：10分

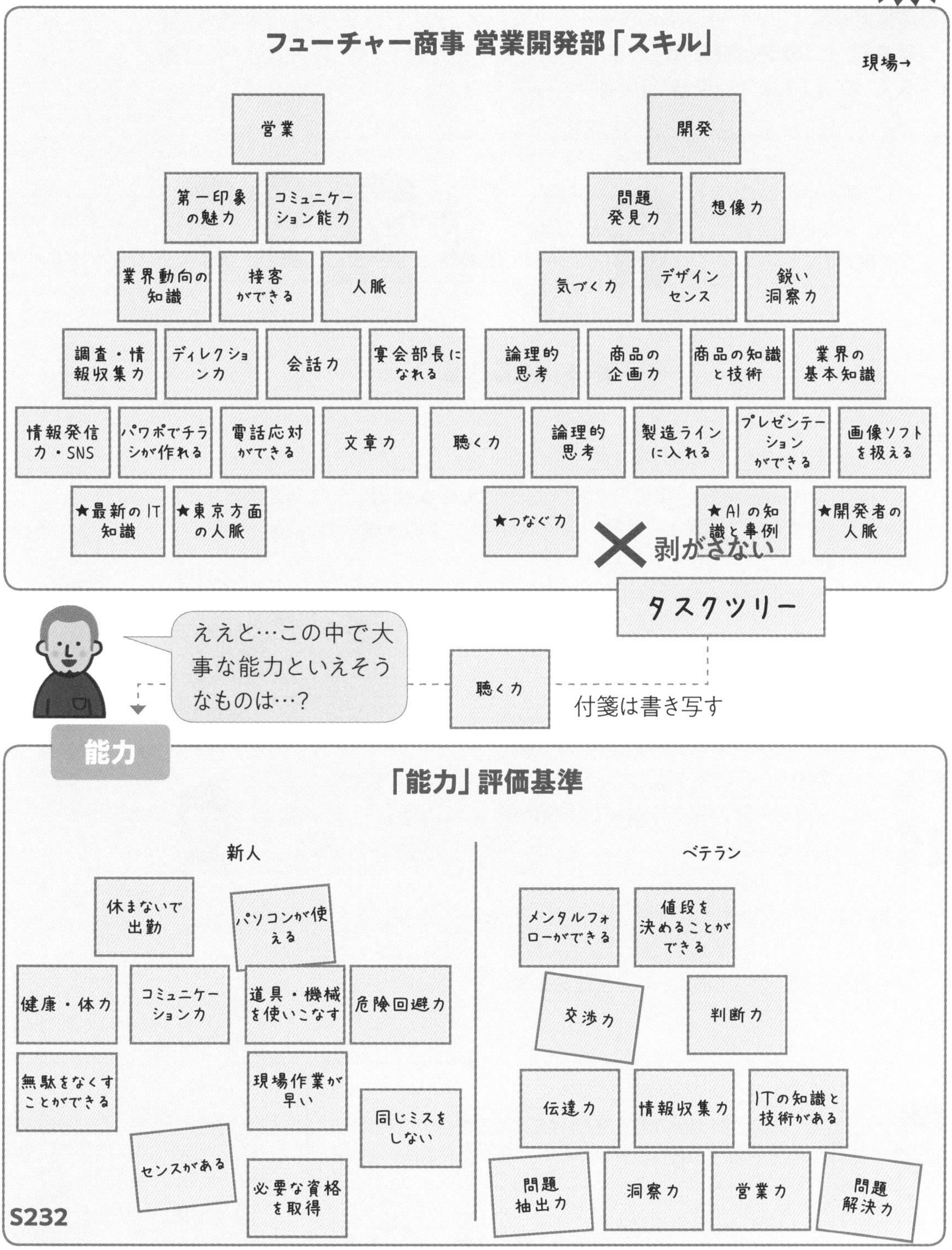

フューチャー商事 営業開発部「スキル」

現場→

営業

第一印象の魅力
コミュニケーション能力
業界動向の知識
接客ができる
人脈
調査・情報収集力
ディレクション力
会話力
宴会部長になれる
情報発信力・SNS
パワポでチラシが作れる
電話応対ができる
文章力
★最新のIT知識
★東京方面の人脈

開発

問題発見力
想像力
気づく力
デザインセンス
鋭い洞察力
論理的思考
商品の企画力
商品の知識と技術
業界の基本知識
聴く力
論理的思考
製造ラインに入れる
プレゼンテーションができる
画像ソフトを扱える
★つなぐ力
★AIの知識と事例
★開発者の人脈

✕ 剥がさない

タスクツリー

ええと…この中で大事な能力といえそうなものは…？

聴く力

付箋は書き写す

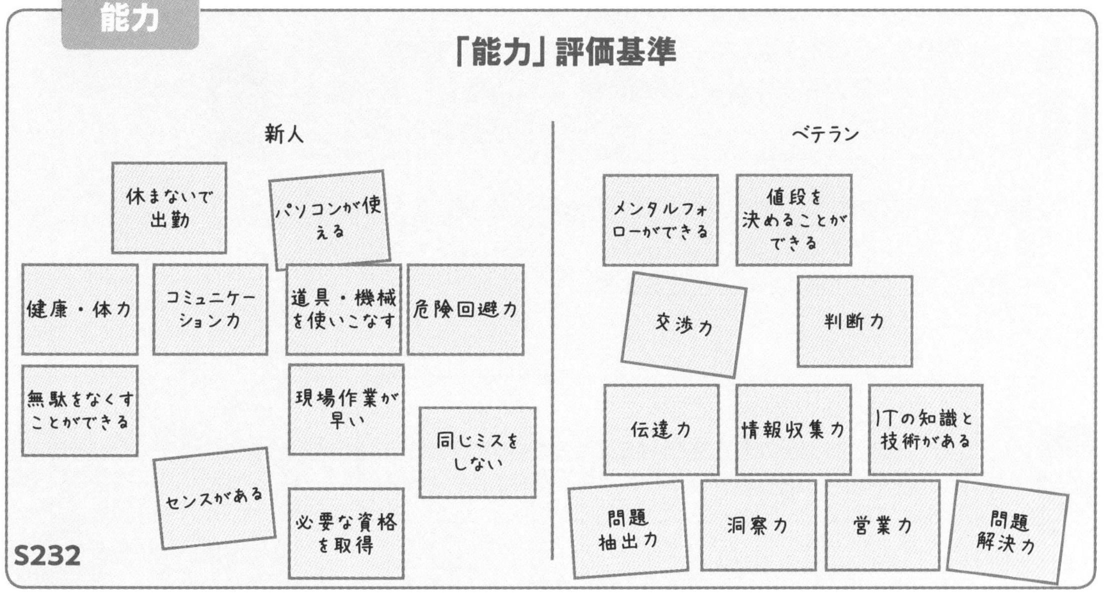

付箋はどんどん貼ってもらおう

頭の中で考えるよりもまずは書いて貼ってみよう。付箋はたくさんあります。ブレインストーミングしよう。

評価基準づくり３姿勢

① 模造紙を横にして、「参加者の誰か一人」を指名して、上部真ん中に**「会社名（部署名）」**と**「姿勢評価基準」**を書いてもらい、中央を線で分断し、左側上部に**「新人」**、右側上部に**「ベテラン」**と書いてもらいます。

② ファシリテーターは左下にS233と記述しましょう。

3分

ちょうど真ん中にいる○○さん、今から私が言う言葉を書いてください。

指示

「姿勢」評価基準

新人　　ベテラン

3分

③ スキルツリーに貼られた付箋の中から、会社で**大切な姿勢**に関する言葉を転載します（剥がさずに書き写す）。単語でＯＫ。とりあえず置き場所は、右側（ベテラン）か左側（新人）か区分けして貼りましょう。

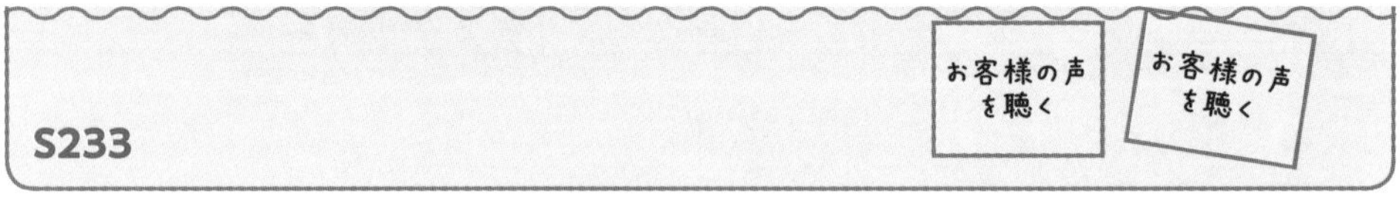

S233

お客様の声を聴く

お客様の声を聴く

あなたが大事だと思う姿勢の付箋を姿勢シートに書き写してください。ベテランか新人かだけ選んで場所は適当でOKです。

これはベテランにも新人にも必要な姿勢ですよね！

④ 余裕がありそうであれば「ネームシール（ラベル）」を渡してカテゴリに分けることを告げる。付箋はたくさん貼っても良いし、ネームシールも後から差し替えてもよいことを伝えます。

似通った単語は縦に並べてみてください。そしてその上にカテゴリを名付けてみてください。たとえばサンプルはこうなってます。

新人	考え方	協調性	マナー	熱意
ベテラン	指導力	思考	人柄	先見性

協調性

笑顔

あいさつができる

なんでもすぐやる

ごめんなさいって言える

⑤ 時間が来たらイワシの手をして一旦修了。あとでもう一度編集することを告げて、成果シートの上に新しい模造紙を重ねる。

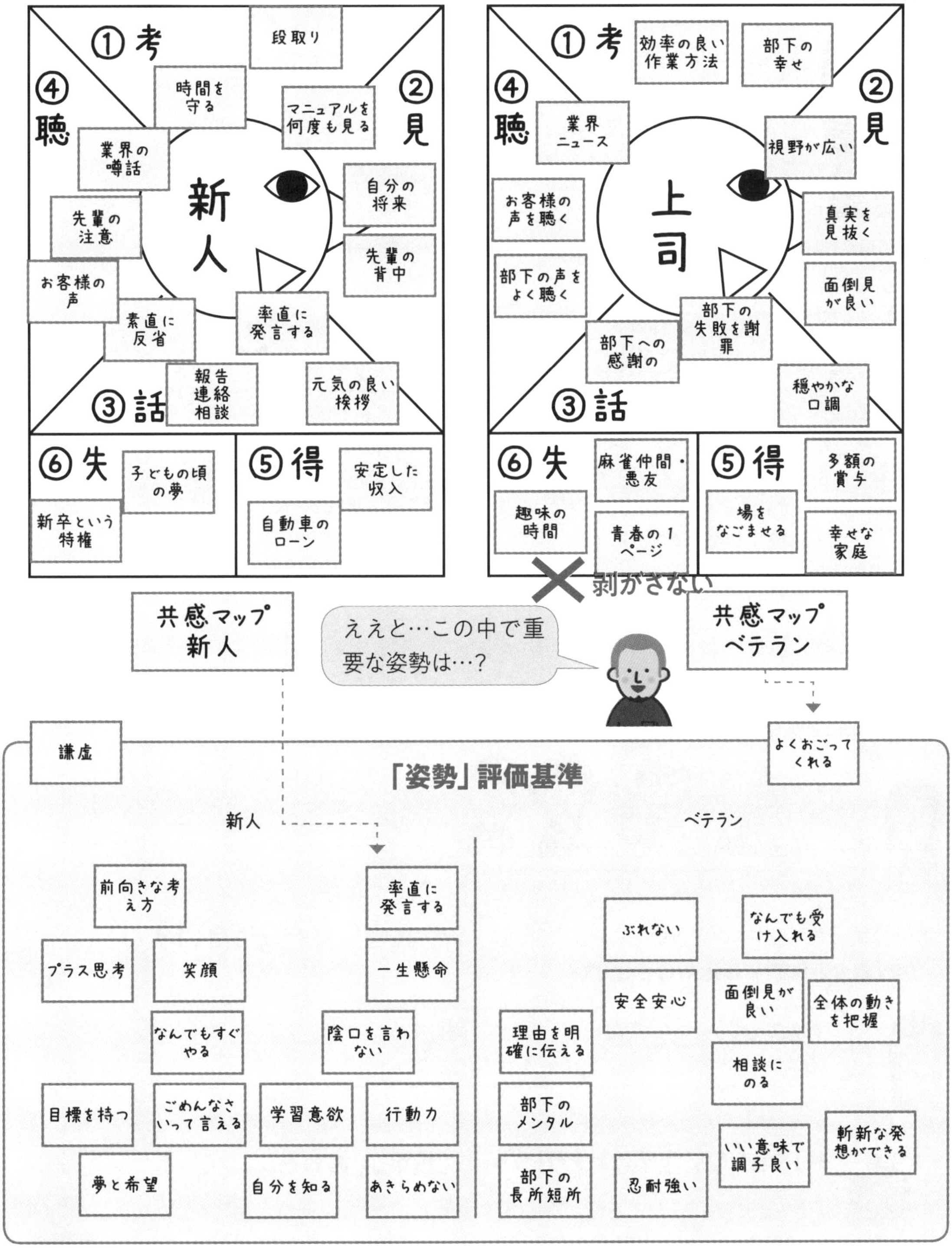

形式：部署
時間：10分

①考 ②見 ③話 ④聴 ⑤得 ⑥失

新人
段取り
時間を守る
マニュアルを何度も見る
業界の噂話
自分の将来
先輩の注意
先輩の背中
お客様の声
素直に反省
率直に発言する
報告連絡相談
元気の良い挨拶
子どもの頃の夢
新卒という特権
安定した収入
自動車のローン

上司
効率の良い作業方法
部下の幸せ
業界ニュース
視野が広い
お客様の声を聴く
真実を見抜く
部下の声をよく聴く
面倒見が良い
部下の失敗を謝罪
部下への感謝の
穏やかな口調
麻雀仲間・悪友
趣味の時間
青春の1ページ
多額の賞与
場をなごませる
幸せな家庭

×剥がさない

共感マップ 新人
共感マップ ベテラン

ええと…この中で重要な姿勢は…？

謙虚
よくおごってくれる

「姿勢」評価基準

新人
前向きな考え方
率直に発言する
プラス思考
笑顔
一生懸命
なんでもすぐやる
陰口を言わない
目標を持つ
ごめんなさいって言える
学習意欲
行動力
夢と希望
自分を知る
あきらめない

ベテラン
ぶれない
なんでも受け入れる
安全安心
面倒見が良い
全体の動きを把握
理由を明確に伝える
相談にのる
部下のメンタル
いい意味で調子良い
斬新な発想ができる
部下の長所短所
忍耐強い

付箋はどんどん貼ってもらおう

頭の中で考えるよりもまずは書いて貼ってみよう。付箋はたくさんあります。ブレインストーミングしよう。

SESSION 2-4

サークル2（クロージング）

おつかれさまでした。最後に感想をシェアして終わりましょう。

赤と青の付箋を一枚ずつ取ってください。

緑色の付箋に「気づいたこと」
赤色の付箋に「今後のアクション」
を書きましょう♪

自分が気づいたこと＋名前

今後のアクション＋名前

① 上記セリフを言い、付箋に各自の気づき・アクションを【2分】で書く。

意外と楽しかった まいまい

自分の仕事を見える化 まいまい

思ったよりアイデアが出た ジョージ

1ヶ月後くらいに見直す ジョージ

2分

② 早く書き終えた人を指名して、白紙のA4シート1枚の上部に「“チーム名”の気づき」と書き、もう一方には「“チーム名”のアクション」と書く。このとき、まだA4シートに貼らず、それぞれ付箋を2枚ずつ持っておく。（発表と同時に一人ずつ気づきとアクションを1枚ずつ貼るので注意）

○○部の気づき

○○部のアクション

では、早く書けたコーヘーさん、A4の紙に気づきとアクションって書いてもらえますか？

指示

③ 2分経ったら必ずペンを置いてもらう。次のような台詞を言う。**書きながら聞くような「ながら作業」は絶対にさせない。**

書けてない人もペンを置いてください。書けてないところはしゃべってください。聴く姿勢大切にしましょう。

ファシリポイント

セッションの最後は必ずアウトプットして拍手して終わる

同じセッションをしても気づきは人それぞれ。他人の気づきを聴くことによって、自分が気づかなかった観点を取り入れることができます。360分研修という非常に短時間の中で大きな効果を得るためには**アウトプットの量を増やすことがとても効果的**です。この際に、アクションが自分また気づきやアクションを聞くことで理解度が高まっているかファシリテーターもCHECKします。そして最後はみんなで拍手をして達成感を感じて終わりましょう。

形式：テーブル
時間：10分

④「社歴の浅い人」から「時計回り」に書いたことを言ってA4用紙に貼る。

サトシさんから書いたことを順番に発表してください。

青色の付箋を「気づき」に赤色の付箋を「アクション」に貼ってください。

○○部の気づき	
意外と楽しかった まいまい	幅広い話ができた あずあず
思ったよりアイデアが出た りゅーき	ナイスチームワーク！ ぐっさん
わいわいたのしい♪ しお	未来は姿勢の明確化が重要 もーりー

○○部のアクション	
自分の仕事を見える化する（まいまい）	夢を大きく持つ あずあず
1ヶ月後くらいに見直してみる（りゅーき）	次もナイスチームワーク！ ぐっさん
将来設計をちゃんとしよう しお	成果を出す仕事をへらす もーりー

6分

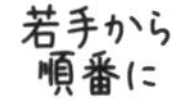

私のSESSION 2での気づきは「頭の中の整理がついたこと」でほしいスキルは「見積りをつくれるスキル」です。ありがとうございました！

お互いのがんばりを讃えて、拍手を送り合いましょう！

⑤お互いに感謝の拍手をしてセッションを終了します。

ファシリポイント

拍手を効果的に使おう！イワシの手と使い分けが肝心！

「イワシの手」はサメが来たという合図ですので、集団に「緊張」をもたらします。一方、「拍手」は集団に認められた合図ですので「緩和」と「承認」をもたらします。この2つを効果的に使い分けてください。とくに人間はアクションしたのになんの反応もないと不安になります。多少オーバーリアクションでもみんなで拍手することで場を盛り上げることができます。

エピソード：休憩時間が終わっても戻ってこない…そんな時どうする？

1DAYでは、セッション間の休憩時間は10分ですが、時間が押してしまったのでやむを得ず短縮して7分休憩をお願いする場合もあります。とくにSESSION 1と2はやることが多く慣れていないので時間が押しがちです。十分注意しましょう。一方で10分休憩をとったのに時間が来てもタバコ休憩から帰ってこない社員さんがいることもありました。こういう場合はセッションをスタートしましょう。時間を守るということはお互いの大切な約束事です。

SESSION 2-5

ドット投票

みなさんはどの言葉に共感しますか？あなたの想いをシールに託して貼ってみてください。(1)～(7)のシートにそれぞれ3つ貼ってください。

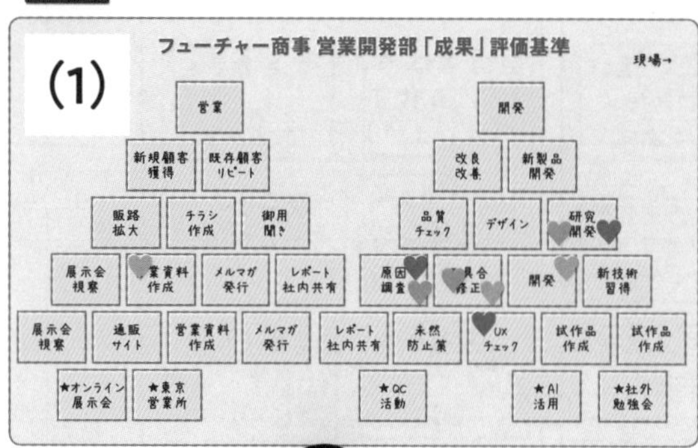

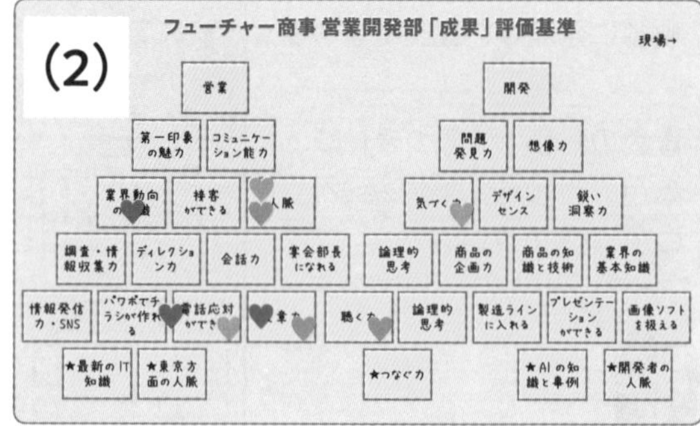

S15タスクツリー
→3つ貼る

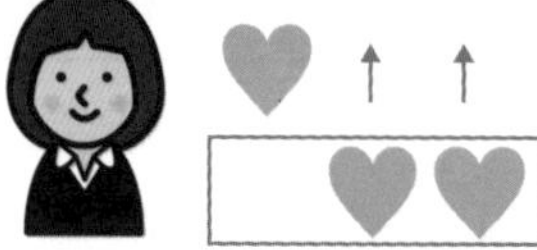

S16スキルツリー
→3つ貼る

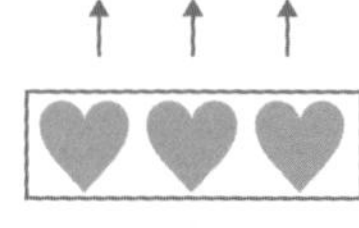

S22共感マップ
→3つ貼る

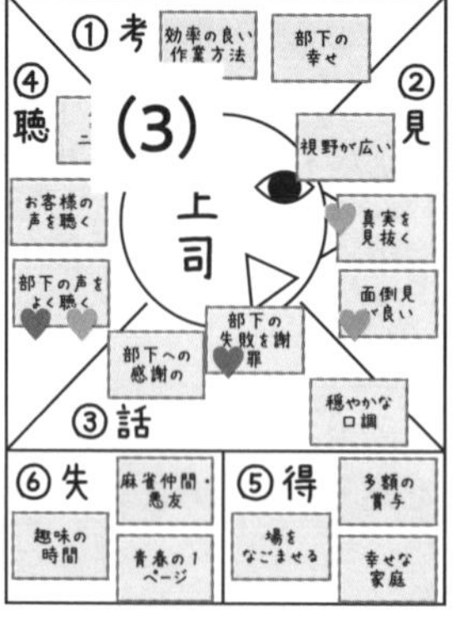

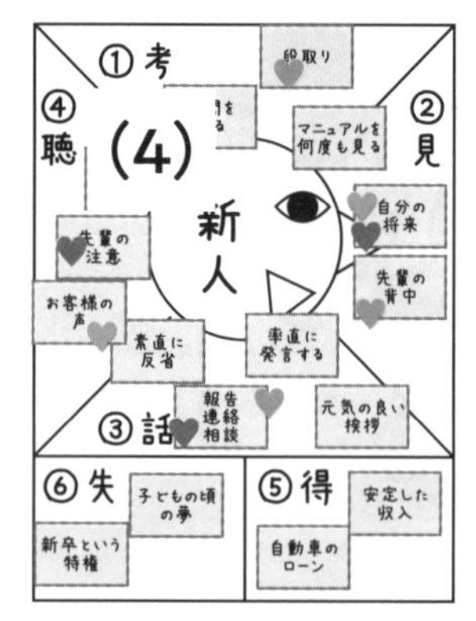

① あらかじめシールを1セット3つに切っておく。そして1人7セット、合計の21枚のシール持つ。

② 自分が特に大切だと思う言葉が書かれている付箋にシールを貼る。

(1)「タスクツリー（S15）」に3つ

(2)「スキルツリー（S16）」に3つ

(3)「共感マップベテラン（S22）」に3つ

(4)「共感マップ新人（S22）」に3つ

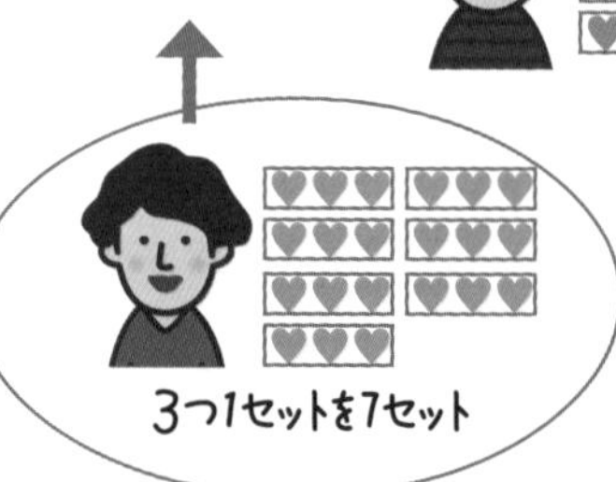

置き場所は十分広いスペースを確保しよう

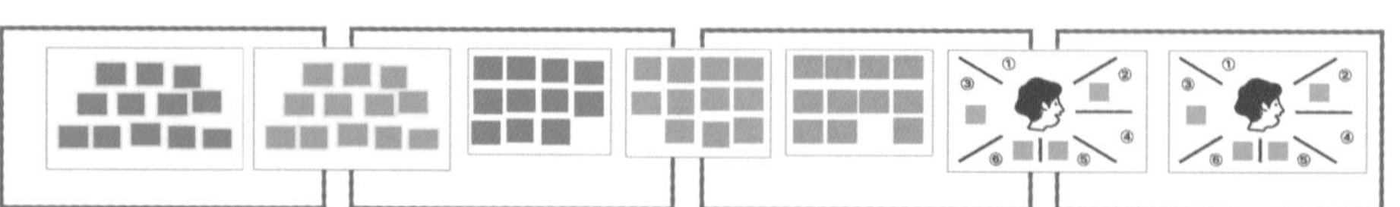

形式：全体
時間：10分

ただし、
同じ付箋に
複数シールはNG

同じシートに
4つ以上はNG

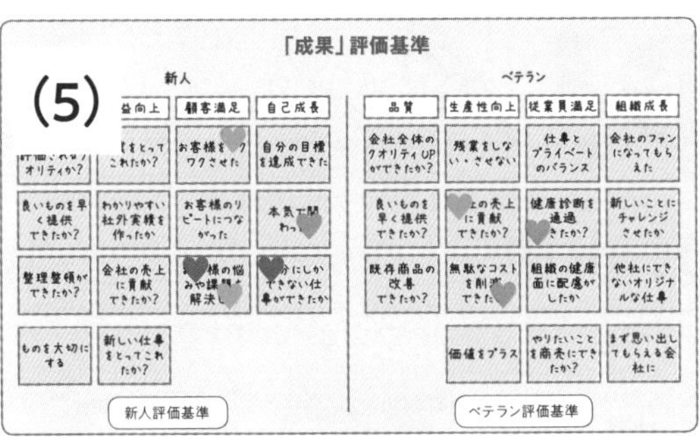

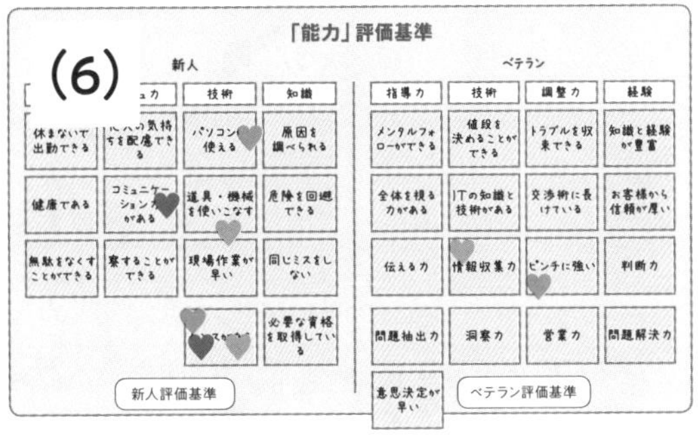

S231成果の評価基準
→3つ貼る

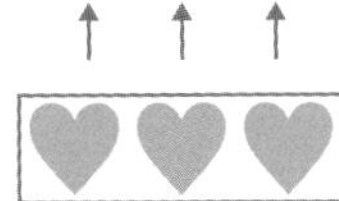

S232能力の評価基準
→3つ貼る

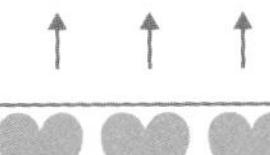

S233姿勢の評価基準
→3つ貼る

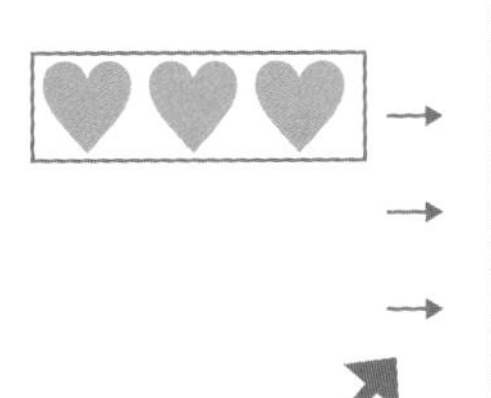

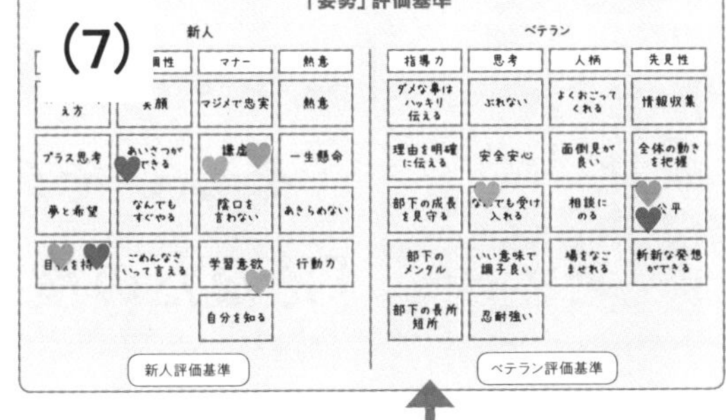

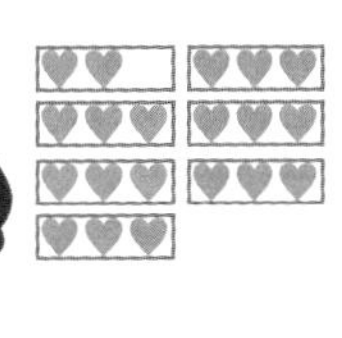

③同じく評価シートにも自分が大切だと思う言葉が書かれている付箋にシールを貼る。

(5)「成果の評価基準（S231）」に3つ

(6)「能力の評価基準（S232）」に3つ

(7)「姿勢の評価基準（S233）」に3つ

シールは平等に配分し一人ひとりの意思を尊重しよう

ドット投票は1票に想いを託す民主主義の原理と同じです。経営者やリーダーが意思決定するのには全員が同じ数だけ投票することが不可欠です。投票していない人がいるとそこに不確定要素が存在し続けることになります。全員のシールが揃ったからこそ、役職者はその意志を尊重するのか？それともある理由によって優先を変えるのか？全員が注目する中で説明する責任が生じるのです。

SESSION 3 キャリアマップ

SESSION 3 キャリアマップ

私たちの会社には
「どんな役職がある？」
そして その中で
「あなたの役割は？」

S3-1.	キャリアマップ	30
S3-2.	フィッシュボウル	20
S3-3.	ロールプレイング	10
S3-4.	サークル（クロージング）	10

※所要時間（分）70

SESSION 3 は評価基準シートやタスクツリー・スキルツリー・共感マップを参照することが多いので近くで見えるような工夫が必要です。

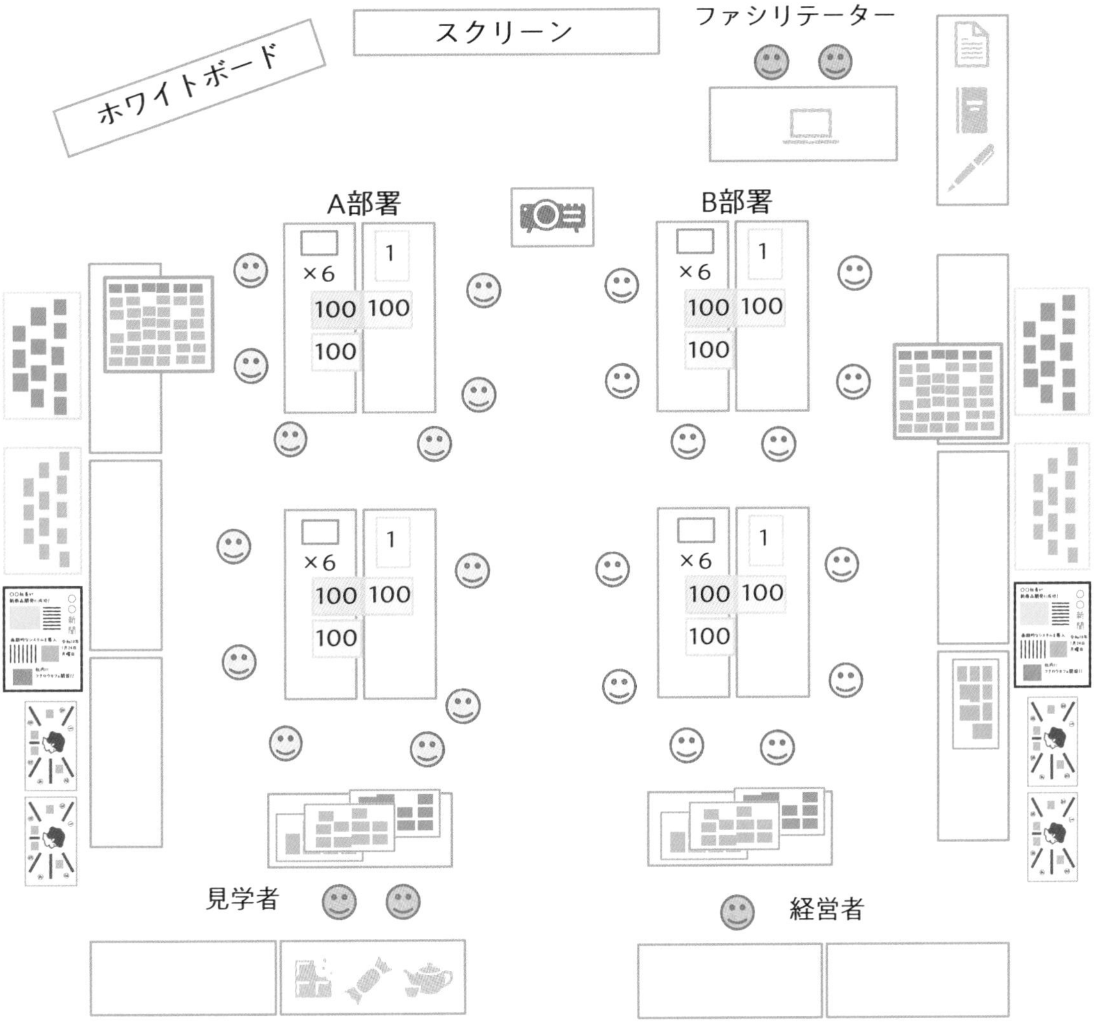

スクリーン
ホワイトボード
ファシリテーター
A部署
B部署
×6
1
100
見学者
経営者

1つのテーブルに必要なもの

- 1 A4 シート1枚
- 100 緑色付箋 約100枚
- 100 赤色付箋 約100枚
- 100 黄色付箋 約100枚
- ×6 ネームシール 6枚（人数分）

1つの部署に必要なもの

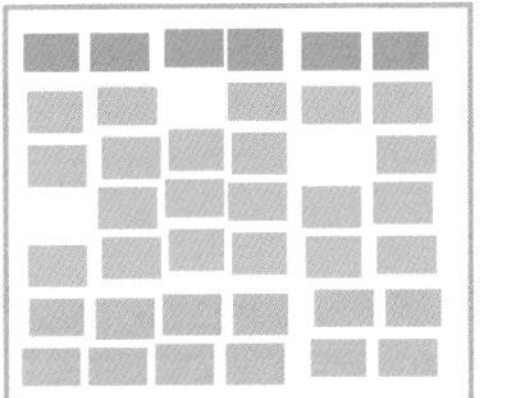

模造紙 S32
キャリアマップ 2枚

キャリアマップはタスク（赤色付箋）とスキル（黄色付箋）とコンピテンシー（緑色付箋）の縦に貼る数が慣れないと戸惑います。「赤1：黄4：緑2」とおぼえておきましょう。

SESSION 3-0
全体フローの確認と問いかけ

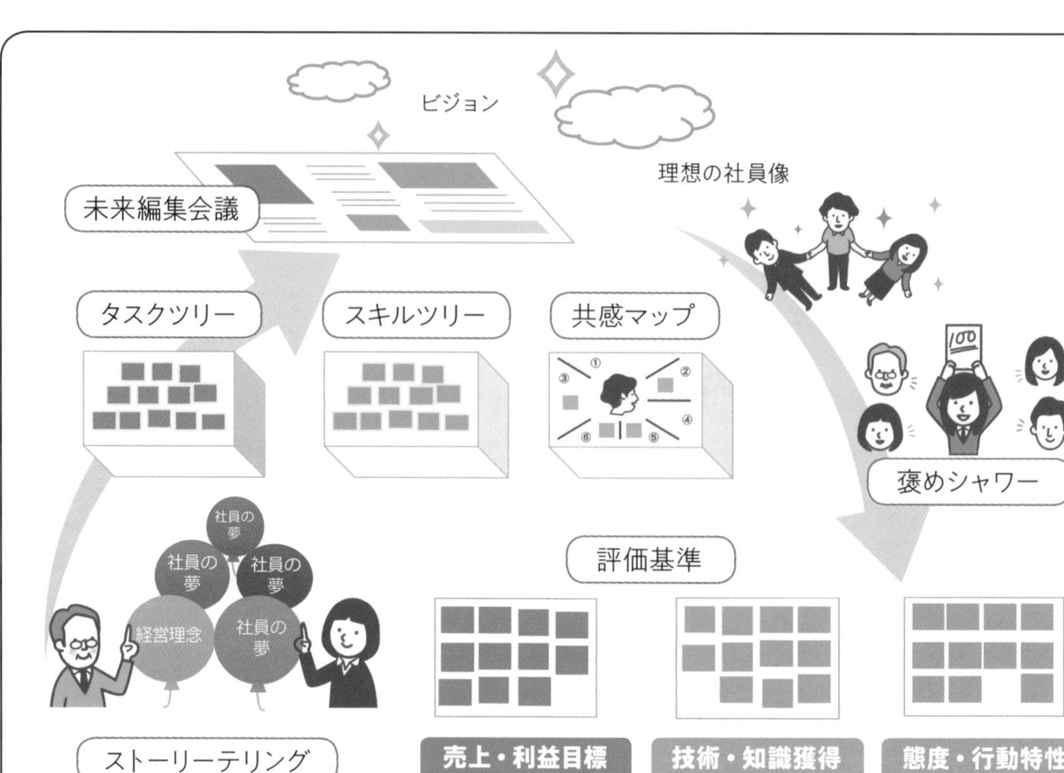

●問いかけのセリフ例

さぁ、みなさん！セッションをはじめましょう！

SESSION 1ではみんなで理想的な未来像を新聞という形で表現してみました。

SESSION 2では、その未来像をもとに、その未来にふさわしい理想的な人物像をイメージしました。

次のSESSION 3からは自分の立ち位置について考えてもらいます。
会社の理想の姿、理想の社員が見えてきた中でみなさんに問いかけます。

SESSION 3 キャリアマップ

私たちの会社にはどんな役職がありますか？

▶

SESSION 4ミッション宣言

私は何をするか？宣言しましょう

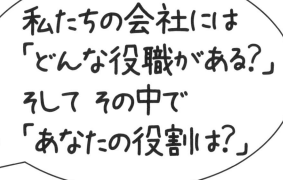

私たちの会社には
「どんな役職がある？」
そして その中で
「あなたの役割は？」

キャリアマップ・部署名

		経理	接客・応対	デザイン制作	製品管理	資材管理	梱包	開梱	積み込み
タスク		経理	接客・応対	デザイン制作	製品管理	資材管理	梱包	開梱	積み込み
スキル	Ⅳ	経営全般をチェックし指導できる	接客マナーを教えられる	デザインを教えられる	PCで数字管理できる	見積書作成ができる	梱包方法をお客様と決定	開梱・片付けの計画と指導ができる	吊り荷を正確に梱める
	Ⅲ	経理業務全般ができる	おもてなしができる	デザインを受注し納品できる	PC入力ができる	適正在庫で管理できる	梱包方法を教えられる	現場リーダーができる(片付けも)	クレーン操作が正確
	Ⅱ	請求・締日処理ができる	場を盛り上げることができる	デザインの修正と仕上ができる	入庫チェックができる	資材がなくなる前に報告		手順どおりに開梱ができる	クレーンの資格
	Ⅰ	レシートの区分けができる	正しい敬語が使える	デザインソフトが扱える	製品の知識がある	資材が一通りわかる	マニュアル通りに作業できる	安全作業ができる	吊り具の選定ができる
コンピテンシー		注意深く何度も確認する	自分からハイタッチで挨拶する	画像共有SNSに投稿する	ふだんからPCを使う	何にでも興味持つ	遅刻をせずに時間通りに終わらせる	素早くリズミカルに行動する	社内ルールを徹底して守る
		細かいところに気づく	大きな声で返事する	ふだんからオシャレする	数字に興味を持つ	PCリテラシーを身につけようとする	忍耐強いあきらめない	段取りよく動く	

●キャリアマップとは

さまざまな職業における能力開発の道筋を示したものです。サンクスUPでは「タスク（やるべき仕事や成果）」に対して、４段階の「スキル（能力・技術・知識）」に分けて道筋を考えます。そしてタスク達成とスキル習得に必要な「コンピテンシー」を考えます。

タスク

●タスクとは

企業を存続させるために必要な売上・利益を上げる仕事、部門・部署・課が抱える業務、課題、やるべきことのこと。タスクを達成すると成果となる。

スキル

●スキルとは

タスクを遂行するために必要な技術・知識などの能力のこと。言葉にすると「○○できる」「○○がわかる」などと表現されやすい。キャリアマップでは4つの段階に分けて考える。

コンピテンシー

●コンピテンシーとは

高い成果を出し周囲から評価される人に共通してみられる行動特性。タスクを達成するのに重要な姿勢、勤務態度、考え方。スキル習得にも正しい姿勢を保ち続けることが重要。複数のタスクに共通することも多い。

●スキルを4段階に分ける

スキルも新人がやることとベテランがやることは違います。SESSION 3ではスキルを4つの段階に分けて組織の中で求められるスキルをより明確化します。

	レベル	役割例	役職例	デザイン	接客・応対
Ⅳ	Lv4：	そのタスクを1人で遂行でき、組織を安定して率いることができる。	部長 工場長	デザインを教えられる	接客・マナーを教えられる
Ⅲ	Lv3：	上司や先輩の指導なしでも実行可能で、現場リーダー等の経験が有る。	課長 ベテラン	デザインを受注し納品できる	おもてなしができる
Ⅱ	Lv2：	上司や先輩の指導付きでタスクを 実施した経験がある。	主任 先輩	デザインの修正と仕上ができる	場を盛り上げることができる
Ⅰ	Lv1：	知識はあるが単独ではできない。	一般 新人	デザインソフトが扱える	正しい敬語が使える

●幹部セッションの場合は？

幹部クラス（等級Ⅲ～Ⅵ）でのセッションの場合、Ⅰ・Ⅱの代わりに以下を置く。

Ⅵ	Lv6：	経営理念と方針を示し、持続可能な仕組みと人を活かす経営ができる。	会長 社長	ブランドをつくる	感動する接客を伝えることができる
Ⅴ	Lv5：	事業計画の策定とマネジメントを行い組織編成ができる。	役員 幹部	ブランドを守る	感動する接遇を全社員が行う

●コンピテンシー（行動特性）をさがそう

SESSION 3 のゴールは「コンピテンシー」を見つけることです。SESSION 2 での「褒め言葉」や評価すべき「姿勢」は、タスク（と成果）やスキルとどうつながっているのかをみんなで分析しましょう。たとえば、コミュニケーション能力が高く、販売件数という成果を上げている人は、ふだんから「自分からハイタッチで挨拶」していたり「大きな声で返事」していたり「身だしなみに気をつけて」いたりします。これが成果を出すための行動の特性、すなわちコンピテンシーかもしれません。新人はそれを見倣うことでより早くハイパフォーマーに成長する可能性があります。このようにキャリアマップは、その会社においてみんなでつくる攻略地図「この会社で活躍するためのヒントの集まり」といえます。

ファシリポイント

コンピテンシーはより具体的に書いてみよう

褒め言葉や姿勢の緑の付箋は断片的な言葉で書いてOKですが、SESSION 3ではより具体的に行動を書きましょう。デキる人の行動の秘密をみんなで暴露しちゃいましょう。

大きな声で返事する

自分からハイタッチで挨拶する

ふだんからオシャレする

SESSION 3-1-1

キャリアマップ（1）タスク

あら大変、大事なことを言い忘れていました！
1時間後にこの部署に新人が配属されます。

新人さんは、どんな仕事があり、どんなスキルが必要で、そのためには何を心掛けたらよいのか、まったくわかりません。

2分

お芝居タイム

そこで、1時間以内にみんなで模造紙にキャリアマップを完成させましょう。そして新人さんに教えてあげましょう。ここは楽しい部署だよ、と。

① 上記のような説明でスタート。

② 模造紙を横にして2枚重ね合わせ、だれか1人を指名して上部に

(1)「○○部（部署名・会社名）のキャリアマップ」と書きます。

(2)さらに上部左右両方に縦書きで「タスク」そして下部に「コンピテンシー」その真中に「スキル」と書きます。

(3)さらにスキルには付箋4つ分のスペースを置き、上から「Ⅳ」「Ⅲ」「Ⅱ」「Ⅰ」とローマ数字で書きます。

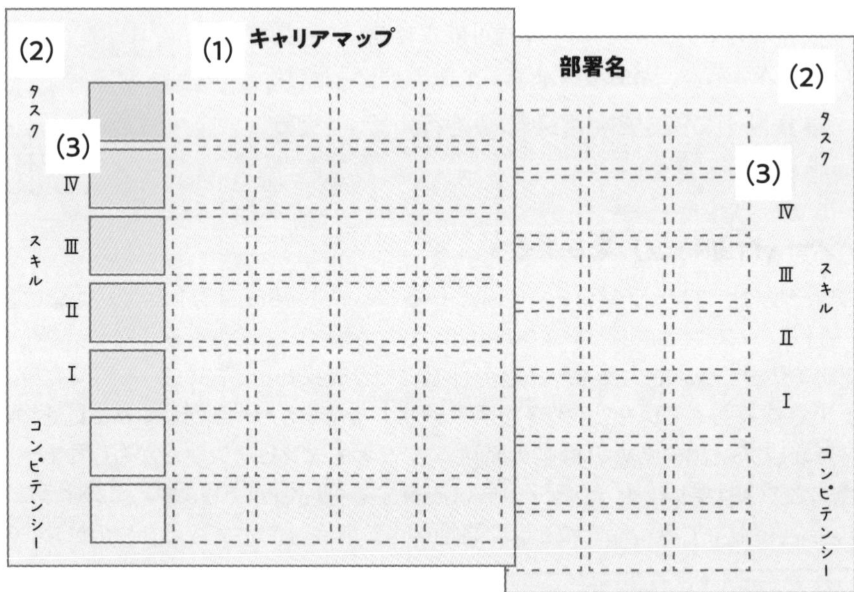

1分

最大の難所。お手本を見せながら具体的に指示しよう！

どこに何を書くのか間違えがちです。プロジェクタでお手本を投影しながら説明するなど工夫しましょう。特に縦に7つ分の付箋を並べることを忘れずに。

ファシリポイント

形式：部署
時間：10分

③ ベテランの人を指名。「自分がドット投票でシールを貼った付箋」を聞き、新しい赤色の付箋に書き写し、キャリマップに貼ってもらいましょう。貼る場所は一番上の一列だけです。似たようなタスクは近くに貼りましょう。

4分

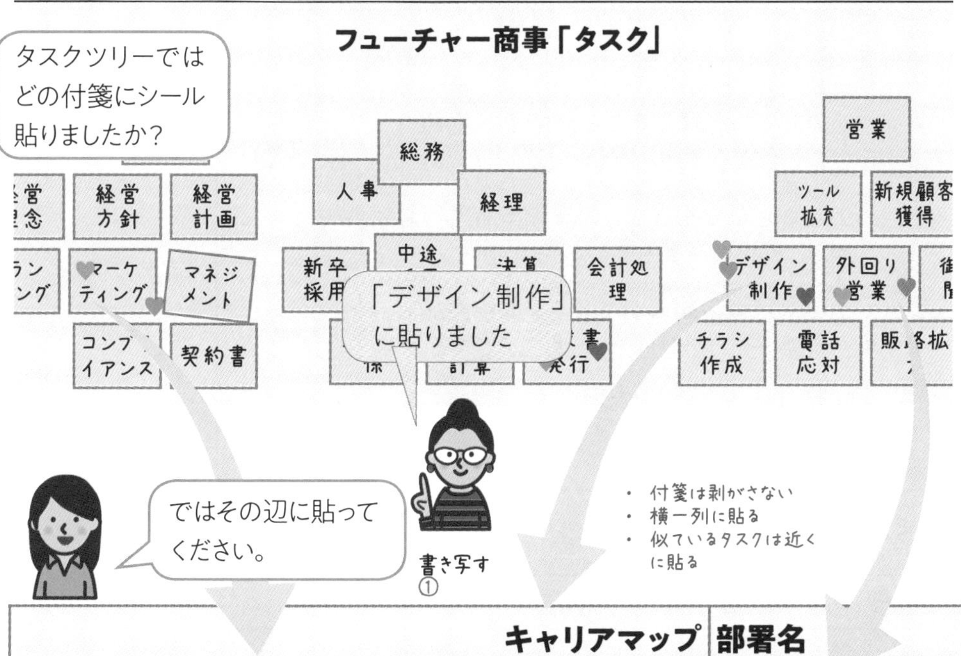

では次、ジョージさんはどこにシール貼りましたか？
「外回り営業」だね。貼ります。
ベテラン順 →

④ 次の人も同様に、自分がシールを貼った付箋をキャリアマップに転記していきます。前の人とかぶったら書き足してもOKです。重複したら上に重ねて貼ってください。

待ってる人もどんどん貼ってください。かぶらないように声をかけあって貼ってくださいね。

キャリアマップ **部署名**

タスク Ⅳ

請求 / 自社の商品説明 / デザイン制作 / 接客・対応 / 外回り営業

似たようなタスクは近くに貼る

⑤ テンポよく次々と貼っていき、全員貼り終わったら2周目や3周目に行ってOK。左右のスペースがいっぱいになるか、全員のシールを貼ったものが終わったらタスクは終了です。

横一列がいっぱいになるまでテンポ良く貼っていきましょう。

SESSION 3-1-2 キャリアマップ（2）スキル

タスクの次はスキルです。新人のスキルとベテランのスキルは違いますよね？ここでは4段階に分けて考えます。つまり…

	レベル	役割例	
Ⅳ	Lv4：	そのスキルを**教えることができ**、組織を安定して**率いる**ことができる。	デザインを教えられる
Ⅲ	Lv3：	上司や先輩の指導なしの**単独でも実行可能**で、**現場リーダー**等の経験が有る。	デザインを受注し納品できる
Ⅱ	Lv2：	上司や先輩の**指導付き**でタスクを実施した経験があり、仕上げや補助ができる。	デザインの修正と仕上ができる
Ⅰ	Lv1：	**知識はある**が経験に乏しく、まだまだ実戦の場にはタスクをできない	デザインソフトが扱える

① 上記を説明しましょう。

まずはファシリテーターがお手本を示す。

② ベテランを指名して、S16スキルツリーで自分がどの付箋にドット投票シールを貼ったか言ってもらう。それをLV1 ~ LV4に分解するとどのような言葉になるか実際に4つの黄色の付箋に書いてもらいましょう。

スキルツリーでどこにシールを貼りました？

ではそれを4段階に分けてもらえますか？

「マナーを守る」に貼りました。

ええと…

接客・応対

Ⅳ 接客：マナーを教えられる

Ⅲ おもてなしができる

Ⅱ 場を盛り上げることができる

Ⅰ 正しい敬語が使える

2分

③ 実際にキャリアマップの対応するタスク付箋の下に貼ってもらいましょう。他の参加者は観察学習でこれから行う行動をインプットしてもらいます。

それでは実際に4つの付箋をキャリアマップに貼ってみてください♪

形式：部署
時間：10分

実際に手分けして4段階のスキルを考えていく。

④ ファシリテーターは具体的なヒントを言いながらどんどん埋めていってもらいましょう。スキルは順番ではなく思いついた人から貼っていきます。なるべくが空白がないように全部を埋めるように促しましょう。まずは【4分】を測って様子をみます。

4分

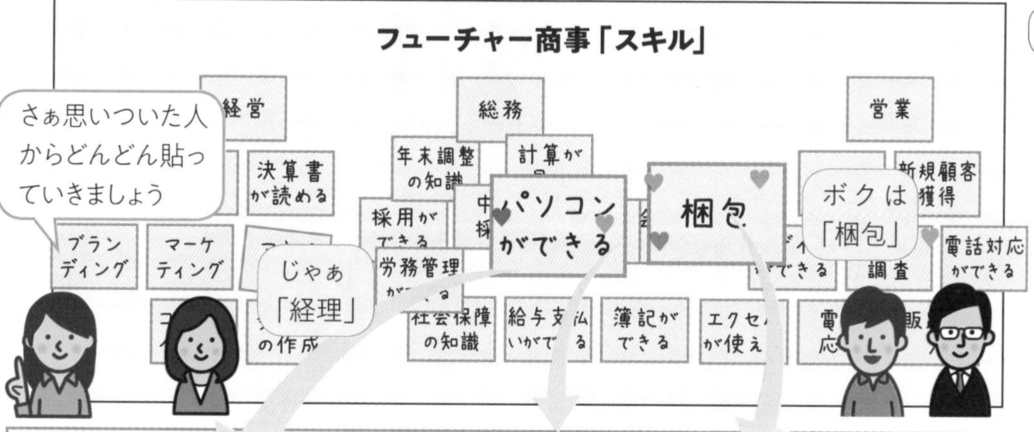

キャリアマップ・部署名

タスク	経理	接客・応対	デザイン制作	製品管理	資材管理	梱包	開梱
スキル Ⅳ	会計を教えられる	接客：マナーを教えられる	デザインを教えられる			梱包方法をお客様と決定	開梱・片付けの計画と指導ができる
Ⅲ	会計処理ができる	おもてなしができる	デザインを受注し納品できる			梱包方法を教えられる	現場リーダーができる（片付けも）
Ⅱ	仕分けができる	場を盛り上げることができる	デザインの修正と仕上ができる	入庫チェックができる		手順どおりに梱包ができる	手順どおりに開梱ができる
Ⅰ	簿記３級	正しい敬語が使える	デザインソフトが扱える	製品の知識がある		マニュアル通りに作業できる	安全作業ができる

LV4は「○○を教える」って入れてみましょう。

空白はなるべく埋めていきましょう！

⑤「イワシの手」のあと、様子をチェック。あと【3分】でなるべく終わらせてしまうよう促してセッション再開。

⑥時間が来たら終了。

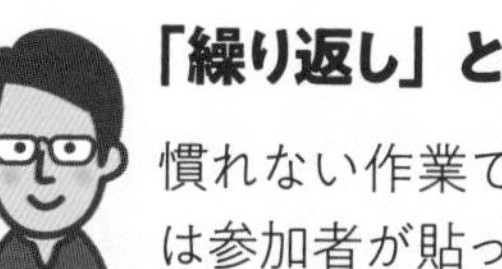

「繰り返し」と「フィードバック」がとても大事！

慣れない作業で手が止まってしまうことも多いセッションです。ファシリテーターは参加者が貼った付箋を読む「繰り返し」や、貼ったことにコメント入れる「フィードバック」がとても大事です。

SESSION 3-1-3 キャリアマップ（3）コンピテンシー

さぁ ここで自分自身の「立ち位置」について考えてみましょう。

あなたは今どの位置に居ると思いますか？ネームシールに自分のニックネームを書いて貼ってみてください。

① 最初に人数分のネームシールを配ります。そこに自分の名前(ニックネーム) を書き、自分の立ち位置だと思われるところに付箋を貼りましょう。複数のタスクやスキルがある人は最も関わっていると自分が思う箇所に貼ってください。【1分以内】

1分

② 最初にシールを貼った人に、その位置のコンピテンシーを考え、緑色の付箋に書いて貼ってください。

1分

あなたがシールを貼った「デザイン制作」というタスクを達成するため、また「デザインソフトを扱う」スキルを習得するために必要な行動特性は何ですか？

共感マップをヒントに考えてみてください。

デザイン制作

デザインの修正と仕上ができる

ファッション雑誌を見る

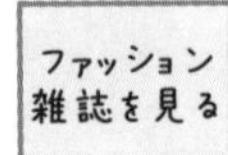

画像共有SNS

③ 次に、思いついた人から共感マップ「理想のベテラン（新人）」を参考に、そのタスクやスキルを遂行するために必要な行動特性を緑色の付箋に書いてコンピテンシー欄に貼ってください。2枚以上の場合は下に連ねても良いです。

5分

コンピテンシーはより具体的に書いてみよう

褒め言葉や姿勢の緑の付箋は断片的な言葉で書いてOKですが、SESSION 3ではより具体的に行動を書きましょう。デキる人の行動の秘密をみんなで暴露しちゃいましょう。

大きな声で返事する

自分からハイタッチで挨拶する

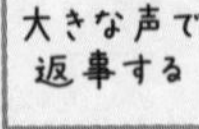

キャリアマップ・部署名
タスク
経理
接客・応対
デザイン制作
製品管理
資材管理
梱包
開梱
積み込み
スキル
Ⅳ
経営全般をチェックし指導できる
接客：マナーを教えられる
デザインを教えられる
PCで数字管理できる
見積書作成ができる
梱包方法をお客様と決定
開梱・片付けの計画と指導ができる
吊り荷を正確に梱める
Ⅲ
経理業務全般ができる
おもてなしができる
デザインを受注し納品できる
PC入力ができる
適正在庫で管理できる
梱包方法を教えられ
現場リーダーができる
クレーン操作が正確
Ⅱ
請求・締日処理ができる
場を盛り上げることができる
デザインの修正と仕
入庫チェックができる
資材がなくなる前に報告
に開梱ができる
クレーンの資格
Ⅰ
レシートの区分けができる
正しい敬語が使える
ソフトが扱える
製品の知識がある
資材が一通りわかる
マニュアル通りに作業できる
安全作業ができる
吊り具の選定ができる
コンピテンシー
注意深く何度も確認する
自分からハイタッチで挨拶する
ファッション誌を毎月購入している
何にでも興味持つ
素早くリズミカルに行動する
細かいところに気づく
大きな声で返事する
画像共有SNSを毎日更新している
PCリテラシーを身につけようとする
段取りよく動く
サトシ
ぐっさん
ふじた

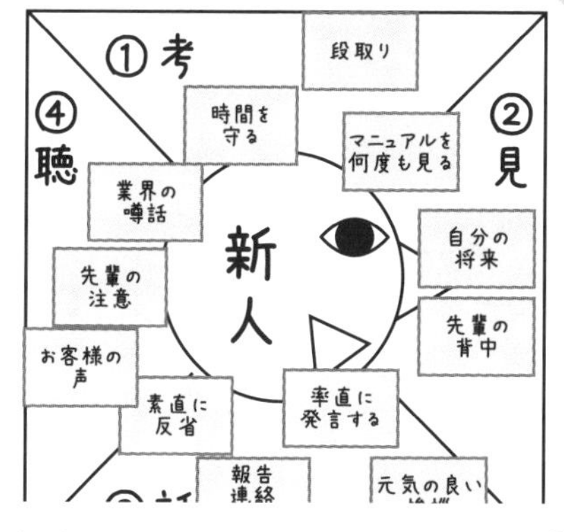

④ 最後に任意の人に縦の列を順序立てて読み上げてもらい、意味が通るかチェックして終わります。

接客・応対のタスクは、「自分からハイタッチで挨拶すること」と「大きな声で返事をする」姿勢が大事です。

1分

「正しい敬語を使える」ようになり、次に「場を盛り上げる」スキルを習得すると「おもてなしができる」ようになり、そして後輩に「接客マナーを教えられる」ことができるようになります。

SESSION 3-2 フィッシュボウル

ここで外部の視点をいれましょう。コンサルタントさんに「サメ」となって「イワシ」の皆さんのキャリアマップを見てもらいましょう！

① グループ内の隣の人とじゃんけんします。勝った人が内側、負けた人が外側となる二重サークルになります。（下図参照）

5分

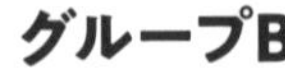

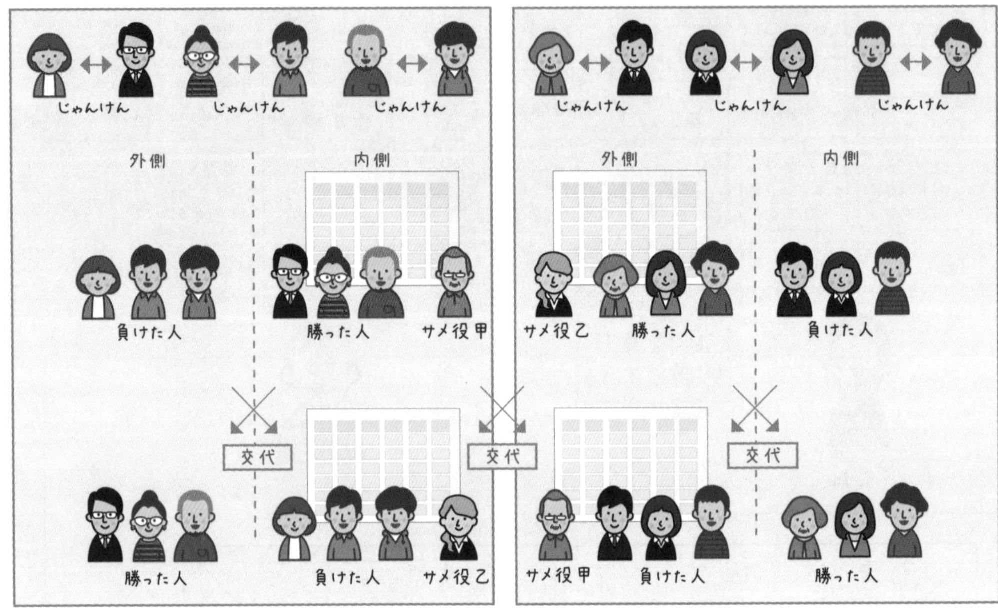

② ルールを説明します。

内側のみなさんは水槽の中のイワシです。サメの指示にそのとおりに動きましょう。もちろん自分たちの意見を言ってもOKです。外側の人はしっかり観察しましょう。

サメ役（コンサルタント）を決めておこう

サメ役はふだんの業務から一歩引いている人が相応しいです。社労士、税理士、経営コンサル、同業他社の社長・幹部、親会社や他部署の役員など。社内のメンバーでやるセッションはどうしても内向きになりがちですので、ここで外部専門家の意見を取り込んでより未来型のキャリアマップ形成を目指します。

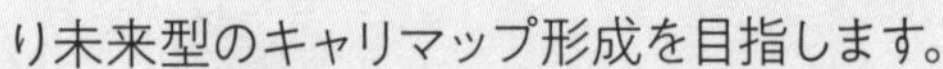

形式：部署
時間：20分

① サメ役の人がこのキャリアマップを見て「これからの会社に必要な新しいスキル」や「これからやるべきタスク」「必要な姿勢」について自由に話します。内側の人はその話に従い、空いているスペースに付箋を貼ったり、既存の付箋を差し替えたりします。外側の人は喋ってはNGで観察に徹します。

5分

ここはこういうスキルも必要じゃよ！

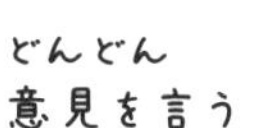

どんどん意見を言う

じゃあ僕が書きますね。

外側の人は黙って観察
……

サメ役甲　　じゃんけんで勝った人　　じゃんけんで負けた人

④ 4分経ったらイワシの手をして、内側外側を交代。

グローバルスタンダードではこうなってますよ！

外部の視点から指摘する

ってことはこれもアリですね♪

役割交代

……

5分

サメ役乙　　じゃんけんで負けた人　　じゃんけんで勝った人

⑤ 最後の4分は全員参加で最後のブラッシュアップを行う。

すごく変わっちゃったなぁ…。

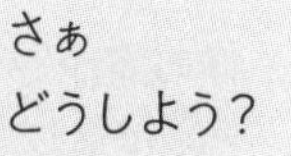

さぁどうしよう？

ここは戻そう！

5分

エピソード：サメが大暴れした結果・・・結束が固まった！？

おぉー！

建築会社のＩ常務は亡くなった先代の頃からの凄腕営業マン。SESSION 1・2では否定的・長時間発言がしばしばありましたが、２代目若社長も遠慮がちな様子でした。そこでSESSION 3では同じ会社内でしたがコンサル役に指名。するとＩさんは若手社長たちがつくったキャリアマップを容赦なくテコ入れ！あれこれ指示出してどんどん崩していきました。でも出来上がったマップを見て一同納得。「さすがＩさんだ！」と絶賛されました。Ｉ常務の営業スキルがマップという形で継承された形です。

SESSION 3-3 ロールプレイング

さて、ここで新人さんが到着したようです。新人さんどうぞー。

こんにちはー
よろしくお願いします。

新人役

① 新人役を指名します。一番社歴の浅い人にやってもらいましょう。

②ルール説明をします。

2分

おや、ここで社長からメッセージが来ているようですね…。

社長

今年の新入社員は1名だ。どの部署に配属するかは本人の意思に任せる。各部署で勧誘するように。以上!

なんと言うことでしょう!
新人さんはどっちかを選ばなければならないということです。

さぁ 各グループは自部署の魅力的な仕事内容を伝えて勧誘しましょう!

まずは「誰が」「どんな説明をするか」、ヒントを参考にグループ内で役割を【3分】で考えましょう。用意スタート!

プレゼンのヒント

私たちの部署ではあなたに

- ○○の仕事をやってもらいます
- ○○のスキルが身につき、3年後にはこの人のようになります
- とくに大切な行動が○○です
- その後 質問タイム
  ※プレゼンタイムは【2分】です

③ タイマーを【3分】にセットして、作戦タイムスタート。

どうしよう?
だれが発表する?

3年後は誰になりたいんだろう?

④ 両グループのプレゼンターがじゃんけん。勝った方から発表します。

ファシリポイント

自分の立ち位置を考えさせられるお芝居です

入社面接の際はあれだけアピールしたはずなのに、組織に長く居ると自分のスキルセットが更新されていないことも多いのではないでしょうか?全員参加でキャリアマップを作ることにより、自分は組織に何を期待されているのか?足りないスキルは何か?活躍する人物の行動特性は何か?をわずか1時間でここまで考えることができます。もちろん研修が終わってからもこのマップを更新し続けることが大事です。

形式：全体
時間：10分

⑤ 最初のグループがキャリアマップをもとに2分間で説明します。この時グループのメンバー全員が前に出て全員で発表します。

2分

最初は○○の仕事をやってもらい…

3年後は僕になれます!!

⑥ 2番めのグループが2分間で説明します。同じくメンバー全員参加です。

2分

こんなスキルも身につけることができます。

大切な行動は○○です。

⑦ 新人役の人がA・Bどちらか選びます。

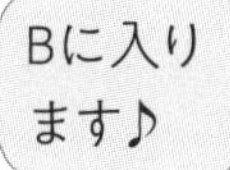

⑧ ファシリテーターがフォローをして終わります。

3分

新人さん、ありがとうございました（拍手）

今回は「お芝居」でしたが、現実でもキャリアマップを更新し、魅力的な部署づくりを頑張りましょう♪

ファシリポイント

幹部セッションの場合は経営者へのプレゼンを行います

幹部クラス（部長・役員）でのサンクスUP！の場合は等級Ⅲ～Ⅵのスキルと上位のタスク、そして幹部としてのコンピテンシーを考えたはずです。ロールプレイングとしては幹部が経営者にプレゼンを行う事業計画・組織計画の内容にしましょう。

ファシリポイント

グループの数によって柔軟にプレゼンしましょう

参加者6人程度で1グループしか作れない場合は、グループ対抗はできませんが「入社するか or しないか」を新人役の方にジャッジしてもらいましょう。またファシリテーターが2人いての4グループの場合は新人役を2人にするなど工夫しましょう。あまりにグループが多いと全体でのプレゼンは難しくなりますので発表自体も2つに分けるなど時間配分に気をつけましょう。

SESSION 3-4 サークル（クロージング）

おつかれさまでした。最後に感想をシェアして終わりましょう。

黄と緑の付箋を一枚ずつ取ってください。

緑色の付箋に「気づいたこと」
黄色の付箋に「今後ほしいスキル」
を書きましょう♪

自分が気づいたこと＋名前	今後ほしいスキル α＋名前

① 上記セリフを言い、付箋に各自の気づき・アクションを【2分】で書く。

いろんなスキルがわかった まいまい	簿記2級の資格を取る まいまい

頭の中が整理できた ジョージ	見積作成できるように ジョージ

② 早く書き終えた人を指名して、白紙のA4シート1枚の上部に「"チーム名"の気づき」と書き、もう一方には「"チーム名"のアクション」と書く。このとき、まだA4シートに貼らず、それぞれ付箋を2枚ずつ持っておく。（発表と同時に一人ずつ気づきとアクションを1枚ずつ貼るので注意）

では、早く書けたコーヘーさん、A4の紙に気づきとアクションって書いてもらえますか？

③ 2分経ったら必ずペンを置いてもらう。次のような台詞を言う。**書きながら聞くような「ながら作業」は絶対にさせない。**

書けてない人もペンを置いてください。書けてないところはしゃべってください。**聴く姿勢大切にしましょう。**

エピソード：ベテランなのにレベル1？立ち位置には覚悟と姿勢が問われる

製造業のYさん（サブリーダー、40代、男性）は、年齢で基本給が高くスキルも高いのですが、指導力に疑問がつき役職がなかなかつかないタイプ。SESSION 3ではキャリアマップのレベル1に自分のネームシールを貼ってしまいました。「知識をイチから習得したい」というつもりか、謙遜なのか…。なんと半年前に入った新人よりも下の位置です。ベテランになれば新人への指導も役割として期待されます。上に立つ覚悟と姿勢が問われているのではないでしょうか。

形式：テーブル
時間：10分

④「社歴の浅い人」から「時計回り」に書いたことを言ってA4用紙に貼る。

6分

サトシさんから書いたことを順番に発表してください。

青色の付箋を「気づき」に赤色の付箋を「アクション」に貼ってください。

営業部の気づき

- 意外なところを褒められた まいまい
- もっと他人を頼りたい あずあず
- 頭の中の整理がついた りゅーき
- 管理業務が回ってない ぐっさん
- イメージしやすくなった しお
- 仕事の幅が広すぎる… もーりー

営業部の欲しいスキル

- 簿記2級の資格を取る まいまい
- 早く帰れる段取り力! あずあず
- 見積り作成できるように りゅーき
- 管理方法を教えるスキル ぐっさん
- デザインをマスターしたい しお
- 圧倒的な開発力 もーりー

私のSESSION 3での気づきは「頭の中の整理がついたこと」でほしいスキルは「見積りをつくれるスキル」です。
ありがとうございました!

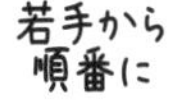

お互いのがんばりを讃えて、拍手を送り合いましょう!

⑤ お互いに感謝の拍手をしてセッションを終了します。

ほしいスキルと立ち位置を真剣に考えているか?チェックしよう

ファシリポイント

キャリアマップは別名「役職マップ」とも言い、ふさわしい位置にふさわしい人がいるかどうかを見るために開発されました。年齢とともに年収が上がる年功序列モデルがとうに崩れている中、ベテラン社員は役職と給料にふさわしい役割を果たしているかを全員の前で宣言しなければなりません。実際の賃金テーブルや役職・等級とどこまで結びつけるかは経営者しだいですが、会社の中での立ち位置を考える機会であることには間違い有りません。1DAY SESSIONでは時間がありませんが、キャリアマップにドット投票することも可能です。自分の周辺にシールが貼られるかどうか?それはいわば信任投票です。360度アンケートによる評価とともにキャリアマップは会社の組織編成を考えるのにおそろしいくらい便利なフレームワークになりえることをファシリテーターは自覚しておきましょう。

ミッション宣言

３６０分研修

SESSION 4 ミッション宣言

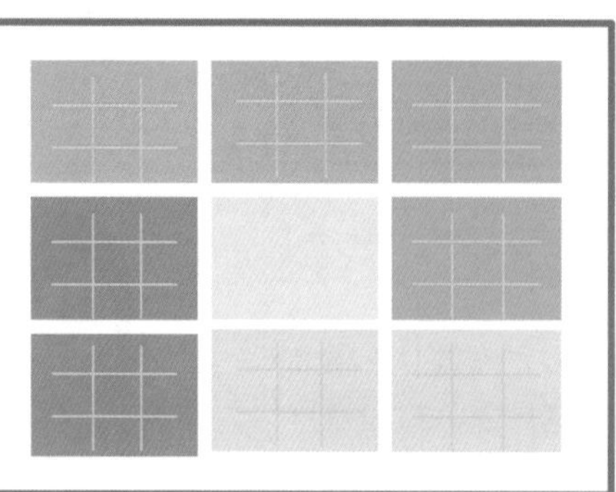

私たちの会社で
「私は何をするか？」
宣言しよう！

S4-1.	メンターマッチング	05
S4-2.	マンダラチャート	25
S4-3.	メンターペアセッション	15
S4-4.	共生入力・他力本願タイム	20
S4-5.	ミッションステートメント	20
S4-6.	アンケートと黙想	10

※所要時間（分）95

SESSION 4 はあまり動きはありませんが、メンターペアが協力し合えるかで進捗が大きく変わってきます。ペアの作業スペースが確保できるよう配慮しましょう。

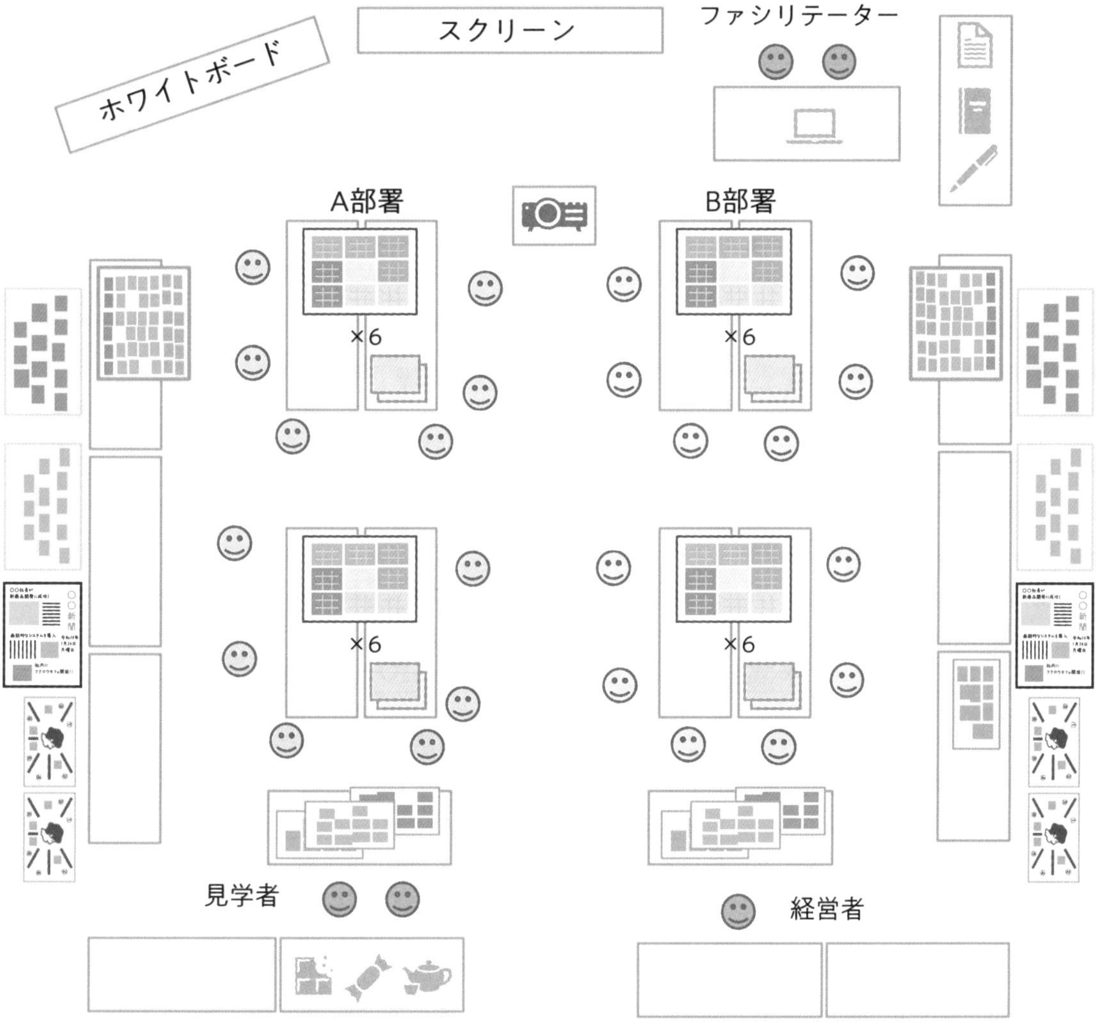

スクリーン
ファシリテーター
ホワイトボード
A部署
B部署
×6
×6
×6
×6
見学者
経営者

1つのテーブルに必要なもの

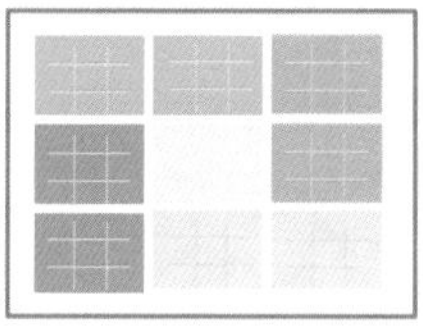

マンダラシート 6枚（人数分）

1つの部署に必要なもの

あまりの付箋 人数分以上

最後のミッション宣言はできればテーブルではなく部署ごとにやってもらいたいです。ただあまりに多い場合は協調アクションの時間が長くなってしまうので6人程度の単位で割ってしまうのもやむを得ないでしょう。

SESSION 4-0 全体フローの確認と問いかけ

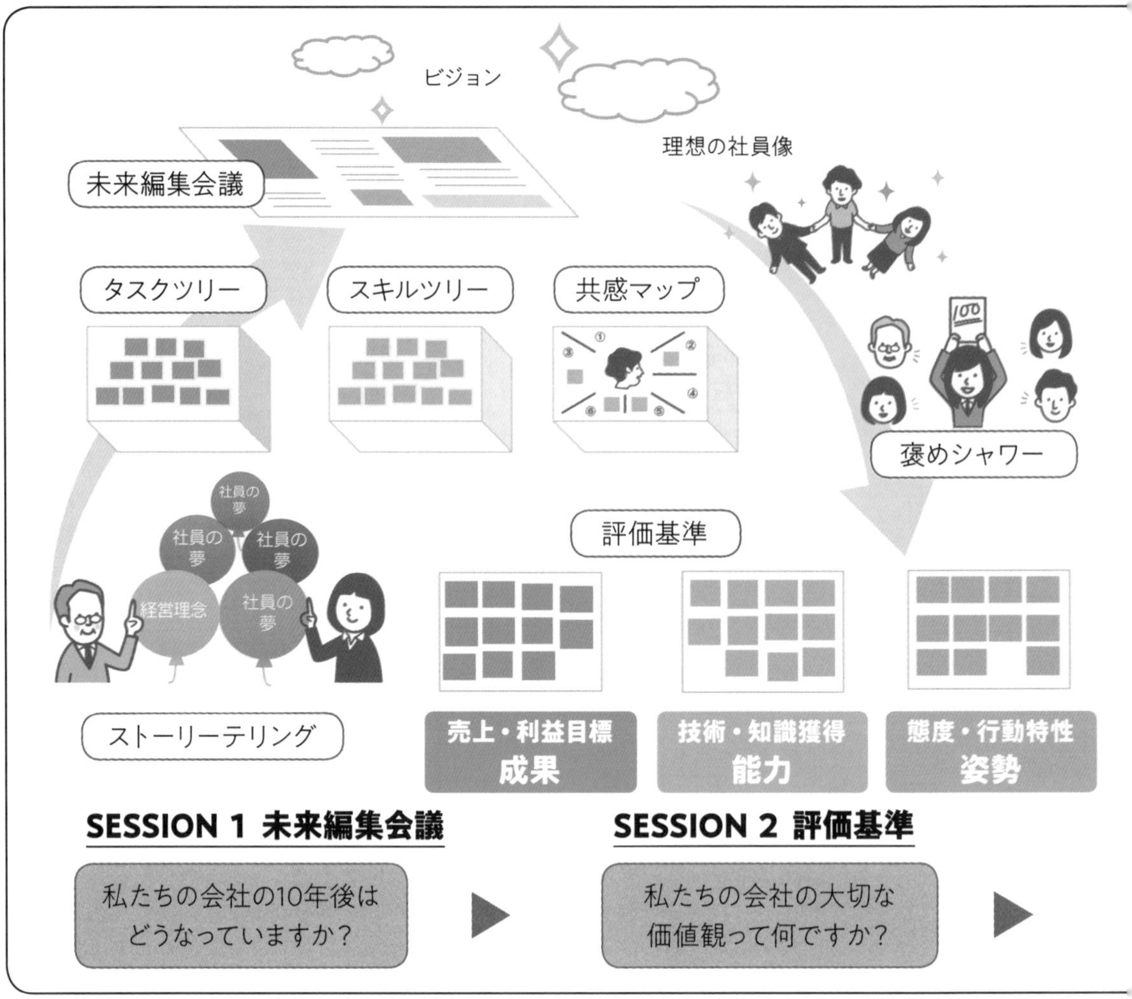

ビジョン
理想の社員像
未来編集会議
タスクツリー
スキルツリー
共感マップ
褒めシャワー
評価基準
社員の夢
社員の夢
社員の夢
経営理念
社員の夢
ストーリーテリング
売上・利益目標 成果
技術・知識獲得 能力
態度・行動特性 姿勢

SESSION 1 未来編集会議

私たちの会社の10年後はどうなっていますか？

SESSION 2 評価基準

私たちの会社の大切な価値観って何ですか？

●問いかけのセリフ例

SESSION 1ではみんなで理想的な会社の姿をSESSION 2では理想的な人物像をさがしました。

SESSION 3では、自分の役割と立ち位置について話しあい、一枚の地図をみんなでつくりました。

最後は個人の目標に落とし込みます。自分は役割の中でどんな成果をあげ、どんな能力を身につけ、どんな姿勢で臨むのか？

SESSION 3 キャリアマップ

私たちの会社にはどんな役職がありますか?

SESSION 4ミッション宣言

私は何をするか?宣言しましょう

私たちの会社で
「私は何をするか?」
宣言しよう!

SESSION 4 【解説】マンダラチャートとは?

●マンダラチャート®とは?

松村剛志先生（手前左）と松山将三郎（右）

1979年、松村寧雄（まつむらやすお）によって開発された人生とビジネスを豊かにするための思考法です。サンクスUP！の開発者である松山将三郎は、フューチャーセッションの手法の1つとしてマンダラチャートを知り、社内の研修等に応用していました。その後、優れたデザイン性と仏教思想に基づいたシステム思考の深さに感銘し松村剛志（たけし）先生の認定セミナーを受講。松山は現在、マンダラチャートの認定講師としても活動しています。

●サンクスUP！式マンダラチャートについて

サンクスUP！ではSESSION 4でマンダラチャートの人生８大要素（健康、仕事、経済、家庭、社会、人格、学習、遊び）を応用し、仕事３要素（成果、能力、姿勢）×２で６要素にプライベート2要素(健康、家庭･趣味）を考えるのに活用しています。SESSION 1～3までに考え続けた成果や能力や姿勢をそのまま目標に入れることができ、しかも360度評価にも影響するのでとてもわかりやすいといえます。上から下への縦方向の目標設定だけではなく、チームや個人同士の**横方向のつながりも目標設定にはとても大切**です。全体として**網の目のように人と人がつながっていきます。**

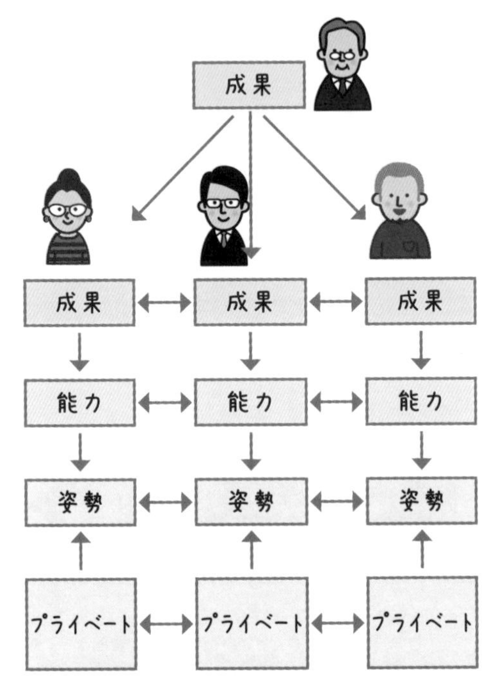

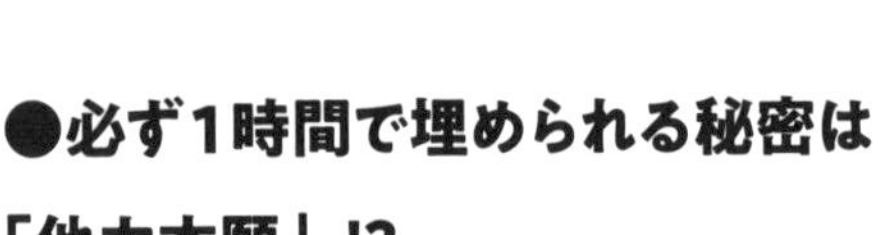

●必ず1時間で埋められる秘密は「他力本願」!?

マンダラチャートでよく聞くのが「やってみたけど埋めれなかった」との声です。マンダラチャートは必ずしも全部を埋めなければならないわけではないのですが、サンクスUP！式マンダラチャートでは、**埋めれなかったマスは同僚や上司が代わりに埋めてあげてOK(他力本願タイム)**というルールを設けています。他人に目標を埋められるコミュニケーションを楽しんでみてください。居残りや宿題にして負担にしないようにしましょう。

※マンダラチャート®は、株式会社クローバ経営研究所の登録商標です。

●幹部社員さんのマンダラチャート事例

部門計画書を常に意識して常に行動修正を行う	岡、飯田、房延に相談に乗ってもらう	親業を磨く	基本情報技術者試験合格	データベースのスキル向上	IT系のセミナーに複数人で参加	荻野さんと飲み会に行く	元気よく挨拶	周囲をよく見れる上司
自分が管理しているチケットの管理を徹底	能力1 プロジェクト管理	問合せ対応の回答が適切だったかの会を定期開催	運行管理者試験合格	能力2 自分・部下のスキル向上	5W1Hができる雰囲気づくり	明るく周囲に話かける	姿勢2 尊敬される上司	常に元気・笑顔
営業をする際に、納期を把握する	毎日、朝会夕会を開催	部下の進捗管理を行う	自社商品の勉強会を開く	勉強会に一か月に一回は参加	部下と週に一回面談	部下の失敗を全力フォロー	真面目な姿を見せる	体調不良にならないようにする
新規顧客でも新人でもわかりやすい画面デザインにする	売上目標を年間7000万	月額費用を2022年2月までに月250万	目標 周囲から認められる幹部社員になる			定時でみんな帰れるようにする	幹部社員大学で学んだことをフィードバック	勉強会支援
AI技術とINFOシリーズを組み合わせる	成果1 運送・倉庫事業の売上UP・顧客数UP	ランディングページのインタビューページを増やす(7社)				体調が悪いときは遠慮なく休める	姿勢1 職場環境の向上	相談しやすい環境づくり
サポート体制の満足度を上げるため、属人化廃止	物流業界の人脈を作る	物流系のEXPOに行く	戻る			綺麗な職場環境	チーフ会議でどんどん職場環境の改善発表	社内イベント計画
運送・倉庫のインストラクターできる人を2人⇒4人に増やす	新規顧客依頼された試用環境づくりをコマンド叩けば完成する環境	営業についてきてもらい、議事録マスターになってもらう	2月までに10キロマイナス	毎日全力でラジオ体操	間食を週に3回以内	週に一回以上掃除機	友達との食事をする際に、妻を絡める	妻の趣味を応援
分からないところを分からないと言える人材にする	成果2 教育	データ修正、不具合対応を任せられる	お酒を週に3回	健康・スポーツ 結婚式でカッコよくタキシードを着る	ゴルフの打ちっ放しに行く	妻の機嫌を日々とる	趣味・家族 家庭と趣味の両立	週に1回以上は夕食を作る
仕様書を渡したらプログラム開発ができる	運送業界の知識UP	倉庫業界の知識をUP	健康診断に引っかからない	結婚式まで夕食を家で食事を摂る際には、サラダ・するめのみ	飲み物は糖分がないものを選ぶ	お小遣いを計画的に使う	麻雀を月に1回は許してもらう	アニメを月に2作品見る

●「数字」目標（定量目標）を入れよう!

目標を入れる際に、第三者から見ても達成したかどうかがわかることが大事です。ですので、チームリーダーの成果目標には達成した状態の数字（売上〇〇万円突破）などを入れましょう。各メンバーはその成果目標をそのまま入れても良いですし、チームリーダーの数字目標を受けて具体的な行動回数の成果目標（毎日SNSで発信する、1日10件営業メールする）を入れてもOKです。そしてそのためには具体的にどのような行動や振る舞いをとるのかを周辺に埋めていきましょう（定性目標）。

成果
売上目標 年間7000万円
チームリーダーは定量目標を設定
見込み客
×
成約率
×
単価
私は見込み客を増やせるよう「SNSで発信」してみます。
じゃあ私は単価を上げられないが「新メニュー考案」してみるわ
メンバーは定量目標や定性目標でチームの目標を達成させる

●目標達成は60%でOKであ～る!?大胆な目標にチャレンジしよう!

ここでよく議論になりがちなのが「数字目標を達成した手柄は誰のものか?」という点です。結論を言いますと「チーム全員の手柄」にした方がチームビルディングに役立ちます。数字目標を個人のノルマにして評価と直結させすぎると、お互いが非協力的になり、顧客の奪い合いが起きかねません。サンクスUP！では個人の評価は別の機会（360度評価）で行います。ですので、このマンダラチャートはあくまでチームとして設定し、見直すサイクルも1ヶ月から3ヶ月ごとという短いスパンで設定します。そして、達成困難な目標にもチャレンジして、達成率60%でもOKとしましょう。

ファシリポイント

OKRとは、GoogleやFacebookなどで導入された目標管理フレームワークです。定性目標（O、Objectives）と定量成果（KR、Key Results）を会社全体からチーム・個人目標へと落とし込み、高速でPDCAサイクル（CAPDサイクル）を回します。

SESSION 4-1 メンターマッチング

形式：部署
時間：05分

個人の目標をつくる…その前に！
手伝ってくれる心強いメンターを指名しちゃいましょう♪
シールが下の人から自由に選ぶことができます。

① 早キャリアマップに貼られたネームタグの位置が下の人から順番に、自分の置いたネームタグよりも上の位置に名前がある人を「メンターとして指名」する。奇数グループの場合、1人だけにならないよう最後は3人にするなど工夫をする。

1分

キャリアマップ・部署名

タスク	経理	[illegible]・応対	デザイン制作	製品管理	[illegible]理	梱包	[illegible]	積み込み
スキル Ⅳ	経営全般をチェックし指導できる	[illegible]:マナー[illegible]えられ[illegible]	デザインを教えられる	PCで数字管理でき[illegible]	[illegible]作	梱包方法をお客様[illegible]決定	[illegible]付	吊り荷を正確に掴める
Ⅲ	経理[illegible]全般ができる	[illegible]	デザインを受注し納品できる	[illegible]力[illegible]きる	[illegible]で管理できる	梱包方法を教えられる	[illegible]ダーができる（片付けも）	クレーン操作が正確
Ⅱ	請求・[illegible]処理[illegible]ができ[illegible]	[illegible]場を盛り[illegible]げることができる	デザインの修正[illegible]上が[illegible]	[illegible]庫	資材がなくなる前に報告		手順どおり[illegible]	[illegible]
Ⅰ	レシートの[illegible]分[illegible]	[illegible]敬語[illegible]る	デザインソフトが扱える	製品の知識がある	資材が一通りわかる	マニュアル通りに作業できる	安全作業ができる	吊[illegible]定ができる
コンピテンシー	注意深く何度も確認する	自分からハイタッチで挨拶する	画像共有SNSに投稿する	ふだんからPCを使う	何にでも興味持つ	遅刻をせずに時間通りに終わらせる	素早くリズミカルに行動する	社内ルールを徹底して守る
	細かいところに気づく	大きな声で返事する	ふだんからオシャレする	数字に興味を持つ	PCリテラシーを身につけようとする	忍耐強いあきらめない	段取りよく動く	

ふじた
あやねぇ
ぐっさん
サトシ
あず
まい

3分

② 指名された側は握手やハイタッチして、隣の席で座る。

メンター　メンティ

メンター　メンティ

メンター　メンティ

個人目標は一緒に立てる！もう1人じゃないよ♥

メンターとはよき助言者・指導者。メンティはその指導を受ける人を指します。SESSION 4 では、メンターとメンティがペアになってマンダラ発想法により目標をつくっていきます。立場が弱いメンティにマッチングの主導権を与えることによってより自由なペアリングを認める場作りを行います。目標を一緒にたてるからマンダラは必ず完成します！

選びにくそうであればファシリテーターがカップリングする

日常生活上でメンター的な人（一緒に仕事をする先輩）がいるのであれば、そのままメンター指名してもOK。もちろんふだん話さない人にしてもOK。ここで変に迷っていると不穏な空気が流れることもあるので、そういう場合はあくまでSESSION 4だけの限定であることを告げてファシリテーターが選んであげてもOK。他人の考えを受け入れることの重要性を説きましょう。

エピソード：大谷翔平選手の「目標達成シート」

2021年メジャー史上初のオールスター二刀流出場など大活躍の大谷翔平選手は、高校時代に「目標達成シート」を書いていたことが知られていますが、その原型がマンダラチャートです。 SESSION 4でマンダラチャートの説明をすると参加者の方から「知ってる！大谷選手のアレですよね！」とリアクションをもらうことがとても増えてきました。マンダラ式発想法が世界に広まってとても喜ばしいことですが、野球選手を目指している人以外は、彼の目標をそのまま自分の目標シートに取り込むことはなかなかできないと思います。

体のケア	サプリメントを飲む	FSQ 90kg	インステップ改善	体幹強化	軸をぶらさない	角度をつける	上からボールをたたく	リストの強化
柔軟性	体づくり	RSQ 130kg	リリースポイントの安定	コントロール	不安をなくす	力まない	キレ	下半身主導
スタミナ	可動域	食事 夜7杯 朝3杯	下肢の強化	体を開かない	メンタルコントロールをする	ボールを前でリリース	回転数アップ	可動域
はっきりとした目標、目的を持つ	一喜一憂しない	頭は冷静に心は熱く	体づくり	コントロール	キレ	軸でまわる	下肢の強化	体重増加
ピンチに強い	メンタル	雰囲気に流されない	メンタル	ドラ1 8球団	スピード 160km/h	体幹強化	スピード 160km/h	肩周りの強化
波をつくらない	勝利への執念	仲間を思いやる心	人間性	運	変化球	可動域	ライナーキャッチボール	ピッチングを増やす
感性	愛される人間	計画性	あいさつ	ゴミ拾い	部屋そうじ	カウントボールを増やす	フォーク完成	スライダーのキレ
思いやり	人間性	感謝	道具を大切に使う	運	審判さんへの態度	遅く落差のあるカーブ	変化球	左打者への決め球
礼儀	信頼される人間	継続力	プラス思考	応援される人間になる	本を読む	ストレートと同じフォームで投げる	ストライクからボールに投げるコントロール	奥行きをイメージ

参照：https://www.kaonavi.jp/dictionary/otanishohei_mokuhyosetteisheet/

サンクスUP！式に分析すると素晴らしい行動特性（コンピテンシー）を発見できます。

野球選手の「成果」といえば、勝利投手になる、ヒットを打つなどの結果を残すこと。しかしこの当時大谷選手は高校生だったため、「体づくり」「速球」「変化球」「キレ」「コントロール」などの「能力」を身につける、すなわち自分自身の成長自体が目標になっています。これは新社会人でもよくあることです。特徴的なのは「メンタル」「人間性」「運」といった「姿勢」の部分も目標として掲げていることです。「運」という掴むのには「ゴミを拾う」「あいさつ」などの具体的な行動を挙げて、メジャーに行った今でも行動しているそうです。目標を立てた後に習慣化するまで行動し続けることの大切さを教えてくれる目標達成シートだといえます。あなたの職業ではどんな「姿勢」が大事ですか？ メンターさんに聴いてみましょう。

SESSION 4-2 マンダラチャート

マンダラチャートとは1979年松村寧雄氏によって"人生とビジネスを豊かにする"ために開発された9マス発想法です。

サンクスUP！では、「健康」「家族」の人生面と「成果」「能力」「姿勢」のビジネス面を深堀りするために、この発想法を応用しています。

大樹に例えて以下のように表現しています。
幹：テーマ（年間目標）
枝:エリア目標（健康、成果、能力、姿勢、家族）
葉：アクション（具体的な行動）

	F			C			G	
	能力 2			能力 1			姿勢 2	
	B		能力 2	能力 1	姿勢 2		D	
	成果 1		成果 1	テーマ	姿勢 1		姿勢 1	
			成果 2	健康	家庭 趣味			
	E			A			H	
	成果 2			健康			家庭 趣味	

ここで2つ注意点があります。
1つめは順番です。図のように下からA→B→C→D→E→F→G→Hの順番に考えましょう。小目標も同様に下から1→8の順です。
もう1つは「成果」「能力」「姿勢」は2つずつ考える、ということです。1年間でどんな2つの成果をあげるのか？考えてみましょう。

形式：全体
時間：25分

① 左図のようなセリフで説明する。

② さっそく幹・テーマを書く。説明。

では、さっそく
やってみましょう!

2分

これから1年後にどんな自分
になりたいですか?

真ん中・中央に「テーマ・年
間目標」を書いてみましょう!

漠然としたイメージでもよいので書けそ
うであれば書いてみてください♪

たとえばこんなのが
あるかもしれません。

能力2			能力1	
B		能力2	能力1	姿勢2
成果1		成果1	テーマ	姿勢1
		成果2	健康	家庭趣味
			A	

社内外の
コンシェルジェ
として活躍する。

周囲から認め
られる幹部社
員になる。

1人で何でもでき
るスーパーウーマ
ンになる!

社会人1年目。
愛されルー
キーになる。

③ テーマは最後に書いても、書き直しても大丈夫ですので次に行きましょう。

さぁ、書けましたか?メンター
さんはちゃんとメンティさんを
フォローしてくれましたか?

テーマは最後に書い
ても、書き直しても
大丈夫ですので次
に行きましょう。

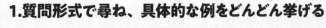

1.質問形式で尋ね、具体的な例をどんどん挙げる

人はいきなり年間目標は?と聴かれてもスラスラと答えられないものです。上記セリフのように「1年後どんな状態になりたいですか?」とやさしく質問し「たとえば･･･」と具体的に今までの目標をどんどんあげましょう。

ファシリ
ポイント

2.書いた内容をしゃべる

誰かが書き始めたら「なるほど〇〇ですか、良いですね!」と肯定的反応を積極的に発信しましょう。これでよいのだ、と安心できます。そして、隣の人が何を書いているのかがわかるので参考にできます。

3. 相談・雑談を生み出す

試験会場のように静かになる必要はありません。むしろみんなでワイワイ楽しくマスを埋めた方が進みが速かったりします。進みが遅い人はメンターさんや隣の人にフォローを促すなど交流を促進しましょう。

「A. 健康・スポーツ」を埋める

① まずはテーマ直下の「健康」のエリア目標を埋める。(枝)

1分

さぁ、最初は
「健康・スポーツ」です

この1年間は健康・スポーツでどんなことに取り組みたいですか?

健康診断のことでもよいですし、ダイエットでもOKです。まずは埋めてみましょう。

	能力 2			能力 1	
	B			能力 1	姿勢 2
	成果 1		1	テーマ	姿勢 1
			成果 2	健康	家庭趣味
	E				
	成果 2			健康	

② 次に「A健康」エリアの「アクション」を埋める。(葉)

2分

さきほど入れた「健康の目標」を達成するにはどうすればよいでしょうか?

具体的なアクションをどんどん書いていきましょう。

思いつかない場合は隣の人・周囲の人のアクションをもらっちゃいましょう♪

6	3 姿勢を正す	7
2 階段を使う	A. 健康スポーツ ダイエット	4 体重計に乗る
5 毎日ストレッチ	1 月1回運動	8

6 2月までに10キロマイナス	3 自宅で筋肉トレエクササイズを週3日	7 完食を週に一回はとってもいい
2 お酒を週に一回	A.健康スポーツ 結婚式でカッコよくタキシードを着る	4 ゴルフの打ちっぱなしに行く
5 健康診断に引っかからない	1 夕食を家で摂る際には、サラダ・するめのみ	8 飲み物はトクホかゼロカロリーにする

6 食べすぎてもポジティブ思考で!	3 筋トレ	7 歩く
2 姿勢を正す	A. 健康スポーツ ダイエット	4 ハンドクラップダンスを昼休みに毎日する
5 毎日ストレッチ	1 昼礼の運動をしっかりする	8 ダンスマスター

人生は「健康第一」!マンダラも「健康」から考えよう!

マンダラは「仕事(成果、能力、姿勢)」よりも「健康」を最初に考えます。健康じゃないと良い仕事ができませんし、仕事が原因で不健康にあるなんてあってはなりません。まずは「健康」について、実行可能な目標とアクションをみんなで楽しく考えましょう。

ファシリポイント

「B. 成果1」を埋める

① まずはテーマの左「成果1」のエリア目標を埋める。（枝）

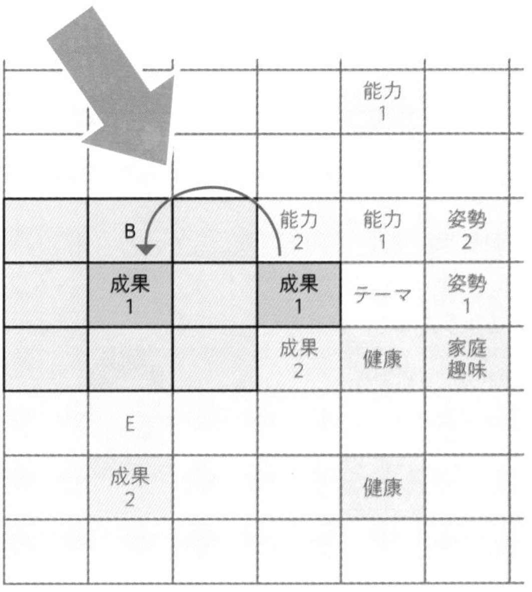

全部埋まらなくてもOKですので次いきましょう。

次は「成果1」です。

この1年間であなたはどんな成果を残したいですか？

成果とは売上や成約件数など、会社が維持・発展するのになくてはならない結果のこと。

売上目標の金額を書いてもよいですし、やり遂げたい仕事のことでもOKです。

② 次に「B成果」エリアの「アクション」を埋める。（葉）

6 商品企画会議で提案する	3 他部署との連携	7 アンケート調査
2 プレゼンを鍛える	B. 成果1 営業を1件獲得	4 挨拶まわり
5 電話応対	1 商品知識を学ぶ	8

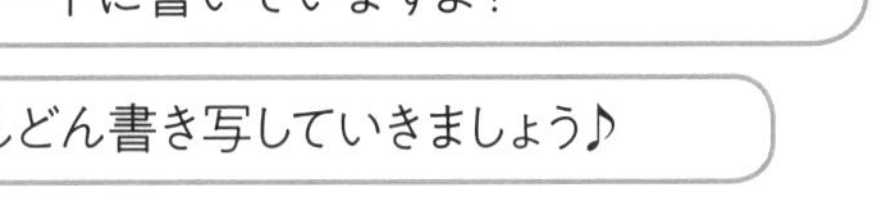

さきほど入れた「成果目標」を達成するにはどんなアクションが必要ですか？

実は答えはキャリマップや評価基準 成果のシートに書いていますよ！

どんどん書き写していきましょう♪

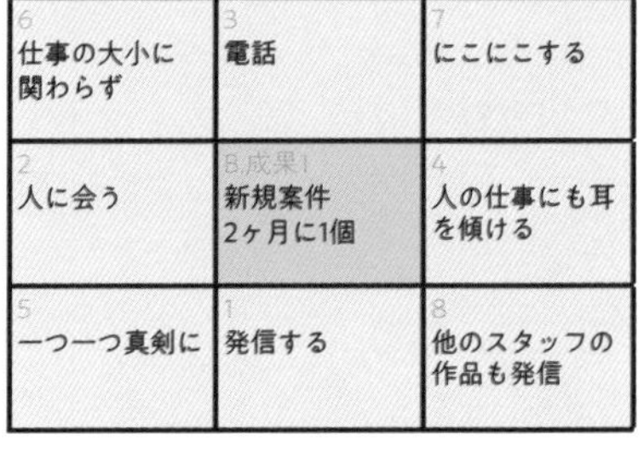

6 仕事の大小に関わらず	3 電話	7 にこにこする
2 人に会う	B.成果1 新規案件2ヶ月に1個	4 人の仕事にも耳を傾ける
5 一つ一つ真剣に	1 発信する	8 他のスタッフの作品も発信

デザイン会社の女性社員の例

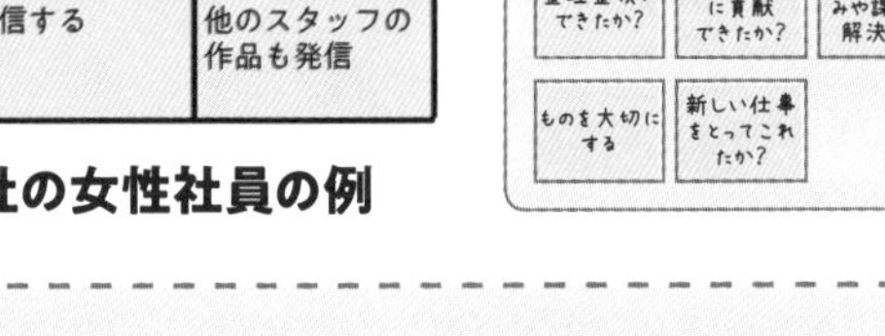

新人

品質	利益向上	顧客満足	自己成長
同業者にも評価されるクオリティか？	営業をとってこれたか？	お客様をワクワクさせた	自分の目標を達成できた
良いものを早く提供できたか？	わかりやすい社外実績を作ったか	お客様のリピートにつながった	本気で関わった
整理整頓ができたか？	会社の売上に貢献できたか？	お客様の悩みや課題を解決した	自分にしかできない仕事ができたか
ものを大切にする	新しい仕事をとってこれたか？		

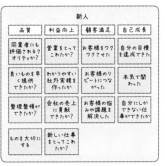

定量的な「数字」目標も入れよう！

成果には1つでも数字を入れるのがポイントです。「〇〇をがんばる」等の定性的な目標だけだと具体性に欠けるので、「売上毎月100万円」という成果目標のために「週3回電話営業する」というアクションなどにも数字を入れてみましょう。あとから変更してもOKです。

「C.能力1」を埋める

① まずはテーマ上の「能力1」のエリア目標を埋める。(枝)

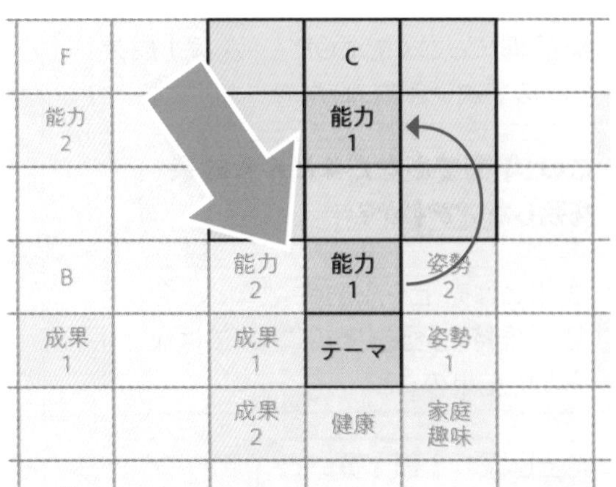

全部埋まらなくてもOKですので次いきましょう。

次は「能力1」です。

この1年間でどんな知識や技術を身に付けたいですか?

1分

具体的な資格取得を目標にしてもよいですし、「○○する力」「○○できるようになる」などでもOKです。

②次に「C 能力1」エリアの「アクション」を埋める。(葉)

さきほど入れた「能力目標」を達成するにはどんなアクションが必要ですか?

これも答えはキャリマップや評価基準能力のシートに書いていますよ!

思いつかない場合は隣の人・周囲の人のアクションをもらっちゃいましょう♪

6 ワイドショーを研究する	3 異業種交流会に参加する	7
2 他人の気持ちを配慮できる	C. 能力1 コミュ力を身につける	4 コミュニケーションに関する本を読む
5 英会話を習う	1 たくさん人と話す	8

2分

6 知らない単語はメモする	3 YouTubeで勉強	7 身近にWeb関連の知り合いをつくる
2 自分のWebページを作ってみる	C. 能力1 Webデザインの知識・能力をつける	4 Wordpressを勉強
5 ポートフォリオサイトを毎日チェックする	1 2週間に一回Web勉強会に参加	8 参考書を買う

デザイン会社勤務

新人

健康	コミュ力	技術	知識
休まないで出勤できる	他人の気持ちを配慮できる	パソコンが使える	原因を調べられる
健康である	コミュニケーション力がある	道具・機械を使いこなす	危険を回避できる
無駄をなくすことができる	察することができる	現場作業が早い	同じミスをしない
		センスがある	必要な資格を取得している

ファシリポイント

何を得るべきか?メンターに教えてもらおう

能力とは技術・知識・資格・テクニック・スキルのこと。この時期になにを習得すべきか、どんな本を読んで、どんなことを勉強すべきか?先輩社員に教えてもらって近道を探そう!

「D. 姿勢 1」を埋める

① まずはテーマの左「成果1」のエリア目標を埋める。(枝)

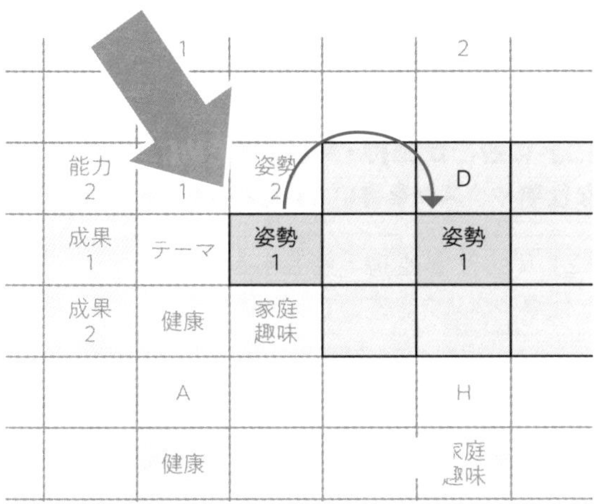

1
2
能力
2
1
姿勢
2
D
成果
1
テーマ
姿勢
1
姿勢
1
成果
2
健康
家庭
趣味
A
H
健康

前半ラストは「姿勢1」です。

先ほどの成果を得るためにはどんな姿勢が大事ですか?

そして**能力を得るためにはどんな行動や習慣が必要ですか?**

1分

② 次に「D 姿勢1」エリアの「アクション」を埋める。(葉)

さきほど入れた「姿勢目標」を達成するにはどんなアクションが必要ですか?

これも答えはキャリマップや評価基準能力のシートに書いていますよ!

思いつかない場合は隣の人・周囲の人のアクションをもらっちゃいましょう♪

6 ごめんなさいって言える	3 元気の良い挨拶	7 先輩を真似る
2 時間を守る	D. 姿勢 1 マナー	4 素直に聴く
5 誤字脱字をしない	1 マジメで謙虚になる	8

2分

6 社外にもたくさんつながりを作る	3 意見を聞く	7 正確性の追求
2 素直で笑顔でいる	D.姿勢1 丁寧な対応	4 謙虚に謝る
5 落ち着いて対応	1 先回りして提案	8 感謝を伝える

デザイン会社勤務

新人

考え方	協調性	マナー	熱意
前向きな考え方	笑顔	マジメで忠実	熱意
プラス思考	あいさつができる	謙虚	一生懸命
夢と希望	なんでもすぐやる	陰口を言わない	あきらめない
目標を持つ	ごめんなさいって言える	学習意欲	行動力

ファシリポイント

あこがれの先輩の姿勢を観察しよう!

姿勢の部分はある意味一番人間性が出る部分。自分が認める先輩はどんな姿勢で仕事に臨んでいるのか?何を大事にしているのか?どんな行動をとっているのか?マンダラを見て普段から観察しよう。

SESSION 4-2 「E. 成果２」を埋める

① まずはテーマの左下「成果2」のエリア目標を埋める。（枝）

	成果1		成果1	テーマ	姿勢1
			成果2	健康	家庭趣味
	E			A	
	成果2			健康	

さて次からもう一度「成果」「能力」「姿勢」を考えます。

2分

「成果2」に会社が維持・発展するために必要な仕事やタスクを書いてください。

「成果2」に会社が維持・発展するために必要な仕事やタスクを書いてください。

たとえば委員会活動や新規事業など成果1とは少し毛色の違うやりたいことを書いても面白いかもしれません。

② 次に「E成果」エリアの「アクション」を埋める。（葉）

6 整理整頓の本を読む	3 PC 内部も整理整頓	7
2 机の上をキレイにしてから帰る	E.成果2 整理整頓	4 清潔に過ごす
5 抜き打ちチェックを行う	1 掃除をこまめにする	8

さきほど入れた「成果目標」を達成するにはどんなアクションが必要ですか？

積極的にキャリマップや評価基準「成果」シートを書き写しましょう。

先輩の目標、仲間の目標を共有しましょう。

6 飛び込み営業	3 お客さんの声を反映	7 ファンを増やす
2 お客さん紹介	顧客件数UP	4 システム強化
5 期待以上のサービスを提供	1 システムのPR	8 満足度調査

システム会社の例

ベテラン

品質	生産性向上	従業員満足	組織成長
会社全体のクオリティUPができたか？	残業をしない・させない	仕事とプライベートのバランス	会社のファンになってもらえた
良いものを早く提供できたか？	会社の売上に貢献できたか？	健康診断を通過できたか？	新しいことにチャレンジさせたか
既存商品の改善できたか？	無駄なコストを削減できたか	組織の健康面に配慮がしたか	他社にできないオリジナルな仕事
	価値をプラス	やりたいことを商売にできたか？	まず思い出してもらえる会社に

立場によって「成果」目標もさまざま。具体例を上げよう！

数字を持っている立場（営業マン・幹部社員等）の社員は、売上や成約件数向上など入れやすいですが、間接部門（総務・経理）の方は何を入れたら良いのかわからないという質問もよく出ます。たとえば働き方改革推進や5S活動など会社として取り組むべき課題を入れるのはいかがでしょうか？また、新人は自分自身の成長を成果と考えてもよいと思います。

「F. 能力2」を埋める

① テーマ左上の「能力2」のエリア目標を埋める。(枝)

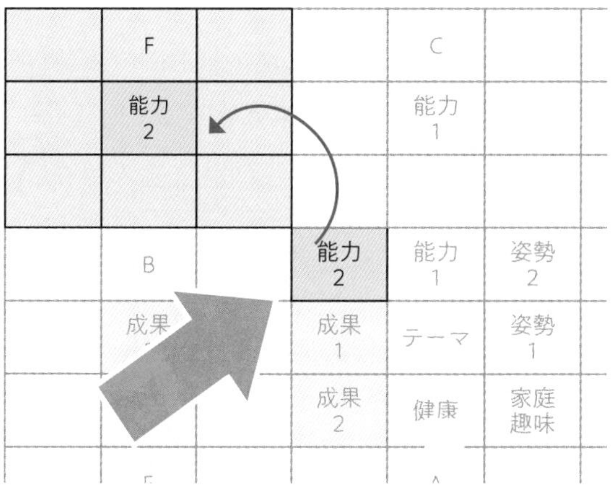

「成果2」を達成するために必要な「能力」はなんですか?

2分

「能力2」に入力してください。

具体的な資格取得を目標にしてもよいですし、「○○する力」「○○できるようになる」などでもOKです。

② 次に「F 能力2」エリアの「アクション」を埋める。(葉)

さきほど入れた「能力目標」を達成するにはどんなアクションが必要ですか?

これも答えはキャリマップや評価基準能力のシートに書いていますよ!

思いつかない場合は隣の人・周囲の人のアクションをもらっちゃいましょう♪

6 自分で勉強できる	3 問題に対して原因を追求できる	7 危険を回避できる
2 必要な資格を取得する	F. 能力2 知識と技術	4 道具・機械を使いこなす
5 現場作業を早くする	1 パソコンの知識を身につける	8

6 英語力	3 IT本を読む	7 プログラミングを自習
2 資格の取得	F. 能力2 ITスキル向上	4 情報収集
5 AIの勉強	1 ITパスポートの勉強	8 社員教育

システム会社勤務

ベテラン

指導力	技術	調整力	経験
メンタルフォローができる	値段を決めることができる	トラブルを収束できる	知識と経験が豊富
全体を視る力がある	ITの知識と技術がある	交渉術に長けている	お客様から信頼が厚い
伝える力	情報収集力	ピンチに強い	判断力
問題抽出力	洞察力	営業力	問題解決力

ファシリポイント

新しい技術・知識・スキルにチャレンジしてみよう

現在のタスクから考えるとどうしても現在持っているスキルに近い所にとどまりがちです。能力2には今まで取り組んでこなかったスキル取得にチャレンジしてみましょう。その際、キャリアマップでそのスキルの近くに名前が貼っている人に教えてもらいましょう。

SESSION 4-2

「G. 姿勢２」を埋める

① テーマ右上の「姿勢2」のエリア目標を埋める。（枝）

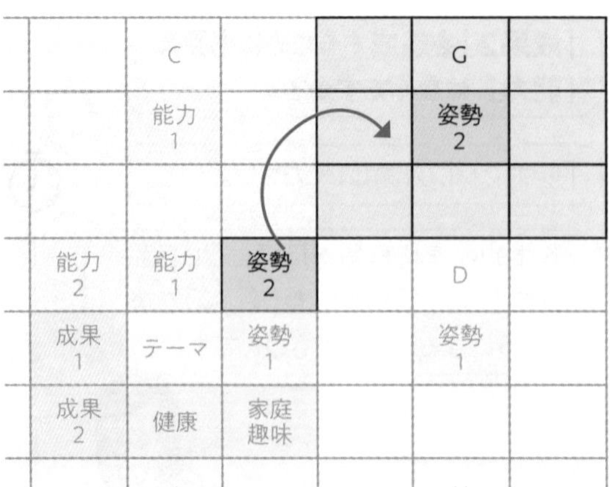

C
能力
1
G
姿勢
2
能力
2
能力
1
姿勢
2
D
成果
1
テーマ
姿勢
1
姿勢
1
成果
2
健康
家庭
趣味

ラストは「姿勢2」です。

成果２、能力２のためにどんな姿勢で臨みたいですか？

活躍している人の行動特性を習慣化するために目標にしましょう。

2分

② 次に「E成果」エリアの「アクション」を埋める。（葉）

さきほど入れた「姿勢目標」を達成するにはどんなアクションが必要ですか？

これも答えはキャリマップや評価基準能力のシートに書いていますよ！

思いつかない場合は隣の人・周囲の人のアクションをもらっちゃいましょう♪

6 相手の気持ちを考える	3 あきらめずにチャレンジする	7
2 報告連絡相談を適切に行う	G. 姿勢2 協調性	4 他人の困りごとを解決する
5 何か手伝うことありますか？と聞く	1 感謝の気持を伝える	

6 メリハリ	3 言葉遣い	7 お手本になる
2 挨拶	G. 姿勢2 低姿勢	4 声掛け
5 整理整頓	1 愛・感謝	8 時間管理

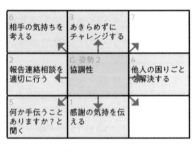

システム会社勤務

ベテラン

指導力	思考	人柄	先見性
ダメな事はハッキリ伝える	ぶれない	よくおごってくれる	情報収集
理由を明確に伝える	安全安心	面倒見が良い	全体の動きを把握
部下の成長を見守る	なんでも受け入れる	相談にのる	公平
部下のメンタル	いい意味で調子良い	場をなごませれる	斬新な発想ができる
部下の長所短所	忍耐強い		

毎日の日報で「姿勢」をチェックしよう

ファシリポイント

正しい姿勢を毎日繰り返していると行動特性(コンピテンシー) として身につきます。マンダラの考えのもととなった仏教でも八正道という実践の道が説かれています。サンクスUP！ではこれを毎日チェックするとみんなから「いいね」をもらえるので楽しく実践できるという仕掛けになっています。

「H. 家庭・趣味」を埋める

① テーマ右下の「家庭・趣味」のエリア目標を埋める。（枝）

いよいよ最後は「家庭・趣味」、プライベートの質問です。

この1年間はどんな家庭で過ごしたいですか？

あるいは どんな趣味に打ち込みたいですか？

書ける範囲でよいので、自由に書いてみてください。

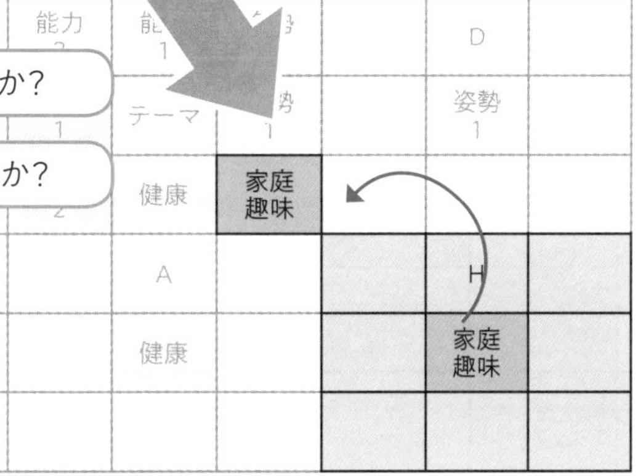

2分

②「H家庭趣味」エリアの「アクション」を埋める。（葉）

家族・親戚・恋人・ペット・友達など近しい人との関係を書いてもOKですし。

映画・漫画・ゲーム・旅行など、自分が没頭できる趣味の話だけでも全然OKです。

6 映画館で映画を月1本観る	3 両親の誕生日にプレゼントを渡す	7 フェスに行く
2 友達と海外旅行に行く	H. 趣味・家族 余暇の充実	4 結婚＃前提＊付，合.
5 車を買う	1 大作RPGをクリアする	

隣の人と一緒に趣味をやってみるのも面白いかもしれませんよ♪

6 出会いの場所を作りにゆく	3 服のセンスを上げる	7 自分を磨く
2 年収を上げる	H. 趣味・家族 彼女を作る	4 体重を減らす
5 ふられた話に適切な回答をする	1 話を聞けるようになる	8 姿勢に気をつける

6 家計簿	3 家事全般	7 家族へ連絡
2 思いやり、包容力を持つ	H. 趣味・家族 夫婦円満	4 節約
5 旅行	1 愛…感謝	8 夫を操る

職場の仲間とプライベートを語り合おう！

人生の約3割は労働時間と言われています。残り7割のプライベートの時間を充実させるためにも、年齢もさまざま、人生経験もさまざまな職場の同僚と語り合うのはとても意義深いのではないでしょうか？お互いを知っているからこそ、ワークライフバランスを尊重し合える、そして協調アクションが生まれるのです。

ファシリポイント

SESSION 4-2 マンダラ事例集①

6 自分で勉強できる	3 問題に対して原因を追求できる	7 危険を回避できる	6 ワイドショーを研究する	3 異業種交流会に参加する	7	6 相手の気持ちを考える	3 あきらめずにチャレンジする	7
2 必要な資格を取得する	F. 能力2 知識と技術	4 道具・機械を使いこなす	2 他人の気持ちを配慮できる	C. 能力1 コミュ力を身につける	4 コミュニケーションに関する本を読む	2 報告連絡相談を適切に行う	G. 姿勢2 協調性	4 他人の困りごとを解決する
5 現場作業を早くする	1 パソコンの知識を身につける	8	5 英会話を習う	1 たくさん人と話す	8	5 何か手伝うことありますか？と聞く	1 感謝の気持を伝える	8
6 商品企画会議で提案する	3 他部署との連携	7 アンケート調査	F. 能力2 知識と技術	C. 能力1 コミュ力を身につける	G. 姿勢2 協調性	6 ごめんなさいって言える	3 元気の良い挨拶	7 先輩を真似る
2 プレゼンを鍛える	B. 成果1 営業を1件獲得	4 挨拶まわり	B. 成果1 営業を1件獲得	一人前の社員になる！	D. 姿勢1 マナー	2 時間を守る	D. 姿勢1 マナー	4 素直に聴く
5 電話応対	1 商品知識を学ぶ	8	E. 成果2 整理整頓	A. 健康スポーツ ダイエット	H. 趣味・家族 余暇の充実	5 誤字脱字をしない	1 マジメで謙虚になる	8
6 整理整頓の本を読む	3 PC 内部も整理整頓	7	6	3 姿勢を正す	7	6 映画館で映画を月1本観る	3 両親の誕生日にプレゼントを渡す	7 フェスに行く
2 机の上をキレイにしてから帰る	E. 成果2 整理整頓	4 清潔に過ごす	2 階段を使う	A. 健康スポーツ ダイエット	4 体重計に乗る	2 友達と海外旅行に行く	H. 趣味・家族 余暇の充実	4 結婚＃前提＊付，合．
5 抜き打ちチェックを行う	1 掃除をこまめにする	8	5 毎日ストレッチ	1 月1回運動	8	5 車を買う	1 大作 RPG をクリアする	8

6 部門計画書を常に意識して行動修正を行う	3 上司に相談に乗ってもらう	7 親業を磨く	6 基本情報技術者試験合格	3 MariaDBのスキル向上	7 IT系のセミナーに複数人で参加	6 荻野さんと飲み会に行く	3 元気よく挨拶	7 周囲をよく見れる上司
2 自分が管理してチケットの管理を徹底	F.能力2 プロジェクト管理	4 レッドマインを自分を含め、後から見返しても分かる様記述	2 運行管理者試験合格	C.能力1 自分・部下のスキル向上	4 5W1Hができる雰囲気づくり	2 明るく周囲に話しかける	G.姿勢2 尊敬される上司	4 常に元気・笑顔
5 営業をする際に、納期を把握する	1 毎日、朝会夕会を開催	8 部下の進捗管理を行う	5 自社商品の勉強会を開く	1 勉強会に一ヶ月に一回は参加	8 部下と週に一回面談	5 運送・倉庫部門の失敗の責任をすべて自分でとる	1 真面目な姿を見せる	8 体調不良にならないようにする
6 新規顧客でも新人でもわかりやすい画面デザインにする	3 売上目標を年間7000万	7 月額費用を2022年2月までに月250万	F.能力2 プロジェクト管理	C.能力1 自分・部下のスキル向上	G.姿勢2 尊敬される上司	6 定時でみんな帰れるようにする	3 幹部社員大学で学んだことをフィードバック	7 勉強会支援
2 AI技術とINFOシリーズを組み合わせる	B.成果1 運送・倉庫事業の売上UP・顧客数UP	4 ランディングページのインタビューページを増やす(7社)	B.成果1 運送・倉庫事業の売上UP・顧客数UP	周囲から認められる幹部社員になる	D.姿勢1 職場環境の向上	2 体調が悪いときは遠慮なく休める	D.姿勢1 職場環境の向上	4 相談しやすい環境づくり
5 サポート体制の満足度を上げるため、属人化廃止	1 物流業界の人脈を作る	8 物流業界の人脈を作る	E.成果2 教育	A.健康スポーツ 結婚式でカッコよくタキシードを着る	H.趣味・家族 家庭と趣味の両立	5 綺麗な職場環境	1 マスターズ会議でどんどん職場環境の改善発表	8 イベント計画
6 運送・倉庫のインストラクターができる	3 新規顧客依頼された試用環境づくりを新人に任せられる	7 営業に付いていきてもらい、議事録マスターになってもらう	6 2月までに10キロマイナス	3 自宅で筋肉トレエクササイズを週3日	7 完食を週に一回はとってもいい	6 毎朝掃除機	3 友達との食事をする際に、妻を絡める	7 妻の趣味を応援
2 分からないところを分からないと言える人材にする	E.成果2 教育	4 データ修正、不具合対応を任せられる	2 お酒を週に一回	A.健康スポーツ 結婚式でカッコよくタキシードを着る	4 ゴルフの打ちっぱなしに行く	2 妻の機嫌を日々とる	H.趣味・家族 家庭と趣味の両立	4 週に1回以上は夕食を作る
5 仕様書を渡したらプログラム開発ができる	1 運送業界の知識をUP	8 倉庫業界の知識をUP	5 健康診断に引っかからない	1 夕食を家で摂る際には、サラダ・するめのみ	8 飲み物はトクホかゼロカロリーにする	5 お小遣いを計画的に使う	1 麻雀は月に1回は許してもらう	8 アニメを月に2作品見る

6 ミスを少なく	3 抜け漏れをなくす	7 Freeeを使いこなす	6 自分でできないことは頼る	3 自動化できるところを考える	7 気づきを増やす	6 見やすい資料	3 文書作成能力のアップ	7 誤字脱字をなくす
2 レポート機能活用	F.能力2 会計	4 期日厳守	2 先回りする	C.能力1 バックオフィスの効率化	4 従業員の働きやすい環境づくり	2 報連相の徹底	G.姿勢2 清く正しく美しく	4 定時で帰る
5 正しい数字	1 伝わる依頼	8 記録	5 備品の管理体制強化	1 早い声掛け	8 ズレを許さない	5 丁寧な文字	1 デスクの整理	8 請求書の折り方を丁寧に
6 請求体制の確立	3 新入社員のリストの整理	7 伝える力	F.能力2 会計	C.能力1 バックオフィスの効率化	G.姿勢2 清く正しく美しく	6 社外にもたくさんつながりを作る	3 意見を聞く	7 正確性の追求
2 自分の業務をリスト化	B.成果1 誰でもできるようにする	4 事務作業の簡略化	B.成果1 誰でもできるようにする	家庭時間のアップ	D.姿勢1 丁寧な対応	2 素直で笑顔でいる	D.姿勢1 丁寧な対応	4 謙虚に謝る
5 定期請求の確立	1 マニュアルの作成	8 正確な数字をキープ	E.成果2 WLBの確立	A.健康スポーツ 体力づくり	H.趣味・家族 愛	5 落ち着いて対応	1 先回りして提案	8 感謝を伝える
6 資格取得	3 子育て支援の周知	7 勤務体系について議論	6 リフレッシュの時間をとる	3 整骨院週2回	7 ジュースを生ない日を作る	6 オンラインセミナー参加	3 毎日こどもと遊ぶ	7 毎月寄付
2 備品購入を効率化	E.成果2 WLBの確立	4 書類電子化	2 手料理週半分以上	A.健康スポーツ 体力づくり	4 睡眠時間確保	2 来年こそパンダ	H.趣味・家族 愛	4 毎月デート
5 家庭について他の皆さんと論議	1 時短勤務の継続	8 早く帰る	5 間食しない	1 ウォーキング週2回	8 行き倒れにならない	5 来年までにミュージカル	1 毎年サンタ	8 来年までにディズニー

6 楽しそうな部分を知ってもらう	3 他の会社とは違う能力	7 プレゼン塾を受ける	6 安心して頼める	3 人付き合い	7 伝え方	6 知識を得て行動しやすく	3 楽しく行動	7 すぐ動ける環境にしておく
2 見た目だけでなく意味のあるデザイン	F.能力2 プレゼン力	4 堂々と料金を言える	2 自分の得意分野を発信	C.能力1 興味をもってもらう	4 信頼感	2 人にも頼る	G.姿勢2 すぐ行動	4 やりたいことを知る
5 折れない心	1 説得させる	8 本を読む	5 約束を守る	1 寧面的な部分でも魅力的に	8 コミュニケーション	5 頭の中を整理する	1 後回しにしない	8 体力をつける
6 仕事の大小に関わらず	3 電話	7 にこにこする	F.能力2 プレゼン力	C.能力1 興味をもってもらう	G.姿勢2 すぐ行動	6 ちゃんと考える	3 人と話すことを楽しむ	7 はっきり言う
2 人に会う	B.成果1 新規案件2ヶ月に1個	4 人の仕事にも耳を傾ける	B.成果1 新規案件2ヶ月に1個	自分のスタイル確立	D.姿勢1 明るく前向きに	2 どんな仕事も楽しむ	D.姿勢1 明るく前向きに	4 興味を持つ
5 一つ一つ真剣に	1 発信する	8 他のスタッフの作品も発信	E.成果2 相談される会社に	A.健康スポーツ 健康的	H.趣味・家族 楽しい暮らし	5 引きずらない	1 素直	8 やりたいことを明確に
6 ゆるいイメージからの脱却	3 わくわくさせる	7 フットワーク軽く	6 白湯を飲む	3 栄養をしっかりとる	7 スキンケア	6 散歩	3 キャンプに行く	7 もう一台車が欲しい
2 他の人じゃ思いつかないアイデア	E.成果2 相談される会社に	4 すぐ返事する	2 早起き	A.健康スポーツ 健康的	4 ジム週2	2 フワフワの犬	H.趣味・家族 楽しい暮らし	4 ハワイに行く
5 町全体をゴキゲンに	1 一つ一つ丁寧に対応	8 何をやってる会社かわかりやすく発信	5 スマホ見過ぎない	1 早寝	8 歯医者終わらせる	5 美味しいご飯を食べる	1 マイホームが欲しい	8 ピクニック

SESSION 4-3 メンターペアセッション

いかがですか?マスは埋まりましたか?なかなか一人だと難しいですよね。でもご安心ください。このサンクスUP!式マンダラチャートは今まで誰一人マスを埋めれなかった人はいません。なぜなら最終的には他人に強制的にマスを埋められてしまうからです。
その前に、メンターとメンティがペアになって埋める時間をつくります。なるべく埋めてしまいましょう。

①テーマ右上の「姿勢2」のエリア目標を埋める。(枝)

メンターのアドバイスターン

②ここからは一旦メンター役(兄・姉役)のマンダラを記入するのはしばらく禁止です。メンティ(弟・妹役)のマンダラだけを集中して埋めていきます。メンターは右のような「教育的アドバイス内容」を提案し、実際にマスに埋めていきます。メンティはそれを素直に受け入れましょう。【4分】

教育的アドバイス内容の例
- 挑戦すべき課題や成果
- 今取得すべき課題
- オススメの書物

このスキルにはこの本がとても参考になるよ

この仕事ちょっと難しいかもしれないけどやってみない?

この資格絶対必要だから今のうちにやろう!

評価基準シートやキャリアマップの言葉を積極的に入れよう

書けない人は「自分で考えなければならない」という固定観念に縛られていることもしばしば。評価基準に書かれている言葉をマンダラに書けば、当然評価も上がり、みんなから感謝され、HAPPYになることを伝えましょう。他人の目標を見合うことで成長スピードを早める効果があります。(モデリング効果)

Freeeを使いこなす	タイピング	パソコン力向
Wチェックをやる	事務処理能力UP	簿記ができる
片付け本を読む	ミスをなくす	

形式：ペア
時間：15分

メンティのおねだりターン

③ 今度はさっきと逆です。メンティ（弟・妹役）が記入禁止です。メンター（兄・姉役）のマンダラをどんどん埋めましょう。どうせ入れるなら右のような「おねだり内容」がオススメです。コミュニケーションを深めましょう。メンターには拒否権はありません。【4分】

おねだりの内容
・買い替えてほしい備品や設備
・仕事のスキル伝授
・飲みニケーション

4分

本棚やロッカーを増やしてほしいです♪

この仕事に必要なノウハウの勉強会を開いてください！

やる気を出すため飲みに連れて行ってください！

仕上げタイム

④ 最後の5分は集中して埋めます。ファシリテーターは適切に煽ってください。時間が来たら強制終了です。

5分

アドバイス・おねだりタイムが終了しました。ここからは最後の仕上げタイムです。

ラスト5分で仕上げましょう！この5分後はどのみち誰かにマスを埋められちゃうのでなるべく完成させちゃいましょう。

メンターさんはメンティのフォローを引き続きお願いしますね。よーいスタート！

エピソード：ペアセッションでよく出る目標の例

目標	解説
電話を毎日かける	成果を出すための具体的なアドバイス。新人は行動回数を成果にして成長を促しましょう。
僕を毎月1回飲みに連れていく	飲みニケーションのおねだり。毎月1回という具体的な数字目標にしているのがポイント。
○○の本を読む・資格を取る	自分が取得してよかった資格や勉強になった本の読書をアドバイスしてあげましょう。
部下の勉強会を開催する	能力系おねだり。やる気のある部下にスキルを教えることで、共に育ちましょう。

共生入力・他力本願タイム

① 3度ベルを鳴らす。

ついに「他力本願タイム」が始まりました！

他力本願とは「他人任せ」という意味とは少し違います。

大いなる宇宙の力を借りて本当の願いを実現させるという意味です！

2分

みんなの力でマンダラを完成させましょう！

② ルールを説明をする。まず右の基本ルールを説明した後、下の共生入力の方法を伝える。

- しゃべってもよいが手を止めるのはNG
- まず自分のを仕上げる
- 次にペア（メンフィ・メンター）が未完成の場合、マンダラを手伝う
- 両方できたら出来てない人に手伝いに行く
- 入力されたらどんなものも一旦受け入れる

しゃべっても良いですが
手を止めてはダメです…

共生入力の方法

「成果」のマスが空いている

→「成果の評価基準」「タスクツリー」の言葉をシールがついているものを優先して機械的に書き写す。

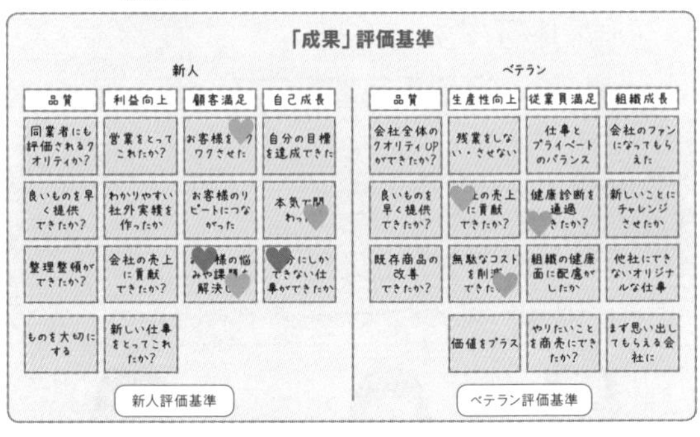

「成果」評価基準

新人

品質	利益向上	顧客満足	自己成長
同業者にも評価されるクオリティか?	営業をとってこれたか?	お客様を ワクワクさせた	自分の目標を達成できた
良いものを早く提供できたか?	わかりやすい社外実績を作ったか	お客様のリピートにつながった	本気で関わっ
整理整頓ができたか?	会社の売上に貢献できたか?	様の悩みや課題を解決し	分にしかできない仕事ができたか
ものを大切にする	新しい仕事をとってこれたか?		

新人評価基準

ベテラン

品質	生産性向上	従業員満足	組織成長
会社全体のクオリティUPができたか?	残業をしない・させない	仕事とプライベートのバランス	会社のファンになってもらえた
良いものを早く提供できたか?	の売上に貢献できたか?	健康診断を通過 きたか?	新しいことにチャレンジさせたか
既存商品の改善できたか?	無駄なコストを削 できた	組織の健康面に配慮がしたか	他社にできないオリジナルな仕事
	価値をプラス	やりたいことを商売にできたか?	まず思い出してもらえる会社に

ベテラン評価基準

「能力」のマスが空いている

→「能力の評価基準」「スキルツリー」の言葉をシールがついているものを優先して機械的に書き写す。

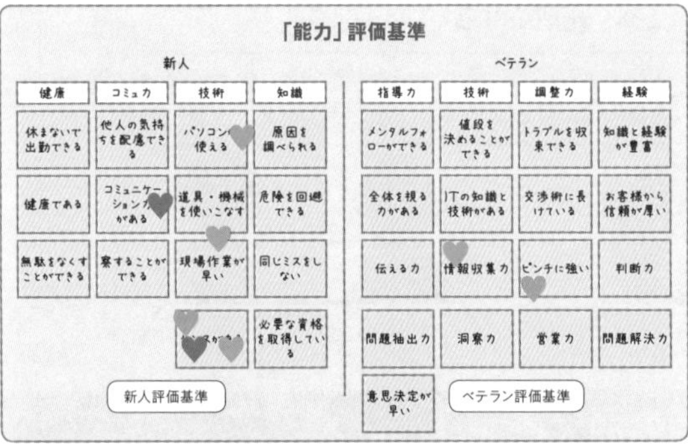

「能力」評価基準

新人

健康	コミュ力	技術	知識
休まないで出勤できる	他人の気持ちを配慮できる	パソコン 使える	原因を調べられる
健康である	コミュニケーション がある	道具・機械を使いこなす	危険を回避できる
無駄をなくすことができる	察することができる	現場作業が早い	同じミスをしない
			必要な資格を取得している

新人評価基準

ベテラン

指導力	技術	調整力	経験
メンタルフォローができる	値段を決めることができる	トラブルを収束できる	知識と経験が豊富
全体を視る力がある	ITの知識と技術がある	交渉術に長けている	お客様から信頼が厚い
伝える力	情報収集力	ピンチに強い	判断力
問題抽出力	洞察力	営業力	問題解決力
意思決定が早い			

ベテラン評価基準

「姿勢」のマスが空いている

→「姿勢の評価基準」「共感マップ」の言葉をシールがついているものを優先して機械的に書き写す。

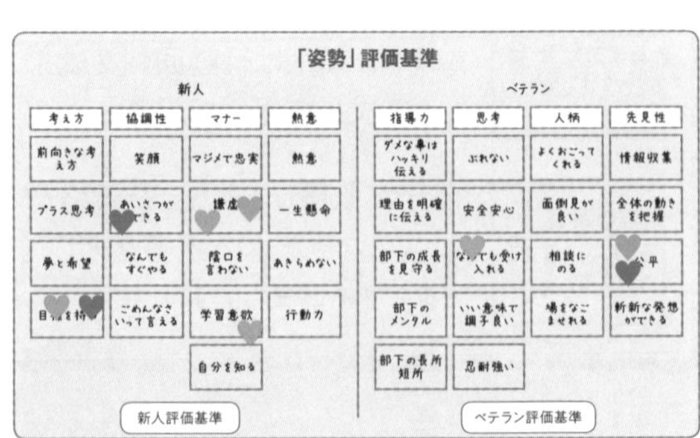

「姿勢」評価基準

新人

考え方	協調性	マナー	熱意
前向きな考え方	笑顔	マジメで忠実	熱意
プラス思考	あいさつができる	謙虚	一生懸命
夢と希望	なんでもすぐやる	陰口を言わない	あきらめない
目 を持	ごめんなさいって言える	学習意欲	行動力
		自分を知る	

新人評価基準

ベテラン

指導力	思考	人柄	先見性
ダメな事はハッキリ伝える	ぶれない	よくおごってくれる	情報収集
理由を明確に伝える	安全安心	面倒見が良い	全体の動きを把握
部下の成長を見守る	な でも受け入れる	相談にのる	公平
部下のメンタル	いい意味で調子良い	場をなごませれる	斬新な発想ができる
部下の長所短所	忍耐強い		

ベテラン評価基準

「健康」「趣味」が空いている

自由に入れてOK！スポーツを一緒にやろう、とか、趣味に誘うなどどんどん他人のプライベートに踏みこんでみてください♪

形式：テーブル
時間：20分

③【5分】と区切ってスタートします。ここはルール通りするとすぐに埋めれますが、そうは言ってもなかなかそう動きません。進みが遅い人の場所に移動して、具体的に指示を出しましょう。

5分

④ 終わった人が出たらみんなで拍手して盛り上げます。「ご褒美」としてちょっと高いお菓子をあげたりしてゲームっぽく楽しくするのも効果的です。終わった人は出来ていない人をどんどん手伝っていきましょう。

⑤ 最後の一人は実はみんなからチヤホヤされます。これが他力本願タイムの良いところです。すでにマンダラを完成させた人の目標を順番にプレゼントしてもらいます。ファシリテーターが誘導しましょう。

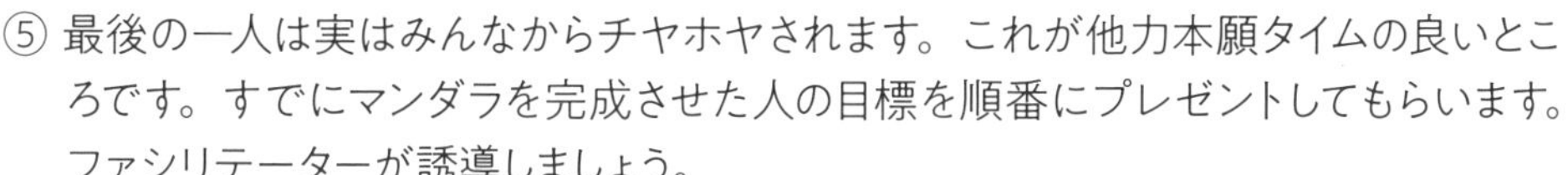

ゴルフに行く	1日タバコ 3回（徐々に）	健診にひっかからない
ウォーキングを続ける	ウォーキング・禁煙	畑仕事
腸活	完全禁煙	発酵食品を食べる

一緒にゴルフ行きましょう！
健康診断にひっかからないのが一番っす

ではキクちゃん、健康の5番を埋めてください。
「腸活」を入れましょう♪一緒にやりましょう！

みんな〜
「発酵食品」食べましょう！美味しいです

3分

⑥ 終わったらグループに戻ります。

早めに「イワシの手」で仕切り直しをしよう

マンダラの完成にはどうしても個人差が出てきます。早く終わった人と全然出来ていない人との温度差でダラダラしやすい危険な時間帯です。早めに「イワシの手」を使ってルールを再度説明し、流れを変えましょう。また早く終わった人には手伝ってもらうことも大事です。

エピソード：ふだんはデキる上司がマンダラだと…逆転現象!?

建築会社のM部長は家庭を顧みず、仕事一筋で部下をぐいぐい引っ張ってきたタイプ。SESSION 1〜3でもリーダーシップを発揮し、テキパキと指示を出していました。ところが、マンダラの「H：家庭・趣味」ではパタッと手が止まり、いつまでたってもほとんど白紙状態。そこで部下から「家族との会話を増やす」「休日出勤しない」「家事を手伝う」「奥さんとデート」などどんどん目標が来ました。M部長も苦笑いしながらまんざらでもない様子。あえてプライベートの目標まで共有するマンダラチャートの良さが出た好例でした。

ミッションステートメント

とうとう最後のセッションです。サンクスUP！は個人がミッションを宣言して終わりじゃありません。全員が協調アクションを宣言して終わりです。その人のために何ができるのか？考えてみましょう。

2分

① 各テーブルでマンダラチャートを持ってサークルになります。この時、自分が好きな色の余った付箋を人数分以上持ちます。

まずはファシリテーターがお手本を示す。

② 全体に向けて「お手本」を見せます。

1. 人数が一番多いグループを見つけ、そのグループ全員で立ってもらう。
2. そして「入社が若い人」を指名。【90秒】で自分のマンダラについて発表してもらいます。このとき、全部を話す必要が無いことを伝え、以下のように話すように促す。

2分

私は、健康面では○○に注意し、○○の成果を得るため、○○の技術を習得し、○○の姿勢で臨みます。そしてプライベートでは○○で人生を充実させたいです。

みんなで聴く

3. その後、そのグループのメンバー全員で発表者の宣言に対して何ができるのかを考え、自分の付箋に書き、発表者のマンダラの裏側に貼る（協調アクション）。一人一言20秒以下でテンポよく進める。

貼る

マンダラシートの裏

ダイエット頑張ろ！ケント — いっしょにダイエット頑張ろ！

有休OK 家族優先で あやねえ — 有給休暇を取りたくなったら相談してください。家族優先で！

勉強会開催します さなえ — 勉強会開催するよ 一緒に学ぼう♪

2分

4. グループ全員が協調アクションを話してお手本は終わり。

形式：テーブル
時間：20分

次に各グループでそれぞれミッションを宣言し応援する

③ 各グループで実際に同じように発表し、全員発表&協調アクションを行う。ファシリテーターは人数が多い所に入りタイマで時間管理を行う。慣れてきたら発表中に付箋を書くように促す。

4分

×人数

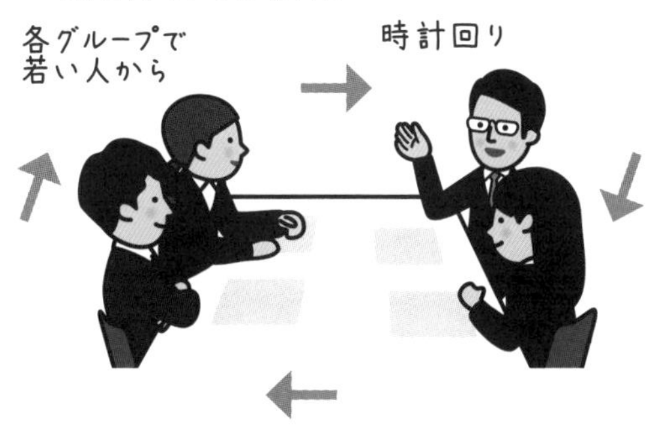

フットサル
やろうぜ
ヒデ
賞とったら
お祝いします
ゆっぴー
お金の勉強
手伝います
のむら
一生ついて
いきます!
ひろくん
仕事を楽に
しよう♪い
あんず

パソコンの場合

同様の作業をExcel ONLINEを使って行います。

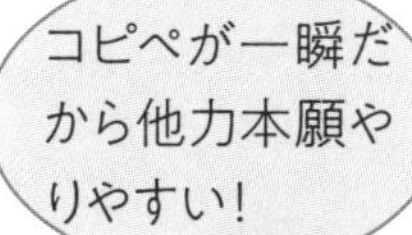

コピペが一瞬だから他力本願やりやすい!

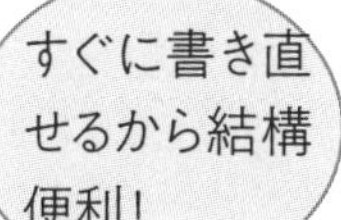

すぐに書き直せるから結構便利!

名前	協調アクション記述
ぐっさん	報連相について今はなんでもかんでもになっていますが、必要な事、不必要な事の判別について教えていきます
そうちゃん	結婚に向けてWLBを今以上に意識して欲しいと思います。技術力を向上することは業務の効率化、スピードアップに寄与するので、その部分の成長については積極的にサポートしたいと思います。
だしお	若いので沢山の情報を吸収して、デカイ男になってください!
りゅっきー	皆さんありがとうございます。　よろしくお願いいたします。
あずっち	これからも便利になる方法を一緒に試行錯誤しましょう
あおい	ハードウェア・Webサービス知識の相談はまかせろー!

ミッション「応援」宣言が最大の協調アクション

ファシリ
ポイント

マンダラが終わった後に自分の使命(ミッション)を宣言します。ここで重要なのはその宣言を応援すること。すなわち協調アクションを生み出すことです。仕事とプライベートをゴチャ混ぜにしたマンダラ目標を応援し合う風土をつくり、宣言だけでなく応援し続けることがサンクスUP!の大きな目的なのです。

早く帰れるようみんなで工夫しよう

ワークライフバランスを考える良い機会

可愛い息子のためイクメンになります

子育て経験者だから何でも聴いてね

新商品のペルソナだから話を聴かせて!

助け合い　応援し合う　社風づくり

黙想・アンケート記入

① 3度ベルを鳴らす。黙想開始。

みなさん、長時間お疲れさまでした。気分を落ち着かせるためここでみんなで黙想しましょう。

1分

② 以下のようなセリフを言ってまとめる。

さて、みなさん、今の1分は長く感じましたか？ 短く感じましたか？

はい、直ってください。

今日は360分の研修をしました。黙想の1分間の360倍ですがこの360分はあっと言う間だったのではないでしょうか？

実は人間って同じ1分でもやることによって長く感じたり短く感じたりします。

一日は1440分。
一年は52万5600分。

この時間をあっという間にすぎる楽しいゲームの時間にするのか、それとも長くて超つまらない苦しい労働の時間にするのか？

すべて自分次第です。
あなたの姿勢とアクション次第です。

今日の360分を、これから毎日、365日を楽しく過ごす「きっかけ」にし続けてください。365日応援し、協調アクションを続けましょう。

楽しい未来への道筋は創りました。
ハッピーフューチャーはすぐそこです。

長時間ありがとうございました！

③ スマホでアンケートを記入してもらう。

こちらからアンケートにご協力ください。
所要時間は5分です。

1分

形式：テーブル
時間：10分

サンクスUP！参加アンケート（20210416）

【サンクスUP！のサービス向上ご協力のお願い】
この度はサンクスUP！研修へご参加頂き誠にありがとうございます。インフォポート合同会社は、当社が運営するサンクスUP！にて参加者様から発言、作成された各種内容をサービス向上の為の研究、開発、マーケティングに最大限活かしていく予定です。

【第三者への開示について】
当該本人が識別される個人データについて、本サービスの共催企業へ提供する事を予定しています。当社及び共催企業以外の第三者に提供する事は、ご本人様の同意がある場合、又は法令に基づく場合を除きありません。

【プライバシーポリシー】
インフォポート合同会社　https://info-port.co.jp/privacy/

※サンクスUP！のサービス向上ご協力のお願いに関して、以下アンケートの入力を進める事で同意して頂いたとみなします。

*必須

名前 *

回答を入力

本日の研修についていかがでしたか？ *

- ○ とても良かった
- ○ 良かった
- ○ ふつう
- ○ 良くなかった
- ○ とても良くなかった

研修内容は今後の職務に役に立つと思いますか？ *

- ○ 大いに役立つ
- ○ いくらか役立つ
- ○ わからない
- ○ 役立たない
- ○ まったく意味がない

良かった・良くなかったと感じた点や役立つ点はどんなことですか？

回答を入力

ファシリテーター「アマルちゃん」の進め方・場づくりはいかがでしたか？ *

- ○ ふつう
- ○ よかった
- ○ 大変よかった
- ○ 感動した
- ○ 神ってる

ファシリテーター「ザブロー」の進め方・場づくりはいかがでしたか？ *

- ○ ふつう
- ○ よかった
- ○ 大変よかった
- ○ 感動した
- ○ 神ってる

全体を通して『良い印象』だったセッションはなんですか？（複数選択可）

- □ 自己紹介
- □ ストーリーテリングトリオ
- □ タスクツリー・スキルツリー
- □ 未来新聞
- □ 褒めシャワー
- □ 共感マップ（理想の上司・理想の新人）
- □ 評価基準づくり 成果・能力・姿勢（KJ法）
- □ キャリアマップ
- □ マンダラチャート

ファシリテーターについてお気づきの点、激励があれば自由にお書きください

回答を入力

この研修を他人にお薦めする可能性について１０段階で評価してください*

1 2 3 4 5 6 7 8 9 10

まったくおすすめしない ○○○○○○○○○○ 大いにおすすめする

研修内容で改善点やお気づきの点などを自由に書いてください

回答を入力

送信

Google フォームでパスワードを送信しないでください。

このコンテンツは Google が作成または承認したものではありません。不正行為の報告 - 利用規約 - プライバシーポリシー

Google フォーム

セッションは必ずフィードバックをもらいましょう

ファシリ
ポイント

ファシリテーションの技術向上のため、必ずその日のうちにアンケートをとりましょう。上記のものであれば5分でできますのでQRコードで誘導してスマホで答えてもらいましょう。遅くとも1ヶ月以内にメンターファシリテーター（先輩ファシリテーター）に見てもらいましょう。

研修終了…でも終わりじゃない⁉

やった一。やっと終わったー♥ あ、ザブローさん、なおこさん、どうでした？私の研修？だいぶ上手くできるようになったでしょー？

あいちゃん、お疲れ様ー。1日でここまでは大変だったでしょう。バッチリだったよー♪

もちろんバッチリでしたが、ここまでは序章に過ぎません。ここからが**本当の風土改革のはじまり**なんです！

えー！またそんな怖いこと言って。

俗に**新年の抱負や目標は9割が忘れる**と言われています。また覚えていたとしても**達成するのは2割ぐらいだった**と調査もあるようです。

あらー！まー確かに私も今年の目標忘れちゃったかも…。

そう…。残念ながらサンクスUP！も360分の研修だけだと「なんだか楽しかった」という思い出で終わって**9割忘れちゃう**危険性が…。

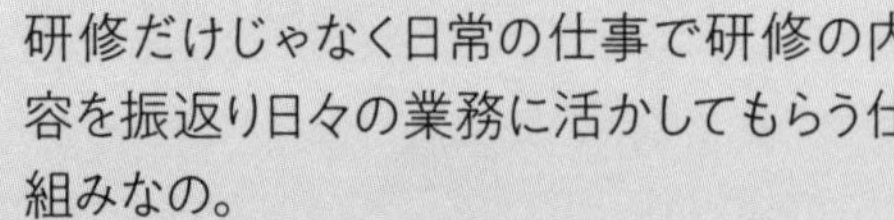

そこで「365日応援」！
研修だけじゃなく日常の仕事で研修の内容を振返り日々の業務に活かしてもらう仕組みなの。

バトンタッチ！

ここからは私が、毎日の業務にサンクスUP！を活かしていく仕組みについて解説します♪
あいちゃんは休んでいてOKですよ。

エピソード：ファシリテーターだからこそ本音を引き出せる

スゴイ！

実は…

「ウチの社員がこんなに褒めあえるなんて！正直感動しました！」工場で管理業務を行うH課長に、研修終わった後の懇親会でこんな一言をいただきました。「いや、失礼な話、できっこない！って思ってました。だってあいつら、オレがいくら言っても聞かないし、目標もテキトーだし、文句ばっかり言ってるし…」

このような感想を本当によくいただきます。これこそがファシリテーターの場づくりの効果だと考えています。なぜなら、実は開発者である松山自身も自分が経営する会社で自分でファシリテーションしたらうまくいかないことが多いからです。ふだん居ないファシリテーターがやって来て「フューチャーセッション」するからこそ本音で楽しい未来を描けるといえます。そして非日常を日常に戻す工程が次の「365日応援」なのです。

Chapter
4

サンクスUP！365日応援

S5-0.　導入支援プログラム「カスタマーサクセス」

S5-1.　マンダラチャート × OKR（目標と成果）

SESSION 5-0

導入支援プログラム「カスタマーサクセス」

研修の気づきを毎日オンラインで深め続けよう！
「365日応援」は毎日パソコンやスマホやタブレッでフューチャーセッションを続ける仕組みです！

成功へと導く！「カスタマーサクセス」とは？

専属担当ファシリテーターが利用開始から2～6ヶ月間程度、オンライン定着の成功までガッチリサポートする仕組みです。オンラインに不慣れな方も安心して取り組めるように電話・メールでのサポートはもちろん、貴社運用に特化したマニュアルやフローを策定します！

0week

1. 導入前準備

■ウォームUP! MTG
- チームリーダー MTG
- チーム分け
- セッションの使い方
- タイムライン
- 実践前準備

1week

2. 診断

■キックオフMTG
- 現状の詳細ヒアリング
- 実践前準備の確認
- スケジュールの確認
- メンバー招待確認

2week

3. 実践

■セッション
- 未来編集会議
- タスク＆スキルツリー
- 共感マップ
- キャリアマップ
- マンダラチャート

3week

4. 効果測定

■ハーフタイムMTG
- セッションの振り返り
- ネクストアクション
- 応用編

たとえばこんなことをサポートします。

●チーム再編成会議

サンクスUP！オンラインでは研修よりもさらに少人数でのグループ分けが可能です。研修時と同じでも構いませんし、関わりの強いメンバーだけでのチーム分けをする事で、より強い連帯感を生む事ができます。但し、1チームに1リーダーが必要になります。

●タイムラインのチェック

マンダラチャートの達成報告や今日の気づきを閲覧できます。チームメンバーが常に応援し、キャリア形成の支援、メンバーの経験と知識の共有、個人が抱える職場での問題解決の支援といった効果が期待できます。

エピソード：未来の新聞オンラインを社内報に応用!?

今月のMVPは新入社員の田中さん！
いつも元気なあいさつでみんなを笑顔にしてくれる田中さん。素敵な笑顔をいつもありがとう！ハッピー！そして大変な中で事務をしてくれる岡本さんにも感謝です。すてき！

未来の新聞といえば有名女優主演の会社映画や世界企業買収など突拍子のないネタが出がちですが、10年後ではなく5年後の新聞をつくってみるのはいかがでしょう?理想的な未来への道筋がみんなでイメージできるかもしれません。また同じフォーマットで現在の社内報を創ってみても面白いでしょう。社内風土を良くするための楽しい新聞を企画してみてください♪

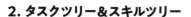

オンラインでもセッションをやってみましょう♪

1.未来編集会議

【中長期的の理想の姿と現在の結果を共有】

研修で描いた未来の新聞をWEB素材や画像でもう一度表現してみます。10年後→5年後→3年後のようにバックキャスティング（未来から現在への振り返り）をして、現在の新聞・今週の新聞を創っていくと効果的です。

2. タスクツリー&スキルツリー

【具体的な言葉で表現されたすべき事】

何を実現したいのか？どのように実現するのか？そのために必要なスキルは？などを明確に言語化、細分化していきます。自分たちのすべき事をより正確に理解し、メンバーと共有する事でメンバーからコンセンサスを得てタスクを分散することができます。

3. 共感マップ

【メンバー・顧客のニーズを浮き彫りにする】

研修では理想の上司や新人を考えましたが、メンバーのこと、顧客のこと、パートナーのことなどさまざまなな立場のペルソナを想定することでより多種多様なニーズを浮き彫りにすることができます。従業員・顧客・協力会社の三方を大きなパートナーと考えお互いのあるべき姿を考えましょう。

4. キャリアマップ

【キャリア形成の道筋を示す】

従業員に対してキャリア形成の道筋を示すことによって、将来のキャリアに関する目標意識を高め、その実現に向けた具体的な行動を促します。メンバー同士のキャリア形成についてのコミュニケーションを活性化することで、効率的・効果的な成長を実現します。

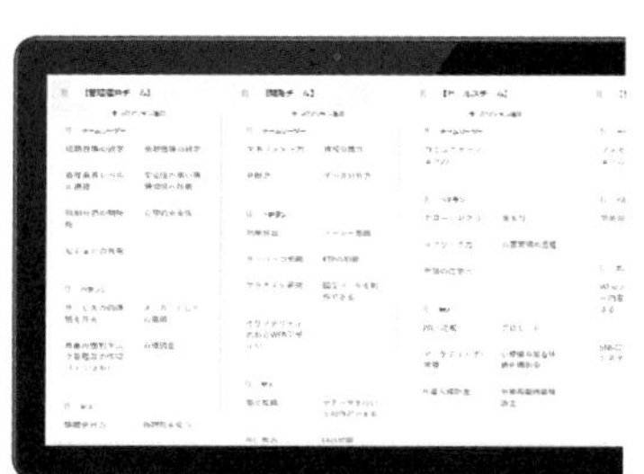

5. マンダラチャート

【自分の行動を言語化し応援してもらう】

理想像と立ち位置行動の進捗状況はチームメンバーが見ているタイムラインで行います。進捗の悪い項目については他メンバーからの応援（協力）や1on1ミーティングで達成できる項目内容に見直しをするなどを行い、チーム内のコミュニケーションを強化します。

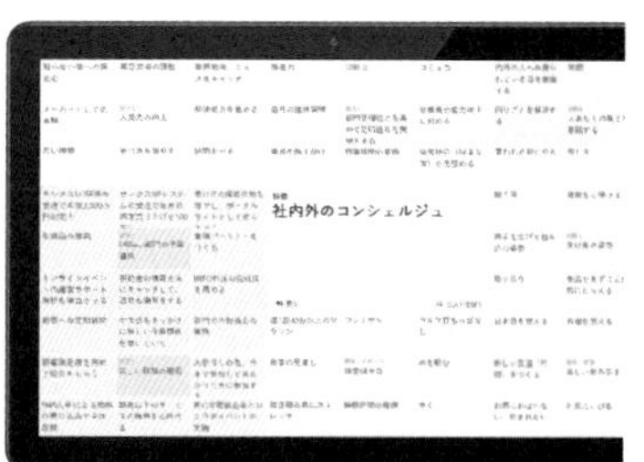

担当ファシリテーターがオンラインで「成功」までサポートします♪

SESSION 5-1 マンダラチャート× OKR(目標と成果)

目標を忘れない方法。それは毎日見ることです。しかも楽しく達成感を味わっちゃいましょう♪タイムラインの「今日の一言」や「マンダラレポート」で認め合い・感謝し合えば協調アクションは「日常」になります!

毎日　毎日、自分の「マンダラチャート」をチェック

※ 研修の際、マンダラチャートを手書きで記入した場合は、サンクスUP！オンラインに入力しましょう。

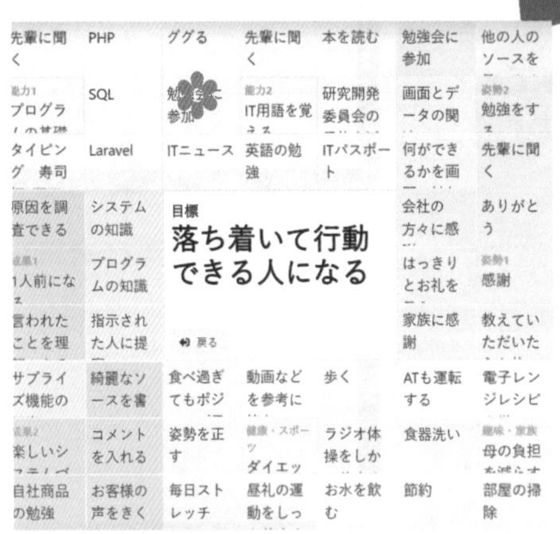

① 自分のマンダラチャートを眺め、今日取り 組んだアクションを「レポート」もしくは「達成」にする。

②「今日の気づき」を書く

③ コメントやいいねで褒める。認める。感謝し合う。

いいね
コメント
みんなが私を
必要として
くれてる

研修の最後に、個人目標（マンダラチャート）にみんなそれぞれ応援宣言しましたよね? 研修だけで終わらず、この日常パートでも褒め合い、応援し合うことで協調アクションを組織に定着させましょう。

目標達成したかどうかは自分で決めてOK!

サンクスUP！では**目標達成は自分自身で決めるもの**で、上司や同僚が 文句を言うべきものではないと考えています。売上○○円達成などわ かりやすい定量目標もあれば、知識を身につけるなど、どの状態にな れば達成といえるのか迷う定性目標もあると思います。そんな時は「自分ミッションを達成した!」と思えば、どんどん「達成」にしてOKだと伝えてください。ちなみに、この目標達成は**直接個人の評価に 結びつけません。**360度アンケートをもとに評価をします。MBO（目 標管理制度）ではなくOKRだから可能な手法といえます。

毎週　毎週、チームでメンバーのマンダラの進捗をチェック

④ チームリーダーが毎週チームでマンダラの進捗状況をチェックしましょう。
積極的に達成を承認していきましょう。

さなえさん、この前 IT用語を解説できてたから「達成」にしましょう。
コーへーさん「コメントを残す」は「達成」にしましょう。十分できてますよ。
メンバーの「達成」をどんどん見つけよう♪
はーい
了解です

毎月　毎月、チームでマンダラ完成チェック&見直し

④ 月に1回の会議では「マンダラチャートが6割達成しているかどうか」をチェッ クしましょう。できていたらみんなで褒め称え、次の新しいマンダラチャート をつくります。その際、未達のアクションは「引き続き継続する」か「違うも のに変更する」か選びます。未達のアクションが多くても、3ヶ月に1回はマン ダラチャートを更新し、リフレッシュすることをオススメします。

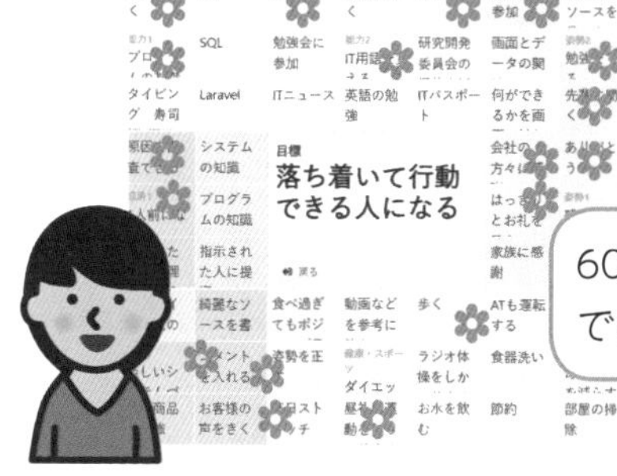

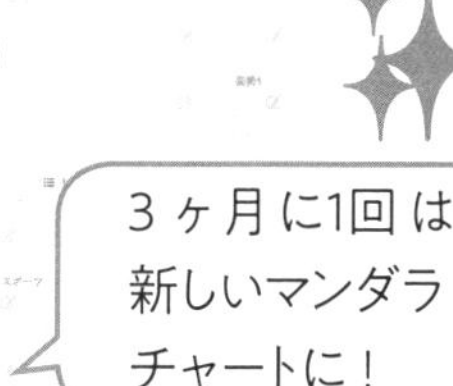
落ち着いて行動できる人になる
新規作成
60%達成でクリア!
3ヶ月に1回は新しいマンダラチャートに！

PDCA→CAPDサイクルで素早くチェックしよう!

CHECK
ACTION
PLAN
DO
ファシリポイント

2000年IT革命以降、日々状況が刻々と変化する中で変化の スピードについていけない企業が増え続けています。組織 のあり方を「作る」だけではなく「変え方」まで用意して おかないと1年後にはすでに古い組織になってしまいます。 マンダラ思考では計画（PLAN）から始まるPDCAではなく、現状認識（CHECK）から次善策（ACTION）を考え、その後事業計画（PLAN）を再構築し実行する（DO）CAPDサイクルを推奨しています。まさに短い周期で考えるOKR とも相性が良い考え方を2000年前から実践しているのです。

OKR(目標と成果)を組織で共有しよう

OKRってまた難しいカタカナ言葉が出て来たね…。
けっきょく何なの?

マンダラで考えるとわかりやすいですよ。
目標(年間テーマ)と成果1・2だと考えてください。

ObjectivesとKey Resultsとは「テーマ」と「成果1・2」

能力 2	能力 1	姿勢 2
成果 1	テーマ	姿勢 1
成果 2	健康	家庭 趣味

Objectives

テーマ(目標)

- 定性目標
- 未来の姿・目指すべき理想の状態
- チャレンジングなもの

Key Results

成果1・2

- 定量目標
- 組織の維持発展に重要な指標
- ・客観的に評価できる

OKRとマンダラチャートによる階層構造

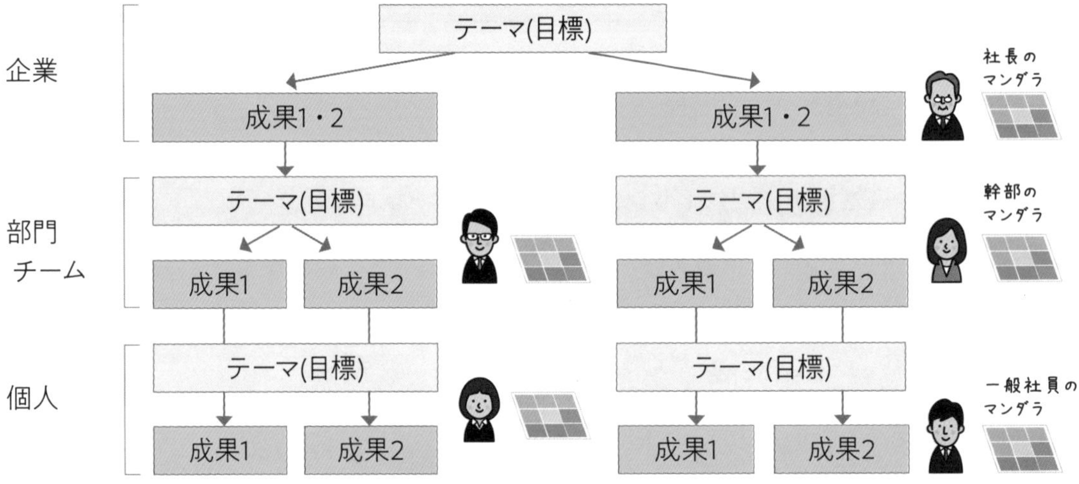

なるほど、組織の立場ごとに求められる目標や成果が違うってワケね。社長から幹部から一般社員までの成果がうまくつながっているのか?が重要になりそうね。

バトンタッチ!

おっしゃるとおりです。そしてそれをチェックする役割が「評価」になっていきます。

次の章からはその「360度評価」について解説します。360度評価でどうやって成長プランへと導くか?その極意をかずさんに解説してもらいます。かずさんヨロシク!

Chapter
5

サンクス UP！360度評価

S6-0. サンクス UP！360 度の流れ

S6-1. 評価基準仕上げ・言葉調整

S6-2. マンダラチャートでの振返り

S6-3. 360度アンケート

S6-4. 評価と賞与の分配

S6-5. 1 on 1 面談

サンクスUP!

Explain 1 サンクスUP！評価とは？ ～従来型との比較

ここからは私が、実際に評価制度の構築と運営を解説します。

まずは、従来日本の評価制度とサンクスUP！360度評価の違いをチェックして、サンクスUP！360度評価の全体像を掴みましょう

MBO
個人目標
100%達成

日本型MBO&評価シート方式

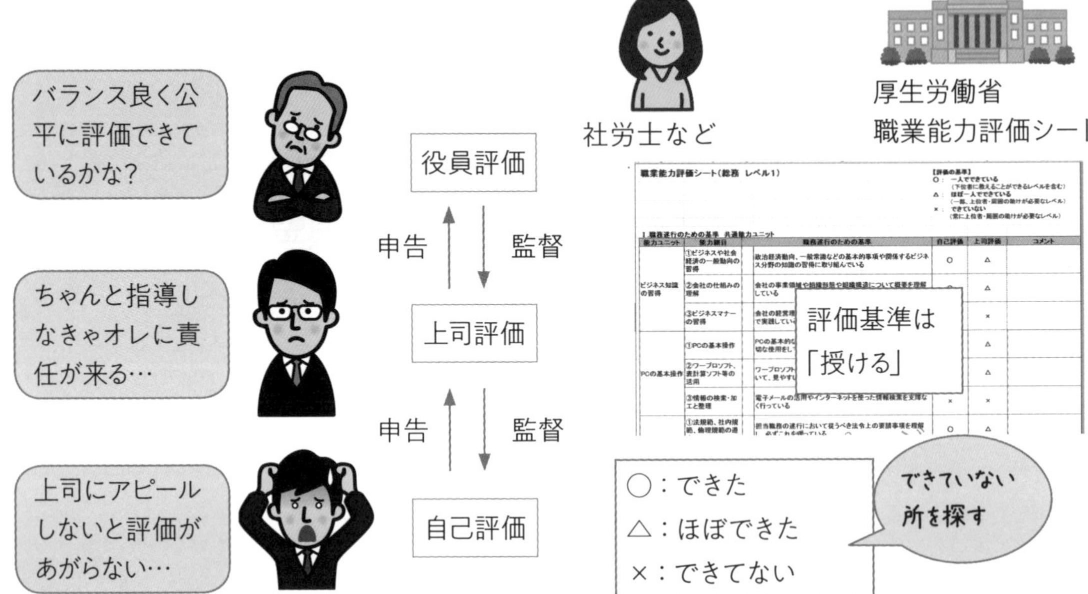

●日本型MBO&評価シート方式について

MBOとは「Management by objectives（目標による管理）」の略で、経営学の父ピーター・ドラッカーが提唱したとされる組織マネジメント手法の1つです。本来は個人の自主性に任せ、主体性が発揮されて結果として大きな成果を得られるという考え方で設計されましたが、日本では売上至上主義・ノルマ主義と混同され、自主性が無視されるケースが目立ちました。では、肝心の目標設定の内容はというと、オリジナルで設定する企業ももちろんありますが、ほとんどが日々の業務に追われて独自で話し合うことができないのが現状ではないでしょうか。そこで便利なのが、厚生労働省のホームページからダウンロードできる「職業能力評価シート」です。あらゆる業種の職業能力を体系的にアカデミックに網羅しています。反面、言葉が固く一般社員にとって難解なもの、違和感のあるものも多いのではないでしょうか。

●問題点

上記矢印の数を見ての通りミドルマネジメント・つまり中間管理職の負担が大きいといわれます。評価も甘い・辛いの基準は上司判断に依存する部分が大きく、上司の品格と調整力が問われるためプレッシャーに感じる方も多いのではないでしょうか。一般社員にとっても、上司と相性が悪いと最悪です。たとえ転属を希望してもなかなか希望通りいかないのが現実でしょう。結果、離職や転職の原因となることも多いと考えられます。

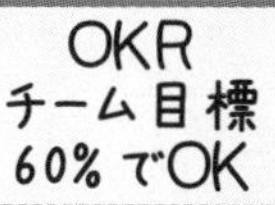

サンクスUP！型360度評価方式

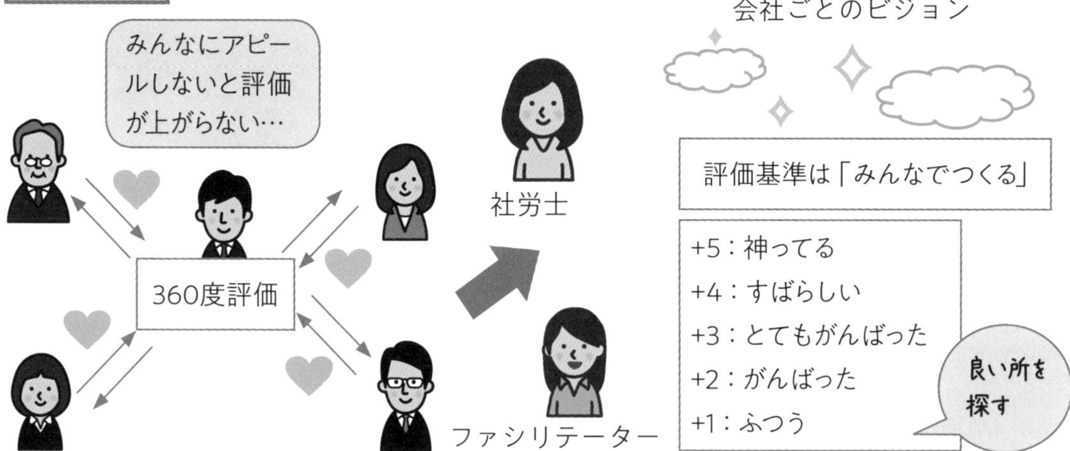

●サンクスUP！型360度評価方式とは

サンクスUP！研修によって、みんなでつくった評価基準をもとに全員参加で評価する方式です。実際には評価というより「良いところ探しアンケート」により結果が出るため、評価者の心理的負担は少なく、上司は部下を応援する立場に入れます。目標はマンダラチャートで確認しますが直接個人評価とは結び付けません（OKR方式）。カテゴリは「成果」「能力」「姿勢」の3つに分類し、どこを重視するかは職種や会社方針を考慮します（チューニング可能）。

●問題点

もちろんサンクスUP！型も完全ではありません。被評価者との接点が少ないと加点ポイントが減ってしまう特徴があります。つまり普段からコミュニケーションをとることが前提で、逆に言うとコミュニケーションを促進する効果があるとも考えらます。そのため普段人と会わない仕事(たとえばトラック運転手）は加点することができないため不利になる可能性があります。また一定数以上（本人・上司含め4人程度以上）が360度の評価者に加わらないと、日本型MBO同様偏りが生じやすいこともあります。

サンクスUP！は「天国のながーいお箸」方式

ファシリポイント

天国と地獄の長いお箸のお話をご存知でしょうか？ 食事の時間に与えられたとても長いお箸。地獄の住人は食物を奪い合い自分だけで食べようとするが箸が長すぎてちっとも食べられません。ところが天国の住人はお互い譲り合い相手に食べさせ合うのでお互いがとても仲良くなります。サンクスUP！は自己評価はしますが、最終的な賞与金額には一切反映されません。でも、ふしぎと評価が高い人は他人のことを積極的に評価する人だったりします。

サンクスUP！360度評価の流れ

研修後

6-1. 評価基準仕上げ

幹部と経営者で評価基準をしあげましょう

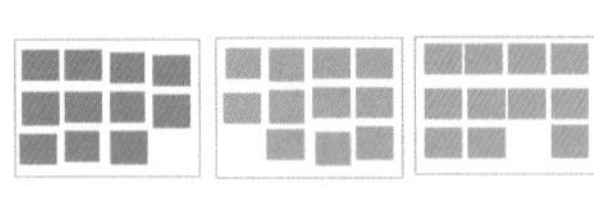

評価基準を文章化

CHECK

評価基準

完成！

毎月

6-2. マンダラ振返り

個人目標シートをみんなで振返り

これは達成で良いんじゃない？

これは別の目標に変えちゃおう！

目標達成

目標変更

他の人も振返り

1ヶ月前

6-3.360 度アンケート

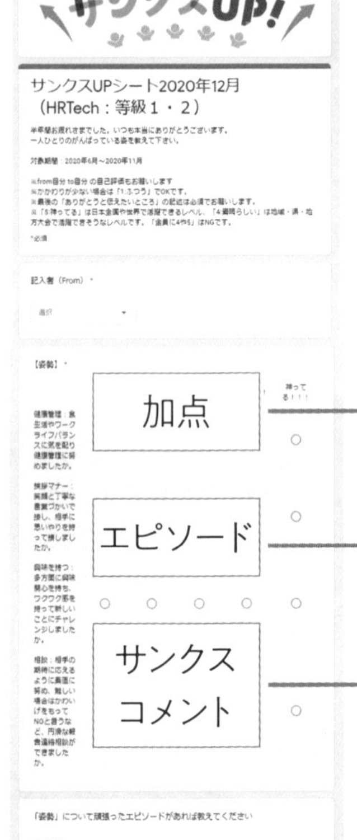

サンクスUP!

サンクスUPシート2020年12月（HRTech：等級１・２）

半年間お疲れさまでした。いつも本当にありがとうございます。
一人ひとりのがんばっている姿を教えて下さい。

対象期間：2020年6月～2020年11月

※from自分 to自分 の自己評価もお願いします
※かかわりが少ない場合は「1:ふつう」でOKです。
※最後の「ありがとうと伝えたいところ」の記述は必須でお願いします。
※「5:神ってる」は日本全国や世界で活躍できるレベル、「4:素晴らしい」は地域・県・地方大会で活躍できそうなレベルです。「全員に4や5」はNGです。

*必須

記入者（From）*

選択

【姿勢】*

神ってる！！！

健康管理：食生活やワークライフバランスに気を配り健康管理に努めましたか。

挨拶マナー：笑顔と丁寧な言葉づかいで接し、相手に思いやりを持って接しましたか。

興味を持つ：多方面に興味関心を持ち、ワクワク感を持って新しいことにチャレンジしましたか。

相談：相手の期待に応えるように真摯に努め、難しい場合はかわいげをもってNOと言うなど、円滑な報告連絡相談ができましたか。

「姿勢」について頑張ったエピソードがあれば教えてください

回答を入力

360度アンケート

みんなで褒め合ってお互いの価値を高め合おう！

365日応援のマンダラチャートを確認してがんばった姿を確認し合いましょう。できたことはみんなで褒めて達成感を味わいましょう！できなかったことは反省しなくてよいです。できそうなことを探してもらいましょう♪

3週間前

2週間前

毎年6月、12月

6-4. 評価と賞与分配 → 6-5. 1 on 1 面談 → 6-5. 1 on 1 面談

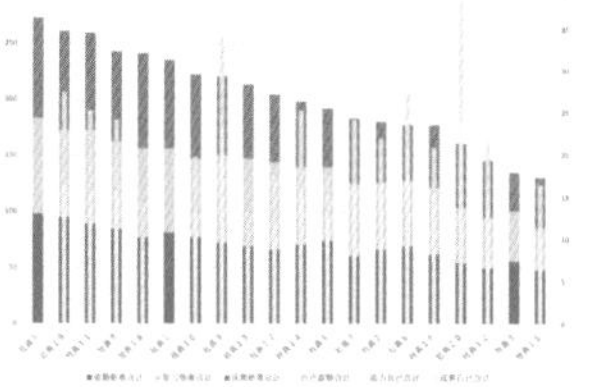

「聴く」ことを
大切にした
面談

賞与
最終調整

基本給
歩合など

評価

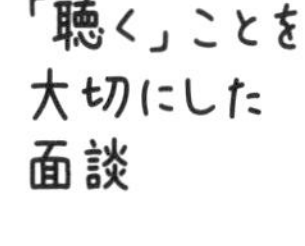

サンクスUP！シート

サンクスUP！は評価しない評価方法

360度アンケートには「加点」つまり「褒める」しかありません。**つまり評価ではなく「良いところ探し」**といえます。これは「減点」「叱る」よりも「褒めた」方が人材の成長につながるからです。ではまったく叱らなくてよいのか?というとそうではありません。教育学では、**叱るのが効果的なのは問題行動をした「そのとき」が原則**と言われています。半年に一度の査定のタイミングで叱っても逆効果です。ましてそれで賞与が減額されては権力を笠に着た攻撃行動と受け取られかねません。科学的に行動変容を促すためには「褒める」方が合理的なのです。

SESSION 6-1 評価基準仕上げ・言葉調整

360度アンケートを実施する前に評価基準づくりを仕上げましょう。幹部と経営者で最終的な「詰め」を行います。

経営者（後継者）　幹部社員

① 付箋でつくったものをデジタルデーター（Excel等）に取り込みます。

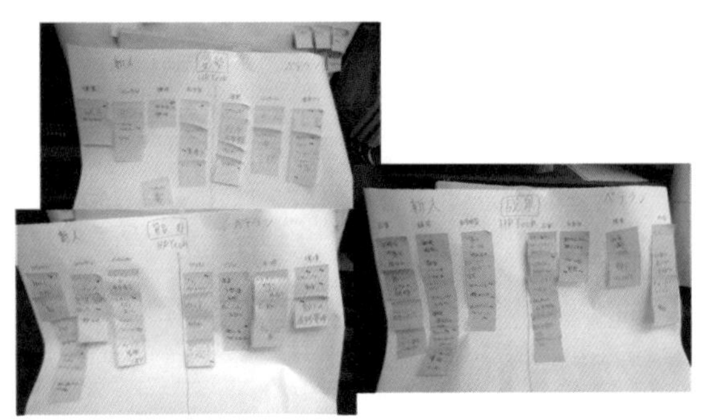

品質	計画性	環境	利益
未来に要望を持てるデザインを提供できたか	期日までに終了させる	社員満足向上	新規の売上
バグのないアプリケーション	プロジェクト管理	部下ひとりだち	利益を見込める見積
商品品質の向上			新規の顧客獲得
WEBサイトの品質担保			集客
顧客[illegible]次の紹介を頂[illegible]オリティ			
[illegible]入			

品質向上を図る取り組みを行い、ミスやクレームがなかったか。不具合が起きた際に、迅速に対応ができましたか。	プロジェクトを管理し期日までに終了させられるか	部下がひとりだちでき、やりがいを感じる事で満足度を向上させられたか	新規顧客を獲得し、見積もりを訂正につくり、利益につなげられたか。

CHECK

品質向上	計画性	従業員満足	利益
ミスやバグを未然に防ぎ、次の紹介を頂けるようなクオリティと未来に要望を持てるデザインを提供できましたか。	組織の年間計画を立て、毎月チェックを行い、PDCAを回すことでプロジェクト管理を行うことができましたか。	円滑なコミュニケーションの元、メンバーの能力やモチベーションの向上に努め、部下が独り立ちできるようサポートしましたか。	新規顧客を獲得し、利益を見込める適切な見積もりをつくり、組織の成長と発展に貢献しましたか。

成果	能力	姿勢
・ベテラン ・一般	→ ・ベテラン ・一般	→ ・ベテラン ・一般

② ベテラン（等級III IV）の「成果」から始めます。1つの評価文章に一人つき、付箋の文章を上から順番に組み入れる。その際、付け加えたり省いたりもOKだが、シールがついているものは必ず入れる。お互いの文章をチェックして修正し合う。

③ 経営者のチェックも入れて評価基準の文章にします。

④ その後、一般（等級I II）の「成果」

→「能力」ベテラン→一般

→「姿勢」ベテラン→一般

という形で言葉を紡ぎます。それぞれに時間を掛け過ぎないように気をつけましょう。

ファシリポイント

以下2つの文章の違いは何でしょう?

甲　新規顧客を獲得し、利益を見込める適切な見積もりをつくり、組織の成長と発展に貢献しましたか。

乙　新規顧客の獲得や、利益を見込める適切な見積もりの作成などで、組織の成長と発展に貢献しましたか。

2つの文章とも「組織の成長と発展に貢献したか」を問うていますが、「A.新規顧客獲得」と「B.適切な見積の作成」を2つの成果について、甲では両方達成しないと評価できず（A and B）、乙ではどちらか片方でもできれば評価できそうな印象（A or B）です。サンクスUP！は良いところ探しなので1つでもあればエピソードともに加点すればOKという立場なのですが、文章の正確さを気にする人であれば違う回答になりえます。なので文章の段階でなるべく「A or B」の表現をして差が生じないように配慮しましょう。

6-1. 評価基準仕上げ

実際にインフォポート合同会社 HR Techでつくった評価基準（2020年11月）

部署名：HR Tech

	等級Ⅰ・Ⅱ	等級Ⅲ・Ⅳ
姿勢	健康管理：食生活やワークライフバランスに気を配り健康管理に努めましたか。	広い視野：目前の課題だけでなく世界に目を向け、客観的で広い視点を持つことができましたか。
	挨拶マナー：笑顔と丁寧な言葉づかいで接し、相手に思いやりを持って接しましたか。	思いやり：常に部下に対して思いやりを持ち、丁寧な言葉と感謝の気持ちと笑顔で接することができましたか。
	興味を持つ：多方面に興味関心を持ち、ワクワク感を持って新しいことにチャレンジしましたか。	環境づくり：常に部下のタスクや状態を把握し、ワークライフバランスに配慮した指示、依頼を行うことができたか。
	相談：相手の期待に応えるように素直に努め、難しい場合はかわいげをもってNOと言うなど、円滑な報告連絡相談ができましたか。	指導力：部下の成長を見守り、チームの模範となるよう率先してチャレンジしましたか。
能力	ITスキル：自分自身でどういうスキルを伸ばしたいか考え、スキルを向上させることができましたか。	ITスキル：プログラミング技術について職務遂行に十分な知識を持ち、部下に指導できる力を身につけていますか。
	コミュ力：質問する力や話を聴く力、他人を頼る力をつけることができましたか。	ビジョン：未来に対して明確なビジョンと発想力でメンバーを鼓舞し、ワクワクさせる力がありますか。
	ビジネススキル：お客様の要望を聴く力、アポ取りやスケジュール調整力、顧客満足に貢献するフォロー力を習得できま	交渉力：お客様の要望を超える提案を行い、成果につながる交渉力を持っていますか。
	知識：IT技術・自社商品の知識を深める取り組みを実施し、自己成長に活かすことができましたか。	プロジェクト管理：メンバーの進捗をもとにプロジェクトの管理を適切に行う力、メンバーの目標をサポートする力がありま
成果	品質：入念なチェックを行い、サイト構築やイベント運営や事務処理をミスなく正確な状態で保つことができましたか。	品質向上：ミスやバグを未然に防ぎ、次の紹介を頂けるようなクオリティと未来に要望を持てるデザインを提供できました
	顧客満足：お客様の困りごとを傾聴し、ニーズを捉え積極的に新しい商品やサービスを提案し新たな顧客獲得に貢献しました	計画性：組織の年間計画を立て、毎月チェックを行い、PDCAを回すことでプロジェクト管理を行うことができましたか。
	自己成長：自分の目標を設定し、達成できる取り組みを行いましたか。	従業員満足：円滑なコミュニケーションの元、メンバーの能力やモチベーションの向上に努め、部下が独り立ちできるようサ
	生産性向上：余分な残業を減らすため、効率よく作業を進める工夫を行えましたか。	利益：新規顧客を獲得し、利益を見込める適切な見積もりをつくり、組織の成長と発展に貢献しましたか。

③ 出来上がった言葉が実際評価できるものかまずは自分自身でチェックしてみます。チェックポイントは右の3つです。

④ 実際に人物を思い浮かべて評価をしてみる。あまりにも部署（評価パターン）に難易度の差がある場合は調整する。

1. 他部署に比べて要求レベルは高くないか？
2. 同じような言葉や似たような表現が複数ないか？
3. 姿勢・能力・成果の内容のバランスが良いか？

等級I IIについては  を

 A部署 24点　B部署 25点

等級III IVについては  を

A部署 21点　B部署 22点

それぞれイメージして新しい評価基準でお試し評価してください

A部署18点　B部署 19点

 A部署 20点　B部署 22点

ポイント：最短1日でできる評価制度!?

ファシリテーター養成講座ではSESSION 2のあとにそのまま「6-1評価基準仕上げ・言葉調整」を行い、そのまま360度アンケートを実施します。常に最短を意識することで時間をかけない評価づくりをトレーニングします。

SESSION 6-2 マンダラチャートでの振返り

360度アンケート直前にチームのメンバーで半年間を振返りましょう。マンダラチャートの目標をみんなで見て、達成したかどうかチェックしましょう♪

定量目標のチェック（リーダーの振返り）

部門計画書を常に意識して常に行動修正を行う	岡、飯田、房延に相談に乗ってもらう	親業を磨く	基本情報技術者試験合格	データベースのスキル向上	IT系のセミナーに複数人で参加	荻野さんと飲み会に行く	元気よく挨拶	周囲をよく見れる上司
自分が管理しているチケットの管理を徹底	能力1 プロジェクト管理	問合せ対応の回答が適切だったかの会を定期開催	運行管理者試験合格	能力2 自分・部下のスキル向上	5W1Hができる雰囲気づくり	明るく周囲に話かける	姿勢2 尊敬される上司	常に元気・笑顔
営業をする際に、納期を把握する	毎日、朝会夕会を開催	部下の進捗管理を行う	自社商品の勉強会を開く	勉強会に一か月に一回は参加	部下と週に一回面談	部下の失敗を全力フォロー	真面目な姿を見せる	体調不良にならないようにする
新規顧客でも新人でもわかりやすい画面デザインにする	売上目標を年間7000万	月額費用を2022年2月までに月250万	目標 周囲から認められる幹部社員になる			定時でみんな帰れるようにする	幹部社員大学で学んだことをフィードバック	勉強会支援
AI技術とINFOシリーズを組み合わせる	成果1 運送・倉庫事業の売上UP・顧客数UP	ランディングページのインタビューページを増やす(7社)				体調が悪いときは遠慮なく休める	姿勢1 職場環境の向上	相談しやすい環境づくり
サポート体制の満足度を上げるため、属人化廃止	物流業界の人脈を作る	物流系のEXPOに行く	戻る			綺麗な職場環境	チーフ会議でどんどん職場環境の改善発表	社内イベント計画
運送・倉庫のインストラクターできる人を2人⇒4人に増やす	新規顧客依頼された試用環境づくりをコマンド叩けば完成する環境	営業についてきてもらい、議事録マスターになってもらう	2月までに10キロマイナス	毎日全力でラジオ体操	間食を週に3回以内	週に一回以上掃除機	友達との食事をする際に、妻を絡める	妻の趣味を応援
分からないところを分からないと言える人材にする	成果2 教育	データ修正、不具合対応を任せられる	お酒を週に3回	健康・スポーツ 結婚式でカッコよくタキシードを着る	ゴルフの打ちっ放しに行く	妻の機嫌を日々とる	趣味・家族 家庭と趣味の両立	週に1回以上は夕食を作る
仕様書を渡したらプログラム開発ができる	運送業界の知識UP	倉庫業界の知識をUP	健康診断に引っかからない	結婚式まで夕食を家で食事を摂る際には、サラダ・するめのみ	飲み物は糖分がないものを選ぶ	お小遣いを計画的に使う	麻雀を月に1回は許してもらう	アニメを月に2作品見る

定量目標とは上記だと売上7千万円、月額250満員、インストラクター 4人に増やすなど、数字で表される目標です。ポイントは以下。

- 数字目標は個人ではなくチームで考える。
- 責任も手柄もチームのおかげ。
- 目標は高めに。60%達成でOKにしよう♪

成果

売上目標 年間7000万円

残り期間で達成しそうか？
ほかの数字目標はないか？

見込み客 × 成約率 × 単価

●定量目標の達成度の考え方

a.90%以上 → みんなで達成感を味わう
b.60～80% → 右の方法で役割分担
c.50% → 難易度の見直し

私は見込み客を増やせるよう「SNSで発信」してみます。

じゃあ私は単価を上げられないか「新メニュー考案」してみるわ。

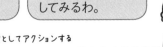

定性目標としてアクションする

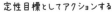

OKR×マンダラチャートで「野心的数値目標」にみんなでチャレンジ！

ファシリポイント

OKRは、GoogleやFacebookなどで導入された目標管理フレームワークです。定性目標（O、Objectives）と定量成果（KR、Key Results）を会社全体からチーム・個人目標へと落とし込み、神速CAPDで軌道修正しましょう。定量目標は大胆な数値を設定し、達成度60%でひとまずOKとし、次の作戦会議をします。定量成果を得るために何のアクションをするのか？マンダラチャートであれば各メンバーの目標が瞬時に共有できるためとても便利です。

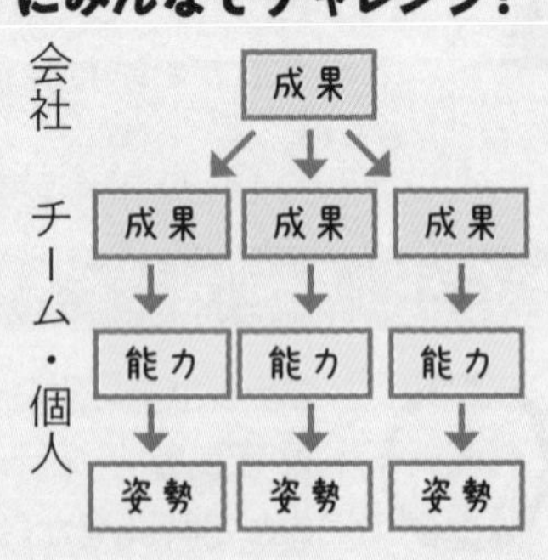

6-2. マンダラ振返り　毎日

定性目標のチェック（新人の振返り）

ググる	先輩に聞く	PHP	ググる	先輩に聞く	本を読む	勉強会に参加	本を読む	Excelを使えるようになる
本を読む	能力1 プログラムの基礎	SQL	勉強会に参加	能力2 IT用語を覚える	Progateをする	ググる	姿勢2 勉強をする	プログラミングを勉強する
勉強会に参加	タイピング	Laravel	ITニュース	英語の勉強	ITパスポート	やる気	先輩に聞く	ショートカットキーを覚える
綺麗なソースをかける	原因を調査できる	システムの知識	目標 落ち着いて行動できる人になる			会社の方々に感謝	ありがとう	忍耐力
IT用語をわかるようになる	成果1 1人前になる	プログラムの知識				はっきりとお礼を言う	姿勢1 感謝	持続力
問合せで用件をしっかり聞く	言われたことを理解できるようになる	指示された人に提案	戻る			家族に感謝	教えていただいたらお礼	自分から分からないところを聞く
サプライズ	サプライズ機能の提案	綺麗なソースを書く	食べ過ぎてもポジティブ思考で！	筋トレ	歩く	ATも運転する	電子レンジレシピを覚える	家賃を入れる
プログラム知識	成果2 楽しいシステムづくり	コメントを入れる	姿勢を正す	健康・スポーツ ダイエット	ラジオ体操をしっかりする	食器洗い	趣味・家族 母の負担を減らす	料理を手伝う
先輩に聞く	自社商品の勉強	お客様の声をきく	毎日ストレッチ	昼礼の運動をしっかりする	お水を飲む	節約	部屋の掃除	洗濯物をたたむ

定性目標とは数値化することが難しい行動や「姿勢」などに多い質的な目標です。とくに新人さんは、定量目標（数値目標）を入れ辛いケースが多く、自分自身の成長を成果と考えざるをえないことも。そんな中でも左記の定量目標を達成するためには何の能力を身につけるか、具体的にどんなアクションであれば自分でもできるかを考えましょう。そして上司・メンターは達成しやすいようにとことん寄り添いましょう。（下図）

成果　「一人前のプログラマーになる」ためには

ソースコードは見違えるくらい綺麗に書けるようになりましたね♪

具体的なエピソードで「達成」にしてあげる

言われたことを理解できる / **IT用語**がわかる / 原因を調査できる / プログラムの知識を得る / 問い合せで要件を聴く / 綺麗なソースが書ける / システムの知識を得る / 指示された人に提案

能力　「IT用語を覚える」能力を得るためには…

ITパスポート取れなかったけど運転免許をとれましたね。置換しましょ！

目標を置き換えて「達成」にしてあげる

英語の勉強 / 勉強会に参加 / 先輩に聴く / プログラミングを自習する / ITニュースをチェック / 検索する / 本を読む / ITパスポート / **運転免許**

姿勢　そのためには「感謝」の姿勢が大事

もっと聴けるように1日1回は質問タイムをつくってみますね。

具体的な援助行動を示し応援する

教えてもらったらお礼 / はっきりとお礼を言う / ありがとう / 持続力 / 問い合せで要件を聴く / 家族に感謝 / 会社の方々に感謝 / 忍耐力 / 自分からわからない所を聴く

ポイント：反省よりも達成を！承認と感謝がサンクスUP！の原動力！

右の２つの組織だとどちらに所属したいですか？心理的安全性のある組織とはどちらでしょうか？

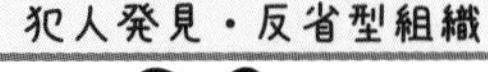

ヒーロー発見・承認型組織

犯人発見・反省型組織	他人から与えられた厳しい目標（ノルマ）	目標達成して「当たり前」（無反応）	未達成はみんなの前で反省と吊し上げ
ヒーロー発見・承認型組織	自分で決めた適度な目標（ゴール）	目標達成したら「ありがとう」承認と感謝	未達成はみんなで応援目標変更

360度アンケート

次にいよいよ実際に360度アンケートを実施します。なるべく「評価のばらつき」を抑え、同じ条件で同じ尺度にするため、注意事項をよく読んでもらいましょう。

サンクスUP！

サンクスUPシート2020年12月（HRTech：等級１・２）

半年間お疲れさまでした。いつも本当にありがとうございます。
一人ひとりのがんばっている姿を教えて下さい。

対象期間：2020年6月～2020年11月

※from自分 to自分 の自己評価もお願いします
※かかわりが少ない場合は「1:ふつう」でOKです。
※最後の「ありがとうと伝えたいところ」の記述は必須でお願いします。
※「5:神ってる」は日本全国や世界で活躍できるレベル、「4:素晴らしい」は地域・県・地方大会で活躍できそうなレベルです。「全員に4や5」はNGです。

*必須

【姿勢】*

	ふつう	頑張った	とても頑張った	すばらしい！	神ってる！！！
健康管理：食生活やワークライフバランスに気を配り健康管理に努めましたか。	◉	○	○	○	○
挨拶マナー：笑顔と丁寧な言葉づかいで接し、相手に思いやりを持って接しましたか。	◉	○	○	○	○
興味を持つ：多方面に興味関心を持ち、ワクワク感を持って新しいことにチャレンジしましたか。	◉	○	○	○	○

「姿勢」について頑張ったエピソードがあれば教えてください

回答を入力

「ありがとう」と伝えたいことを記述して下さい*

回答を入力

送信

① 経営者や役員が評価対象者全員に、メールや社内チャットで入力フォームのURLを送ります。その際以下を伝えます。
- 評価対象者を10人前後までにしておくこと
- 1時間程度で終わらせ2時間以上かけないこと
- その人についてよく知らない場合は初期値の「ふつう」のままでよいこと

② 他者評価よりも先に「自己評価」を済ませます。

③ 自己評価のあと、他者評価を入力していきます。以下の注意事項をよく読むように促します。

> ※ その人との関わりが少ない場合は「+1:ふつう」でOKです。エピソードも不要です。
> ※「+4：素晴らしい」以上をつける場合は必ずエピソードも書いてください。
> ※ 最後の「ありがとうと伝えたいところ」の記述は必須でお願いします。
> ※「+5:神ってる」は日本全国や世界で活躍できるレベル、「+4:素晴らしい」は地域・県・地方大会で活躍できそうなレベルです。
> ※「全員に+4や+5」はNGです。

④ 指定された人数分入力して終わりです。

⑤ 全員揃ったら計算プログラムを実行します。

⑥サンクスシートを印刷して面談日に手渡し、面談を行います。

サンクスUP！の加点スケールについて

	＋5：★★★★★	神ってる	Unbelievable	Global Hero
	＋4：★★★★	すばらしい	Brilliant	Local Hero
	＋3：★★★	とてもがんばった	Excellent	
	＋2：★★	がんばった	Great	
基準 ●	＋1：★	ふつう	Good	

次にいよいよ実際に360度アンケートを実施します。なるべく「評価のばらつき」を抑え、同じ条件で同じ尺度にするため、注意事項をよく読んでもらいましょう。

6-3.360 度アンケート　4週間前

従来の5段階評価との違いを回答者全員によく理解してもらおう。

よく「3」を基準に減点加点を行う方法をとりますが サンクスUP！はそれとは全く違います！

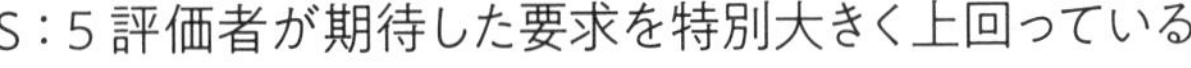

基●準

S：5 評価者が期待した要求を特別大きく上回っている
A：4 評価者が期待した要求を大いに満たしている
B：3 評価者が期待した要求どおりできた
C：2 評価者が期待した要求を下回った。
D：1 評価者が期待した要求を大きく下回っている。

サンクスUP！の「＋1：★」は上のD評価でもC評価（期待を下回った）でもありません。そもそも期待を下回ったかどうかは聴いていませんので。なので「＋2：★★」「＋3：★★★」も十分な評価と言えます。
逆に「＋4：★★★★」や「＋5：★★★★★」はあまりつけることはできないはずです。「＋4」は「Local Hero」。つまりその成果（能力・姿勢）は地域で大活躍するレベル。「＋5」は「Global Hero」。世界で活躍できるレベル。「＋4」や「＋5」がたくさんある人は、その業界で引っ張りだこで黄綬褒章を受賞するレベルになっているはずです。これを確認するため「+4」以上の場合は必ずエピソードを書いてもらい妥当性を検討してください。

エピソード：新人は「＋4」や「＋5」をつけがち？

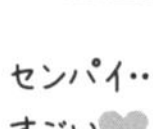

入社したばかりの新入社員は、どのようにつけたらよいかわからないこともあります。なかには先輩社員を尊敬するあまりALL「＋5」をつける新入社員も過去にはいました。その先輩が本当に世界で活躍するレベルであれば問題有りませんが大抵はそうではありません。こうなる前にはじめて360度アンケートをする人には「加点スケール」（左下図）についてよく説明しておいてください。

オンラインだと1日で評価基準づくりから面談までできる！？

サンクスUP！オンラインでは最速5時間で「SESSION 2 評価基準づくり」と「SESSION 6 360度評価」を体験できるコースも実施中。評価基準の文章づくりにいつまでも悩むより、実際に自分が評価されて面談を受けてみた方が評価基準の問題点がよくわかります。詳しくは公式サイトへ。

SESSION 6-4 評価と賞与の分配

では実際に賞与査定の際に、サンクスUP！360度評価の結果を使って金額をどのように分配するか？
そしてやる気スイッチをいかにUP！していくかを解説します！

職種別に大きく3つに分類される。A.変動型は360度評価の「成果」「能力」「姿勢」で金額を大きく決めてしまうもの。営業や販売など自分が動けば動くほど結果が都度ついてくる職種タイプにオススメです。B.バランス型は動く実感はあるが結果に長い年月がかかるものが向いています。生活保障である基本給ベースにしたものを入れて心理的安全性を保ちます。C.安定型は直接の売上に影響しにくい公務員タイプに向いています。もちろんこのパターンに限定する必要もなく、成果・能力・姿勢の割合をチューニングすることも可能です。

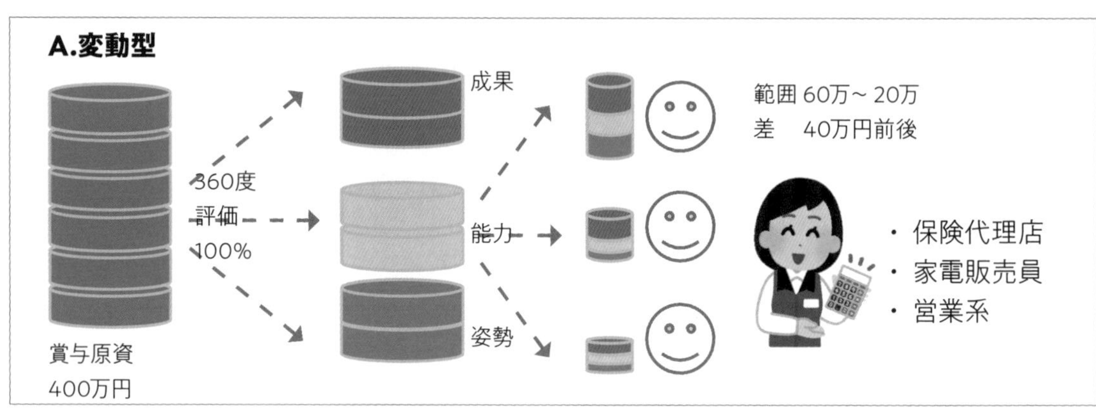

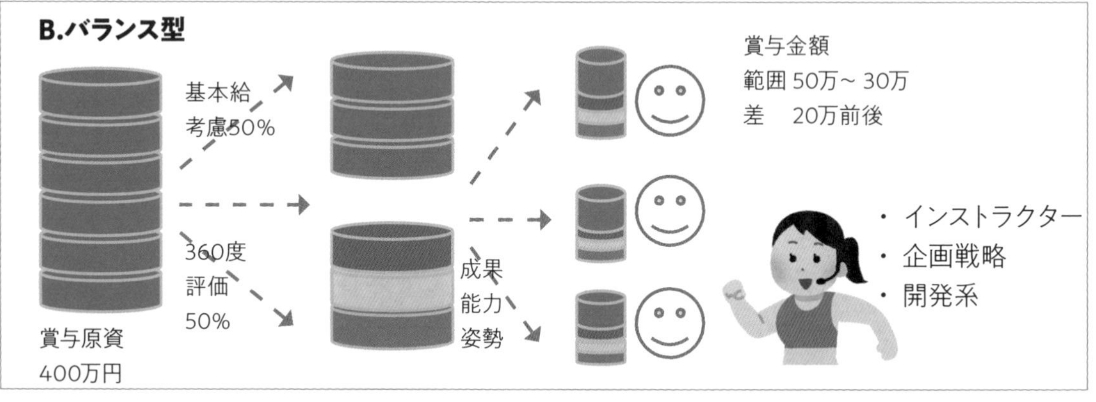

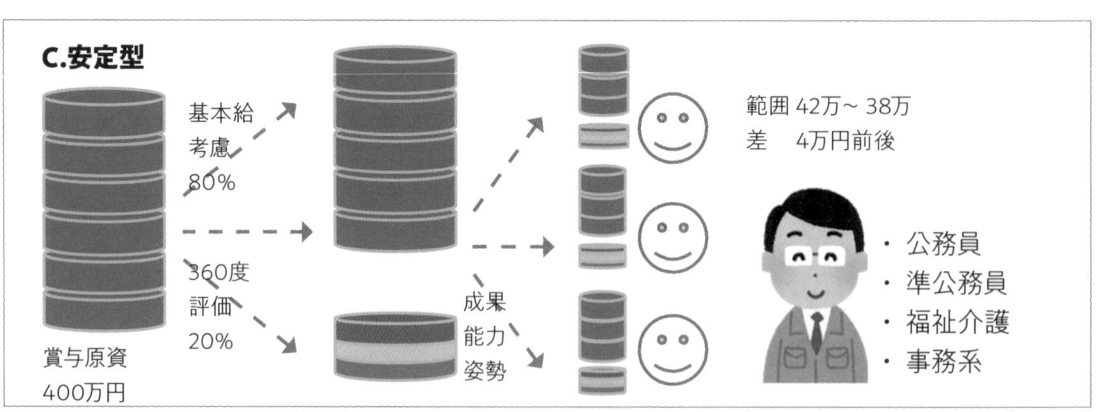

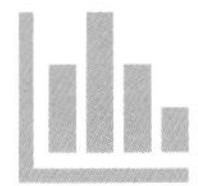

6-4. 評価と賞与分配

3週間前

右の図はある企業のサンクスUP！360度評価の点数をグラフ化したものです。この差をどこまで金額に反映するかは企業の方針しだいです。金一封ウン円程度の差に留めることもできますし、数十万単位の差に拡げることも可能です。ただし、金銭的報酬をやたらに高めることはかえってやる気を下げてしまうことにもつながります。それは次の理由からです。

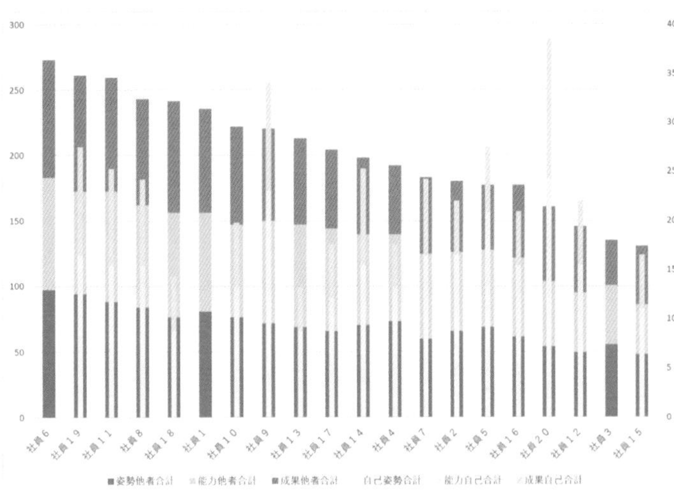

●お金でモチベーションが上がるとは限らない!?

多くの学術研究が単純に報酬金額を上げても仕事のモチベーションが上がるとは限らないことを警告しています。逆に下手にお金をあげてやる気を失ってしまうことも指摘されています（アンダーマイニング効果）。せっかくやる気出してがんばっているのに「社長に札束でほっぺをしばかれてもなぁ」となってしまいます。逆に自分が狙った結果・自分の努力や能力の結果だと感じれば、金銭的インセンティブがさらなるモチベーションUP！につながると言われています。

●モラール（志気）を上げよう！

モチベーションは「個人のやる気」を意味するのに対し、「集団のやる気・士気」をモラールと言います。モラールを高めるためには①職務満足、②集団の誇り、③昇進昇給の機会の公平性、④会社との一体感の4つが挙げられます。サンクスUP！では「1.研修」でこの4つを見える化し、「2.日報」で毎日高めあい、「3.360度評価」で実感することを目的とします。

承認と感謝（サンクス）でモラールを向上させる（UP！）。これこそがサンクスUP！の目的です。

ファシリポイント

評価は加点方式！でも賞与は分配方式!?

サンクスUP！は評価は加点方式ですが、実際の賞与金額は加算ではなく分配にします。そうしないと業績よりも報酬を支払うことになりかねません。なのであらかじめ「賞与原資は粗利（≒付加価値）の65%」などと宣言しておくと社員の納得感が増します。ただし前提としてこまめに経理精算を行い、決算書を公開するなど透明性が不可欠となります。

SESSION 6-5

1on1面談

できあがったサンクスUP！シートは経営者や役員さんが面談をもとに一人ひとりに手渡ししましょう。これは「ありがとう」が詰まったプレゼントです♥

	姿勢				能力				成果				合計
	1	2	3	4	1	2	3	4	1	2	3	4	
他者評価	11	10	7	8	5	12	11	5	8	9	10	11	107
	★★	★★	★	★★	★	★★	★★	★	★★	★★	★★	★★	★★
自己評価	★★★★	★★	★★	★★★	★★	★★★★	★★★	★★	★★	★★★★	★★★★	★★★	★★★★★
エピソード	情報感度がすごいです！ 名実ともに …フォポートの船頭です。／展示会…収集力すごかったです。／コ…響もある中いつでも前向きに…たと思います。／さすがITのプロフェッショナルと思わせる情報量を持っていて、勉強をすごくしているんだろうなと尊敬します。／トゲトゲしさのないオーラで良い空気を作ってくれています				楽しいことへの貪欲さが人一倍だと思います。／幅広い人脈と前向きな気持ちで周りを明るくしながら問題に立ち向かわれていると思います。／提案力が抜群で、いつも勉強になっています。周りをその気にさせる、わくわくさせる行動の起こし方がうまいなと思います。／サンクスUP研修では一人で提案、準備、実施、フォローを回しており尊敬しております。				年後半はサン…た！／顔の広さヤバイで…すが社内の…が前向きに…す。／サンクス…と、みんなわくわくするゲーム感覚の仕組みでさすがだと思います。／幹部候補として柳瀬さんの成長サポートをされ、会社組織の底上げに動いてくれました。				

エピソードを読み上げる

★の差が大きいところに着目

みんなからありがとう
社内全員に対して心配りをし続けていくださいます。ありがとうございます！
期待して頂きありがとうございます。ご期待に添えるようこれからも頑張ります。
テレワーク時代の働き方についていち早く考えていただきありがとうございます。
いつもランチミーティングありがとうございます！松山さんのお陰で働きやすい環境が築けていると思います。
反抗的な新入社員ですが怒らず籍置かせて頂き、ありがとうございます<(_ _)>
松山さんは話をすすと刺激がもらえる存在です。いつもありがとうございます。
いつも家族丸ごと応援していただき、ありがとうございます。大変なことも多いですが社内が明るいのは松山さんのが前向きだからだと思います。いつもありがとうございます。
社内をまとめ、円滑なコミュニケーションを行える環境を作ってくれました。

ありがとうがいっぱい♪

うれしい

サンクスUP！シートは読むだけでも十分効果があります！中には感動して泣いちゃう新人さんもいます

POINT 1：指導よりも「傾聴」して、反省よりも「内省」を促そう。

傾聴とは耳を傾けて聴くことです。それには①うなずき ②繰り返し ③言い換え が効果的です。相手の気持に寄り添いましょう。指導（忠告、説教、非難など）してしまうと社員の防衛的な態度を誘い、考える力を奪ってしまう危険性があります。反省とは過去の過ちを二度としないように考えることですが、そもそもサンクスUP！シートには過ちは記載できないので反省は不要です。そのかわり内省しましょう。内省（Reflection）とは、自分のしたことを客観的に振り返ることです。それには ①できごと、②他者と環境、③自分自身について の3つの視点が重要です。そのためには「加点」された自己評価と他者評価に着目してみましょう。

うなずき

繰り返し

言い換え

傾聴

90°

内省

できごと

他者と環境

自分自身

POINT 2：自己評価と他者評価の★の差に注目して内省を促そう

「開放の窓」タイプ

	項目
他者	★★★
自己	★★★

自分も知ってる
他人も知ってる

このエリアを拡げよう！

「盲点の窓」タイプ

	項目
他者	★★★
自己	★

自分は知らない
他人は知ってる

他人のフィードバックを受け入れてみよう

「秘密の窓」タイプ

	項目
他者	★
自己	★★★

自分は知ってる
他人は知らない

まず自分が行動してみんなに知ってもらおう

「未知の窓」タイプ

	項目
他者	★
自己	★

自分も知らない
他人も知らない

未知の能力獲得にチャレンジしよう！

自己分析モデル「ジョハリの窓」で考えると、左上の窓「開放の窓」を拡げていくのが基本といえます。そのために具体的にどうするか？下のエピソードを御覧ください。

エピソード：オープンクエスチョンで相互理解を深めよう

	項目
他者	★
自己	★★★

そんなこと？

えー!?
そんなことで？

責任感の自己評価が「3」に対して他者評価「1」だった新入社員サトシ。経営者が「どう思いますか？」と質問。「ちゃんとやってますけどねぇ」とどうも腑に落ちない様子。そこで経営者が「遅刻が多いからかも？」と気になっていたことを指摘。すると「えー？そんなことで？」と意外そうなサトシ。彼の中では遅刻は大した問題ではないようだったが、他人から見ると大した問題だったと説明。

	項目
他者	★★★
自己	★

落ち着かないんです！
落ち着かないと感じるんですね…

一方、いつも周囲から高評価を受けるのに自己評価は低い中堅社員のあやねぇさん。面談で経営者が「次は自己評価を上げてみては？」と薦めてみると「それはやりたくないです。逆に皆さんが私をこんな評価をしてくれて自分じゃない気がして落ち着かないんです」と抵抗感。サンクスUP！では自己評価は賞与金額に影響を与えないので、ここで無理に賞賛すると逆効果と判断し、繰り返しで寄り添う。

ファシリポイント

自己像（セルフイメージ）は人それぞれ。評価によってその像を無理やり変化させるのではなく、ジョハリの窓をイメージして①できごと（エピソード）とそれについての②他者の言葉を確認し、③自分自身を見つめ直すキッカケを提供しましょう（→内省）。評価ではなく共育が目的です。

ザブローさん、自己アピールが得意だったり、逆に苦手だったり…。世の中にはいろんな人がいるんですね。

かずさん、そうなんですよ！ その、デコボコな個性を活かすためにはお互いの長所で補い合うというのがサンクスUP！ の考え方なんですね。たとえば石垣でいうと右の石垣ですね。

A.全員が標準的に出来る組織

同じ形に加工された四角いブロックを積み重ねていくチーム作りはバランスが取れ、チームあが組みやすい。

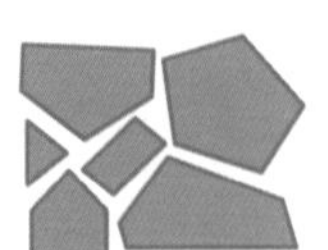

B.弱みを強みで補完する組織

バラバラの形のブロックを積み重ねていくチーム作り。十人十色の多様性を生かしたチーム作りができる。

もちろんAで働ける人の方が「どこにいっても通用する」人材になれます。でもそのためには苦手を克服し出過ぎた所を削って「均一化」しなければなりません。一方Bはデコボコの形をいかにピタッっと合わせて強固な組織をつくっていきます。もちろんこれは大変ですが、メンバー同士で弱点を長所で補い合うのでより強い連帯感が生まれると考えています。

なるほど、石垣ですか。ザブローさん、うまいこと言いますね！ これもザブローさんが考えたんですか？

いいえ、社員さんが考えてくれました。私は人に伝える表現っていうのはどうも苦手で…。

ザブローさんの強烈でデコボコな個性を補う社員さんってきっとめっちゃ優秀なんだろうな。石垣モデル…説得力ある…！

Chapter 6

サンクス UP！活動履歴

ファシリテーター紹介

導入企業紹介（実績）

スペシャル座談会

用語集

ファシリテーター紹介

いっしょに働くを
ゲーム化しましょう！

松山将三郎（ざぶろー）兼現役IT会社経営者

2度のリストラ体験をもとにサンクスUP！を開発。19人の中小企業の現役の企業経営者でもあるので、経営課題や組織経営の悩みなどを共有してもらえるとお役立てるかもしれません。元ソーシャルゲームのディレクションもしていたので、評価制度の設計やチューニングもお任せください。

中村亜依（あいちゃん）兼婚活アドバイザー

男女の縁結びのプロでもあるあいちゃんは社員と経営者のこじれた関係を修復するのも得意です。本当は社員さんのことが大好きなのになかなか素直に伝えられないストイックな社長さんに最適なプランを提案します。意外と姉御肌なのでシャイな男性社員が多い企業さんはお気軽にご相談ください。

佐伯直子（アマルちゃん）兼動画ディレクター

広告業界に長く携わったアマルちゃんはプロモーションやイメージ戦略が得意です。明るく朗らかに包み込むようなフューチャーセッションの説明トークには定評があります。会社のブランディングやモチベーション向上が得意です。

※ 2021年3月現在 登録認定ファシリテーター 8名在籍

サンクスUP！公式サイト紹介

アクセス方法

サンクスUP！公式サイト
https://39s-up.com

サンクス UP！

サンクスUP！オンライン
https://app.39s-up.com

公式サイトでは、サンクスUP！の最新情報や事例紹介、開発者ブログなどお役立ち情報が満載！

ファシリテーターや販売パートナー、サンクスUP！導入のご相談もお問い合わせからお気軽にお尋ねください。

情報発信媒体

- メールマガジン
  「働くをゲーム化するメルマガ」
- Facebookコミュニティ
  「サンクスUP！ムーブメント」
- You Tubeチャンネル
  「サンクスUP！チャンネル」

特設サイト期間限定OPEN！ https://39s-up.com/special2022/

書籍出版記念特設サイトOPEN！サンクスUP！の最新情報や評価基準づくりに便利なEXCELシートをダウンロードしてご活用ください。

便利なツール

- マンダラチャート®シート
- 評価基準づくりテンプレート
- 評価金額賞与反映テンプレート

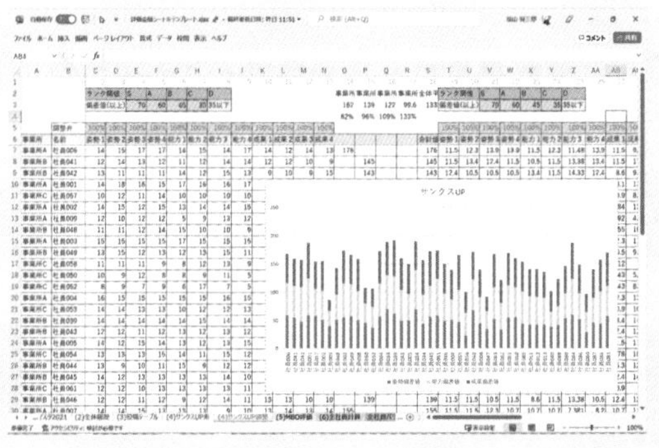

認定ファシリテーターのキャリアマップ

サンクスUP！における認定ファシリテーターは大きく4つの階級（クラス）に分かれています。

LV4 プロフェッサー

LV3 マスター

LV2 サブマスター

LV1 アシスタント

LV1 アシスタント	LV2 サブマスター	LV3 マスター	LV4 プロフェッサー
・認定ファシリテーター養成講座を修了	・研修アシスト経験 ・月例ミーティングに参加 ・セッションを担当し成功 ・マスターの推薦	・１～４のセッションを成功 ・オンラインサポートを成功 ・プロフェッサーの推薦 ・外部セミナーを受講（人間関係）	・評価制度構築し成功させる ・認定ファシリテーター養成講座の講師経験 ・経営の知識と実践 ・外部セミナーの受講（ゲーミフィケーション）

条件を満たすとどんどんステップUPしていくんですね。

この「外部セミナー」ってどんなものがありますか？

私が学んできた厳選の研修であったり、他のファシリテーターさんが学んだおすすめのセミナーです。

これは、外からの知識を取り入れることがとても大事だと思っているからです。この辺は随時追加していこうと思います。

階級昇格に必要な外部セミナーの例

- 親業・ゴードンメソッドに関するセミナー
- 自己実現の人間関係講座
- ゲーミフィケーション協会の講座
- マンダラチャート認定講師セミナー
- 経営指針や経営計画に関するセミナー
- 幹部社員の育成研修

認定ファシリテーターのキャリアマップ

	広報	営業	研修	応援	評価	スキルレベル
プロフェッサー	情報発信メディア出演	拠点づくり	ファシリテーター養成講座を開ける	ITを活用した組織改革を指導できる	評価制度を構築することができる	Ⅳ
マスター	SNSでの発信	営業から成約まで責任を持って実行	単独ですべてのセッションができる	IT活用の提案ができる	360度評価の営業ができる	Ⅲ
サブマスター	導入企業の事例報告	営業同行・フォロー	いくつかのセッションと研修準備ができる	アフターフォローでサポートができる	360度評価の紹介ができる	Ⅱ
アシスタント	SNSで発信できる	サンクスUP！の知識習得	研修方法の知識がある	オンラインの知識とITスキルがある	360°評価の知識がある	Ⅰ

認定ファシリテーターになったら「広報」「営業」「研修」「応援」「評価」の5つの仕事（タスク）を、それぞれの役割に応じて分担して担当してもらいます。

プロフェッサーとは
サンクスUP！を世に拡め情報発信する伝道師（エヴァンジェリスト）。経営者の悩みを解決し、公平な会社組織の構築と評価制度の設計ができ、マスターを育成できる能力を持つ。

マスターとは
単独ですべてのセッションを実施でき、オンラインでのアフターフォローも行うスペシャリスト。サブマスターとともに現場に立ち、イノベーションを起こす場づくりを行う。

サブマスターとは
マスターの補佐役。営業同行し説明し、いくつかのセッションを担当し、研修後はITと人事の相談役として現場に寄り添う。アシスタントとともに現場の段取り・準備を整える。

アシスタントとは
認定ファシリテーターとなったスタート地点。まずは1回でも多く現場に立ち、知識を体験として蓄積し、自分の役割を知ることが重要。

実績1 株式会社ゴーアヘッドワークス

企業名：株式会社ゴーアヘッドワークス
事業内容：グラフィックデザイン業及び印刷業、デザインコンサルタント業、店舗の設計、店内デザイン施工、ホームページ企画、制作、運営、管理及び委託業、ワークショップ及び講演会の講師業
設立：2014年8月1日
URL：https://www.goaheadworks.com
社員数：5名
経営理念：私達は、新しい価値観でデザインを創造しゴキゲンな世の中をつくり続けます。
担当ファシリテーター：松山将三郎
導入目的：地域のデザイン会社として、お客様の頭の中にあるイメージを形にしているゴーアヘッドワークスは、デザイナーのプロ集団。今回、減点しない加点のみの「サンクスUP！360度評価」と10年後の未来ビジョンをみんなで考える「未来編集会議」に興味をいだき研修導入を決定していただきました。

SESSION 1 未来編集会議「10年後は 飛騨高山をデザインの街へ宣言」

見てください。こんなに素晴らしくて素敵で楽しい新聞がなんと30分でできました。さすがデザイン会社さんというところですが、それだけではなく、ゴーアヘッドワークスさんはスタッフ同士の信頼関係が築けていて、未来の新聞の課題が出されると、最初から役割分担を行い、だれが何を書くのか？どういった文章を書くのか？を決めて分担して作業していました。

文章内容もお互いの個性や興味関心をネタにした10年後の記事が出来上がっているため、読ませる内容に仕上がっています。ふだんからコミュニケーションを大事にしているのがわかります。ただ、これを標準にしてしまうと他の会社さんのハードルが上がってしまうため、あまり紹介しづらい、そんなふうに思ってしまうほど素敵な新聞ができました。

SESSION 2 評価基準「評価基準づくりは理念浸透のバロメーター？」

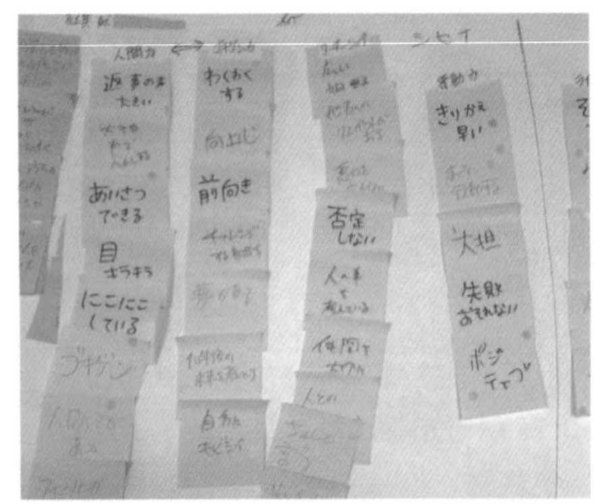

経営理念にもある「ゴキゲン」という言葉。これは定義があり、「社業を通じて、全社員が夢を持ち、楽しそうに笑顔で、仕事をしいつもワクワクしている様子」を指すそうです。

まさにその理念が浸透しているのを象徴するようにSESSION 2の評価基準づくりでは当然のようにゴキゲンという言葉が出てきました。社員さんとつくる評価基準づくりは経営理念が浸透しているかどうかも試されています。

SESSION 3 キャリアマップ「普段の助け合いがオンライン研修でも反映されました」

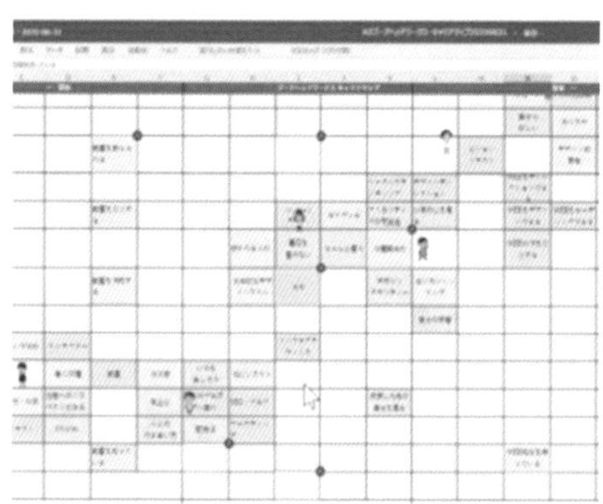

SESSION 3はコロナの影響を踏まえて現地でのリアル開催ではなく、ZoomとMicrosoft Excelを使ってのオンライン研修となりました。ふだんからのオンラインによるコミュニケーションを行っていて、かつ社員同士の信頼関係が構築されている会社さんなので、とくに問題なくスムースにSESSIONは進みました。デザインスキルや仕事の進め方についてお互い教えあって助け合っていることがよくわかる内容でした。

SESSION 4 ミッション宣言「マンダラはExcelの方がやりやすい！？」

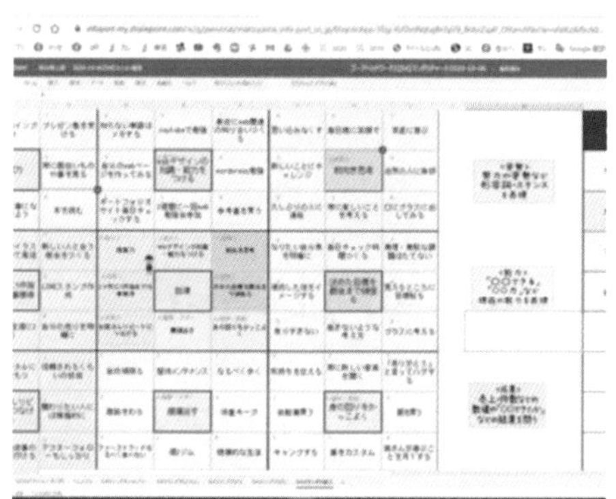

SESSION 4もオンライン。Excelでつくるマンダラは、コピペやすく、書き直すことも容易なため、むしろリアルよりもやりやすかったかもしれません。何よりマンダラで自分のミッションを宣言した後の「協調アクション」がみなさんどれも素晴らしく、チームのために役に立ちたいという思いがあふれるすばらしいSESSIONでした。

ゴーアヘッドワークス 蒲優祐さま（代表取締役）より

いつもなんとなくのイメージで考えているところが、あらためてしっかりとみんなと共有できました。4回のセッションでどんどん具現化させられるので、すごいいいなぁと実感しました。

1つ1つのセッションで全員の目標をあらためて確認して、「同じ価値観なんだ」っていうことを共有できたのですごくよかったです。

そういう時間をファシリテーターさんに作ってもらってとても感謝しています。あの4回のセッションを終えて、あそこからさらにチームとしての結束力が固まりました。共有した価値観をしっかりと形に残せたのがとてもよかったです。うちの経営指針書にもしっかりと取り入れさせてもらいます。

担当：松山将三郎

本当に素敵な会社でした。会社の理念の中にあるゴキゲンというキーワードが合言葉として社内に浸透していたので研修の中でも何度も登場しました。そして、助け合う姿勢が素敵で、デザイナーとしてのお互いの技術を認め合いながらも刺激しあっている様子がよくわかりました。サンクスUP！のメインビジュアルはゴーアヘッドワークスさんにお願いしていますが、なぜこんなによいデザインができるのか、秘密がわかったような気になるセッションでした。

実績2 社会福祉法人 宮共生会

企業名：社会福祉法人　宮共生会
事業内容：就労継続支援A型、就労継続支援B型、就労移行支援、生活介護、共同生活援助、相談支援、日中一時支援、共生型通所介護
設立：2001年8月
URL：https://miyakyoseikai.or.jp/
社員数：168名
担当ファシリテーター：松山将三郎、中村亜依
経営理念：宮共生会は障害のある方の自立支援を推進します。 障害のある方が、地域と共助共存しながら生活できる共生社会の実現を目指します。
導入目的：障害のある方の就労支援や福祉相談を行う福祉法人 宮共生会は、農業・カフェ・食品加工などさまざまな事業を就労支援で展開し、年商5億に到達したとてもユニークな福祉法人です。代表理事長の原田氏は、障害のある方と共生する社会の実現、という10年ビジョンを掲げ、そのために年商20億という高い目標を掲げています。その達成には20名ほどの幹部・事業リーダーとのビジョン共有と目標管理が必須だと考え導入を決定しました。

SESSION 1 未来編集会議「経営者の高い数値目標を各事業リーダーがドリルダウン！」

福祉法人で20億を稼ぐ。この難しいミッションを実現するためには、ふわっとしたビジョンではなく数字まで落とし込む内容が必要です。未来の新聞を見ていると「楽天総合ランキングNO.1」「社会法人で異例！働きたい職場全国8位」「工賃月15万円」「サポーター数（スタッフ）500名」「1日2000食など」など、それぞれの事業リーダーが具体的な【成果】をが描かれています。そして、シニアの活躍（オールドルーキーで球界入！?）やバリスタ大会で優勝、事務長に孫が生まれるなど人間性を描いた記事もきちんと入っています。特筆すべきはこの2つの新聞を書くのに30分以内できっちり書けたことです。ふだんから、数字目標を達成するために何が必要なのかを幹部の方が考えていることがよくわかります。

SESSION 2 評価基準「異なる事業の幹部同士だからこそ大切なコミュニケーション」

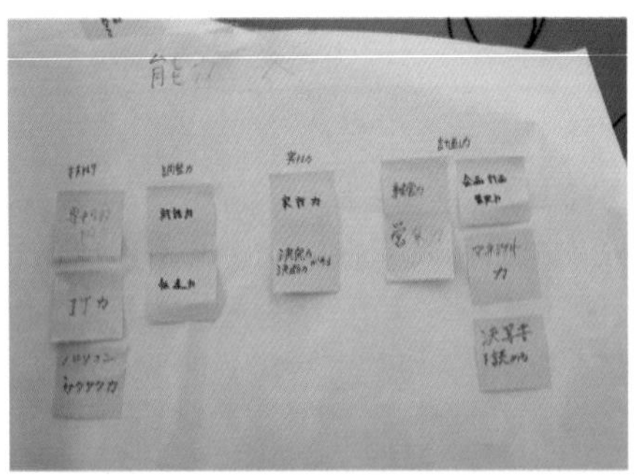

幹部同士の評価基準はなかなか難しいものがあります。とくに今回のケースでは福祉系の相談事業と収益を成果として見るカフェや商品販売などがごちゃまぜな組織ですので、求められる【能力】が違います。どうしても「経営力」や「実行力」などの漠然とした基準になりがちです。それでも、「うちの法人に求められる経営力とは何だろう？」「決断力とはどんな決断をしなければならないだろうか？」とディスカッションをすることによって幹部同士の意思共有の機会をつくることができます。

SESSION 3 キャリアマップ「高い理念実現のために地図を描き続けよう」

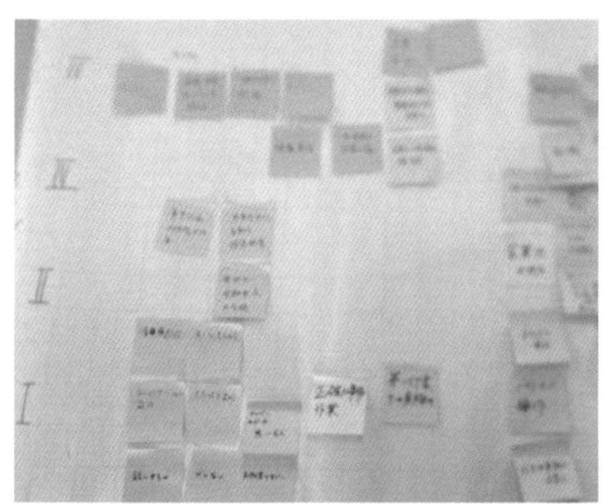

SESSION 3とSESSION 4は3か月以上空いたので前回作った成果物「未来の新聞」と「タスクツリー」を見ながらのおさらいからスタート。未来に描かれた「年商20億円」という高い目標を達成するためには、やるべきことを根本から見直さなければなりません。今までのことをそのままやっていても、望むべき未来は訪れないことが「キャリアマップ」を見ればよくわかります。そのキャリアには「各事業所が事業計画を考えられる」「組織化」などの【能力】が必要で、そのためには「ぶれない」「話しやすい」「知識」などの【姿勢】が大事だということをマップ上で確認しました。ただし、このセッションで終わりでは有りません。ゴールへの地図を描き続けることが重要なのです。

SESSION 4 ミッション宣言「結論は『理事長に頼らない』!?」

キャリアマップで道筋を考えた後は、最後は個人目標としてマンダラチャートに落とし込みます。幹部同士で共通の目標と、事業リーダーとして違う目標をそれぞれ掲げ、全体として宮共生会の目標がまとまりました。そして、マンダラで自分のミッションを宣言した後の「協調アクション」がみなさんどれも素晴らしいものでした。中でも印象的だったのが「理事長に頼らない事業経営、引退に追い込むようにします！」との宣言。信頼しあっているからこそ「任せてほしい」と幹部一人ひとりが考え、主体的に動く組織。その幹部の意識の高さを実感できるすばらしいSESSIONでした。

宮共生会 原田良太さま（代表理事長）より

サンクスUP！の研修はとても前向きな気持ちで終われる研修であると感じています。今回は幹部層の研修で活用させてもらいましたが、組織課題を感じている部門によっては、部門ごとに本研修を活用し、改めて自部門の目的や目標を確認し、チームで前に進んでいくという気持ちを新たにするためのきっかけ作りにも寄与出来るのではないかと感じました。 今回参加した各事業所長から、本研修を自分の事業所でやらせてくれ！といった声が上がることを期待しています。

担当：中村亜依

社員さんの研修と違って幹部さん向けの研修は具体的な数字目標が出てくるのが特徴的でした。幹部さんがどのように考えているのか？ 理事長がどのようなビジョンをみているのか？ふだん忙しくてなかなか会えないからこそ、効率的にかつ効果的にお互いを知る機会がとても大切ですよね。サンクスUP！のフレームワークがお役に立てたならとても嬉しいです。

実績3 株式会社大門

企業名：株式会社 大門事業
内容：一般区域貨物運送業国内梱包及び輸出梱包、重量物運搬並びに諸機械据付、解体鉄金及び機械加工、特定労働者派遣事業
設立：昭和40年5月
URL：http://www.e-daimon.co.jp
社員数：55名
担当ファシリテーター：松山将三郎　中村亜依　藤田廣昭

導入目的：評価制度導入のため経営理念：株式会社大門及び有限会社クリエイト・ディは、全社員の物心両面の幸福を追求し、一、あらゆることに最善を尽くし、常にお客様の繁栄に寄与することをモットーとします。一､常に新しいことにチャレンジし､お客様から必要とされる企業を目指します。一､企業価値を高め､社会の進歩発展に貢献します。

SESSION 1 未来編集会議「全自動化達成で給料大幅UP!!」

今回は、梱包やフォークリフト・クレーンでの作業といった現場作業をされている社員さんへのセッションで、比較的若い社員さんが多い印象でした。正直、普段は現場で身体を動かす仕事が中心なのでこういった研修は戸惑いがあるかなと思っていました。ただ、アイスブレイクでの準備体操からストーリーテリングトリオでそれぞれの夢を語っていく中で肩の力が抜けてきたのか、自由な発想で対話も活発化していき、最後はこんなに素敵な未来の新聞ができました。「文春KD」というインパクトがあるタイトルもさることながら、全自動化達成で給料の大幅アップを達成するという夢のある新聞になったと思います。

SESSION 2 評価基準「会社が求めているのは梱包作業だけ？！」

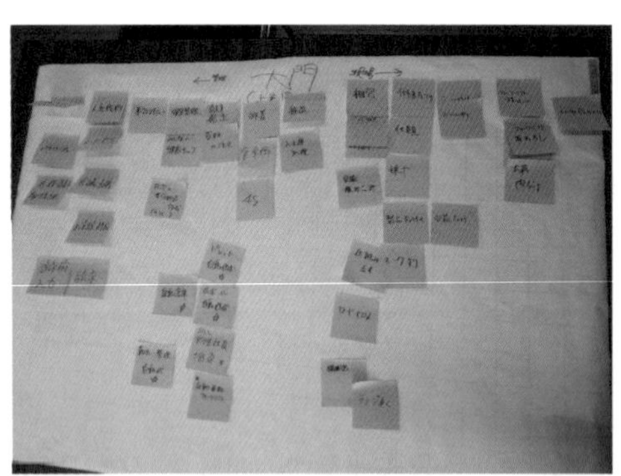

SESSION 2 の評価基準の作成は、会社で求められている成果・能力・姿勢を洗い出していくセッションです。梱包やフォークリフトといった普段の仕事に直結するものはイメージしやすいのかどんどん出てきていましたが、「それ以外に必要なものは…?」となってくると､だんだん付箋を貼っていく手の動きが鈍っているようでした。それでも､「現場作業をするには強い足腰が必要だよな」とか「現場の雰囲気をよくするためにも笑いは必要」といった感じで発想を広げていって模造紙がたくさんの付箋で埋まっていきました。未来の新聞にある「全自動化達成」のための「ダンボール自動作成」「パレット自動作成」といったものもちゃっかり入っていました。

SESSION 3 キャリアマップ「普段こんな新人・先輩と一緒に仕事がしたい」

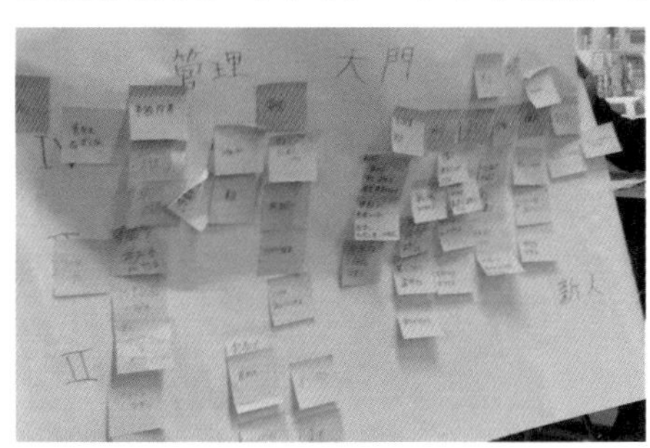

SESSION 3は、SESSION 2で作成した評価基準を元にキャリアマップを作っていくという若干難易度の高いセッションです。現在の自分の立ち位置だけでなく、「新人さんが入ってきたらこうしてほしい」「先輩にはこういう対応をしてほしい」といった想像力を働かせながら作成されました。出来上がったスキルマップによると、「新人さんはまずは梱包とか基本的な仕事を素直な気持ちで学んでいってほしい」、「ベテランになると、安全のことも考えてほしいし、部下のフォローもしてほしい」といった人物像が浮かび上がってきました。

SESSION 4 ミッション宣言「給料大幅UP!!へのラストスパート」

朝から続いた1 DAY セッションもいよいよ最後のセッションとなります。大門で求められている人物像を意識しつつ、自分の目指したい将来像への目標をマンダラチャートでまとめていきます。長時間の研修で疲れているかなと思いましたが、意外に皆さんどんどんマンダラチャートのマスを埋められているようでした。前のセッションで作成されたキャリアマップにある「安全」「コミュニケーション力」「元気」といったキーワードは欠かせませんね。

株式会社大門 中村佑大さま（取締役部長）より

正直な気持ちとして私は従業員の皆が、そこまで会社に対して「想い」があるとは思っていませんでした。従業員の全員が、中途採用という変わった会社ですので、ベクトルをそろえるのも一苦労。そんな中、「サンクスUP！の研修」というものに出会い、さっそく幹部へトライしてみたところ見事なまでにスカスカな未来の新聞と、想いの無い結果が…。 これは大失敗かな?と思いながら現場のスタッフへ横展開したところ、おもしろいアイデアや会社への想い、自分達がどうなりたいかという熱い思いがバンバン伝わるセッションであっという間に時間が過ぎました。弊社は、評価制度の導入を目的としておりましたので、皆のココを見て欲しいというところが明確になり今後、会社で「評価」ではなく、「ありがとう」を言い合える組織作りに大いに役立つ研修でした。かなりの大人数でしたので、ファシリテーターの皆さんも苦労したかと思いますが、笑いあり、真剣な時間もありで楽しい時間だったかと思います。今後も継続して研修を実施し、より現実的な評価へと近づけられればと思っています。

担当：藤田廣昭

最初は「今日は何をさせられるんだろう」という少し手探りな感じで参加された社員さんたちでしたが、徐々にコミュニケーションが活発になっていくのを見て、とても風通しのよい会社なんだと思いました。普段は現場で目の前の作業を必死でされているところから、今回は一歩引いた視点から色々考えてみるよいきっかけになったのではないかと思っています。今回のセッションで終わりではなく、作成したマンダラチャートの目標を意識しつづけて、「給料大幅UP!!」を達成して欲しいです。

実績4ピープルソフトウェア株式会社

企業名：ピープルソフトウェア株式会社
事業内容：◎受託ソフトウェア開発 ◎パッケージ開発・販売 ◎SaaS・モバイルアプリサービス製品の開発・提供 ◎システムコンサルティング ◎コンピュータ関連機器販売委託業、ワークショップ及び講演会の講師業
設立：1982年12月17日
URL：https://www.pscsrv.co.jp
社員数：134 名（役員4名）
担当ファシリテーター：佐伯直子
経営理念：私たちは感動価値創出企業を目指します
導入目的：設立以来、堅実な受託事業とチャレンジングな新ビジネスの二刀流経営を継続するピープルソフトウェアでは、事業拡大に伴い管理部門の業務負荷が増大。目の前の作業に追われがちなメンバへのビジョン浸透、チームワーク醸成のため、管理部門への導入を決定しました。

SESSION 1 未来編集会議「10年後はバーチャルオフィスでより自由な働き方を」

経営理念って、多くの社員にとって、自分以外の人から「与えられる」ことって多くないですか？そこを逆転させて、経営理念を自分ごととして語る、そんなセッションからスタートしました。 管理部門のメンバは自ら発信することよりはサポート役として受け身の場面が多いので、「劇薬」だったと思います。しかし、同じ部署のメンバ間で上も下もなくフラットな立場で語り合い、現状と理想のギャップを感じ取ることで、未来志向×ポジティブ思考のマインドセットができたと思います。そして準備万端、「未来の新聞」の作成へと進みました。10年後の我が社を想像するという全く新しい、初めての経験でしたが、中途入社したばかりのメンバも職場のベテランもみんなゼロスタートすることができ、ここで今回のチームビルディングができたと思います。

SESSION 2 評価基準「褒めて伸ばす10年後の自分」

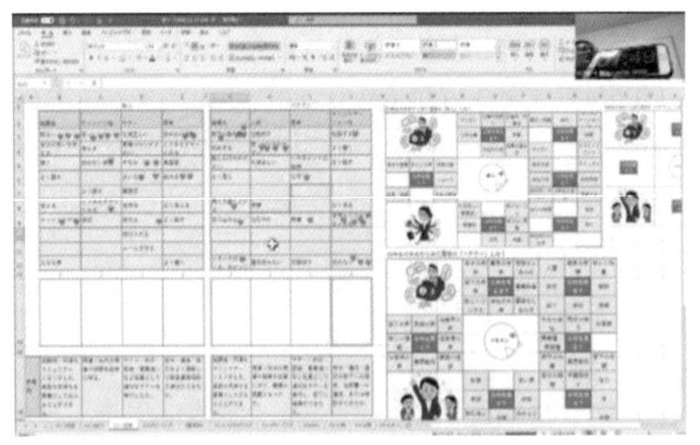

褒められることって、大人になるとなかなかないですよね。「最近いつ褒められたかな？」ことなんて記憶の彼方、油断しきっているところに、このセッションの褒めシャワーが始まりました。 他人からただただ褒められるのは最初は気恥ずかしいですが、すぐに自分の知らない自分、自分も気づいていない自分の様々な面が見える化され、ここでもさらにポジティブに変化していきます。 この「他人の良い面を列挙していく」という視点を評価基準作りに持ち込みます。

評価基準作りは、完璧な一覧表を作るのであれば人事の専門家でないと難しいと思いますが、「10年後の理想の新人、理想のベテランを想像する」という手法を利用することで、自分たちで、自分ごととして手作りでき、納得感も高めることができました。人材像の形で具体的に定義できるのはこのセッションのユニークなところです。

SESSION 3 キャリアマップ「客観性・納得感のあるタスク・スキル設定」

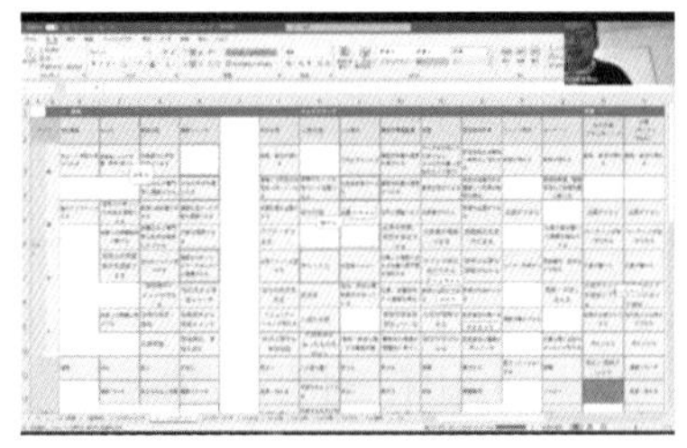

SESSION 2の評価基準をもとに、関連付け・重みづけをしていくことで体系化するセッションです。このワークの討議を全員でやるここと がミソなのですが、評価基準の重みづけを自ら行うことで納得感が高まりますし、全員で行うことで客観性を担保する効果もあります。 重みづけされたスキルに褒めシャワーで褒められたスキルが含まれることで、メンバの自己肯定感が強める効果もあり、メンバの強みを伸ばし、キャリアデザインを促進していくことにも役立つと思います。 経営者・上司の立場からは、SESSION 2と同様、メンバの現状認識、特にメンバが業務上大事にしていることとその理由を具体的に知ることができました。

SESSION 4 ミッション宣言「個人目標をみんなで設定、みんなで達成へ」

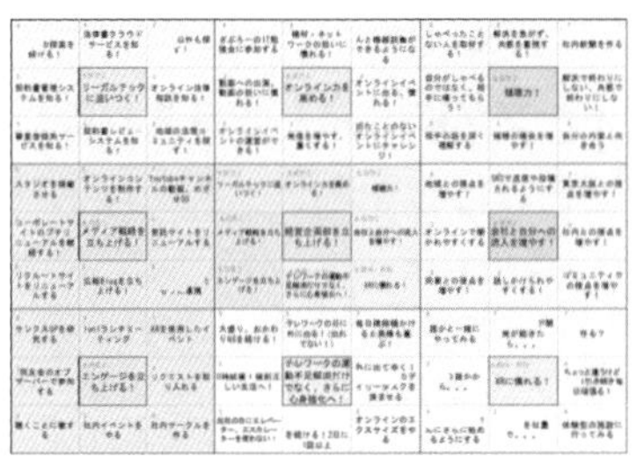

SESSION 4はここまでの成果物をもとに、個人の年間目標を具体的に考えていくのですが、通常このプロセスは1人でやるものです。それをこのセッションではみんなで考えることで、タテ割りになりがちな管理部門の組織文化に変化を起こしてくれたと思います。 具体的には1人で埋められなかったマンダラの空欄をみんなで埋めていくのですが、ここで相手本位の考え、相手の仕事に関心を寄せるという心の働きができ、タテ割り意識が薄まります。 さらにセッションの最後でのダメ押し、他のメンバによる「協調アクション」の設定が入るのですが、これにより単なる個人目標でなく、全員が全体で目標を達成する意識づけ、他のメンバへの関心、応援によるチームワークを形にすることができたと思います。

通常、タスク・スキル設定、評価基準設定、個人目標設定は、経営者・上司からの指示通りにやる「作業」になりがちだと思います。しかし、サンクスUP！で提供されるワークシートやファシリテートによって、「作業」ではなく、全員が自分ごととして考え、チームワークの中で手作りしていく、「協業」という形をとれました。「協業」の形をとれることで、納得感が高まり、その後の目標達成に向けた本人のアクションと周囲のサポートの好循環も期待できる仕組みになっています。また、ワークのプロセスを通じてメンバの長所短所、大切にしていることが見える化されるので、経営者・上司が人材配置や育成企画するうえでメリットが大きいセッションだと思います。

今後の課題としては、各セッションでメンバの現状はかなり具体的に知ることができるのですが、反面、メンバの現状の視野・業務知識以上のアウトプットを出してもらうのはこのワークの中だけでは難しいと感じました。欲を言えば、メンバにもっと視野を広げてほしい、成長してほしい。その解決方法は、それを踏まえた運用をしていくこと、つまり運用の中で、経営者・上司の側がこれらの成果物の分析をして、足りないところ、もっと伸ばしてほしいところなどをメンバに対して発信することだと考えています。 そのためにはサンクスUP！を1回やるだけでは解決できないので、継続していくこと、より使いこなしていくことの必要性を感じています。

実績５株式会社トーソク

企業名：株式会社トーソク
事業内容：測量、工事測量、3Dデータ作成
設立：2010年5月6日
URL：http://tosoku-izumo.jp
社員数：18名
経営理念：測量技術を通して喜びと感動を与え和をつなぐ
担当ファシリテーター：松山将三郎、佐伯直子
導入目的：チームビルディング

SESSION 1 未来編集会議「①トーソクからプロボーラー誕生 ②トーソクに温泉が湧きました」

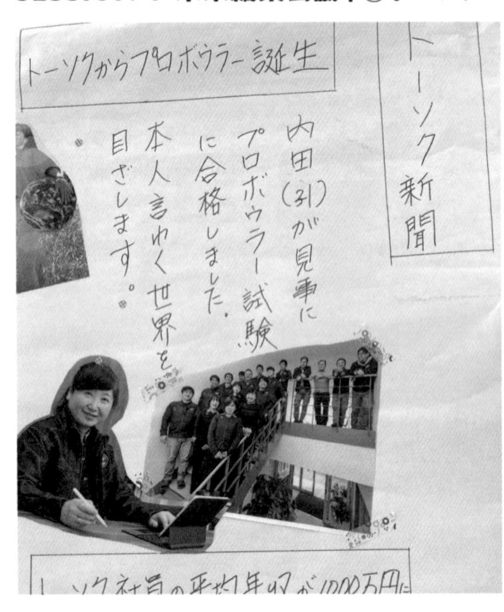

10年後の未来。測量会社の特徴を活かしボーリングで温泉が湧く。それが会社の資産となり社員の年収が1,000万円。具体的な収入原を確保出来る発想は、出雲地方ならではです。地域内に温泉施設が豊富にありますので、通常業務であればありえる出来事が現実に起きそうです。測量技術は日々進化しています。また、個人の得意を活かし、プロボーラーを誕生させることが出来れば、会社が全面スポンサーとなり広告塔で発信して貰える期待感もあるのかな?と思いました。明るくチームワームが整った環境は、未来像を豊かにしてくれます。

SESSION 2 評価基準「改めて見つめる自分たちの評価基準とは」

褒められると言う体験は、とても気持ちの良いことだと思います。長所を褒めてもらうことで信頼と安心感が湧き、更に自社に必要とされるスキルは何かと、具体的に言語化することで今まで解らなかった他部署の仕事内容についても共有出来たと、社員さんから言ってもらいいました。社長が目指しているトーソクとは、「お客様に満足して喜んで貰い感動を与える」「何でも言い合えるアットホームな会社にしたい」「笑顔を周りの人に与えられる会社にしたい」です。未来のお客様に感動を提供するといった姿勢を伝えることで社員さんに幸福度に応えて行きたいと努力をされている姿勢が見受けられました。

SESSION 3 キャリアマップ「キャリアと実力を引き出し業務の魅力をどう発揮出来るか」

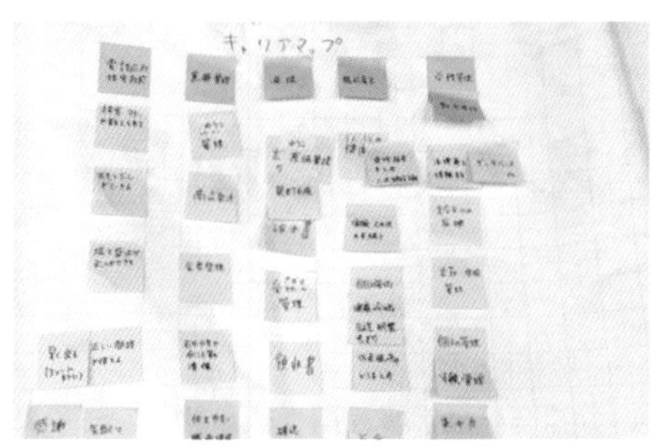

クライアントである建設会社より、土木の測量を請負う業務が中心です。最近では、最新の技術を導入し、3D測量・ドローン・海底測量までこなしています。もちろん資格も必要とする作業ですから、会社としてもバックアップに力を入れてます。新入社員をはじめ若い人の力が思う存分発揮出来るように体制を整えてます。総務の方々も、お客様応対・電話応対・業務管理・勤怠管理といった様ざま業務を担ってほかの業務の円滑化に努めています。しっかりリードしてくださる諸先輩やさりげない気遣いをしてくださるスタッフも揃っていて、とてもチームワークが良い社風が実践されていたのではないかと思いました。

SESSION 4 ミッション宣言「自分のミッションとはなんだろう」

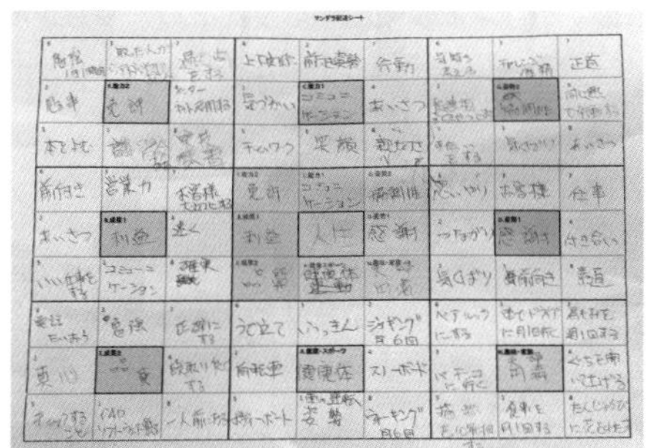

最後のセッションは、さすがにみんなクタクタです。パートナーをつくりマンダラチャートを埋めて行きます。ここで、個人差が出ます。得意な人そうじゃない人。それでも誰もがそこを批判するのではなく、最後まで協力してチャートを仕上げました。印象的だったのは、新入社員さんが選んだパートナーがベテランの上司だったこと。その上司は、嬉しそうで微笑んでとても和やかな雰囲気で終了することが出来ました。ここでも、普段はコミュニケーションを中々取ることがなかったのですがお互いの距離を縮めるキッカケになったのではないかと感動しました。ミッション宣言のあとは、応援コメントに入りますが、やはりエールをいただくと力になります。明日からもっと頑張ろうと活力にも繋がった1日になってくれたら良いなと思いました。

株式会社トーソク　神田栄里子さま（代表取締役）より

先ず、この度は大変お世話になり、ありがとうございました！今回、初めて垣根を越えた社内全員での研修を行いました。新しい取り組みであったため、社員にとっては不安からのスタートだったのだと後から知り申し訳なかったと思います。また、そういうことから、仕方のないことですが、突然のお客さまからの依頼や急ぎの仕事などで半分しか参加できない、という結果に終わり、現状を物語る課題が出たと思います。

ただ、実際に研修に参加すると、こちらの不安をよそにしっかり取り組んでくれました。特に良かったことは互いの価値観を共有し、それを合わすことが出来たことでした。導入目的であるチームビルディングにはとても重要なことで、互いの事を知るキッカケにも繋がりました。研修後の社員同士の何気ない会話も増えたように思います。また、数字の目標達成にこだわる傾向が社風としてあると思っていましたが、意外に達成までの過程を大切にしていることが解り大きな気づきを得ることができました。今回、社員の仕事に対する意識や、大切にしたいと考えていることなどが聞けて、経営者である私自身も大切にしたいこと、何の為に働いているのか、何の為に経営をするのかを考える良い機会となりました。チームビルディングへの一歩とは言えませんが、半歩前進出来たと思います。

付録:スペシャル座談会(2021年3月9日) ①

「システム思考とコミュニケーションがこれからの世界をどう変えていくか?」

<登壇者>※敬称略

松村剛志：クローバ経営研究所代表取締役。一般社団法人マンダラチャート協会代表理事。

江崎英子：コミュニケーショントレーナー。親業インストラクター。

林俊克：就実大学経営学部経営学科教授。フューチャーセッションを研究。

松山将三郎：インフォポート合同会社CEO。サンクスUP！ 開発者。マンダラチャート認定講師。

今日はよろしくお願いします！この3人の方々は私のお師匠さんであり、一緒に話すのが夢でした。なぜなら、このお三方が居ないと「サンクスUP！」は絶対に生まれなかったからです。今日は、その縁深いお三方に特に深く関わって頂いた部分をそれぞれ解説していただいた後、テーマトークに移ります。

まずは「フューチャーセッション」から、就実大学経営学部林教授お願いします。

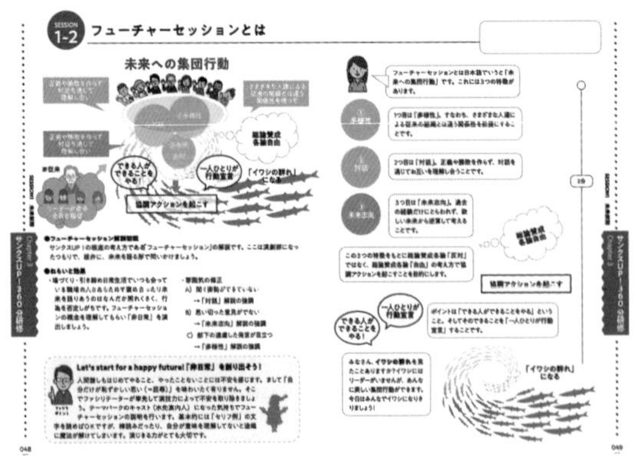

フューチャーセッションというのは集団における合意形成の場である会議体の1つです。「総論賛成・各論自由」の状態をいかに作るか、そして、それをとても楽しく且つみんなが協力し合うような形で作るかが重要なセッションの構成体です。

私は普段、大学で経営学やリーダーシップを学生に教えていますが、中でもこのフューチャーセッションの研究に注目しています。それは、私自身がサラリーマン時代にフューチャーセッションに出会って、もう目ン玉が飛び出るほど感動したからです。当時は東京の大企業で経営企画部という、社員全員のモチベーションと生産性の向上させる部署で働いていたんですが、ある時、数ある手法の中で試しにフューチャーセッションをやってみると、楽しくて達成感があってやる気がでる状態に自動的になることに驚きました。

これを簡潔に説明したのが「イワシの群れ」モデルです。イワシは自分勝手に泳ぎ、しかもリーダー不在で誰からも指図されないはずなのに、なぜこんなに整然と美しい統制の取れた動きができるのか？様々なコンピューターシミュレーションの結果、イワシの動きは3つに集約できることがわかりました。

すなわち、「みんなと一緒に泳ごう」「群れの中心に向かって泳ごう」「他のイワシとぶつかりたくない」って言う3つのモチベーションです。この3つだけで、あんなものすごい綺麗な集団行動ができるわけです。で、イワシにできて人間にできないはずない、人間社会への応用できるはずだと考え、脱サラして研究者になりました。

イワシがキッカケで
研究者になるってすごいですね！

ポイントは「みんなの自分ごと」になってるかどうかですね。みんなと一緒にいたい、仲間として近づきたい、でもぶつかりたくない。仲良く、良好な関係を保つ努力をしているか、です。経営で言うと、「総論賛成」は「ビジョン」や「理念」、そして「各論自由」はそれぞれの人の「タスク」です。ですから、フューチャーセッションの一種であるこのサンクスUP！と称するセッション群もこのイワシのリーダーシップがとても重要になります。

ありがとうございます。私も林先生がファシリテーターをしたセッションで目ン玉が飛び出るくらい感動したのを思い出します。

そして２年半前の朝活で、企業が評価制度をつくる際に最適なセッション構成案として林先生に見てもらったのが「サンクスUP！」でした。未来編集会議→ロジックツリー→ＫＪ法→マンダラチャートとバラエティに跳んだ構成案を私が提案したら、意外にも返ってきた答えが「全部マンダラチャートでいいんじゃない?」という衝撃的なものでした。

そんなこと言ったっけ？

そうおっしゃると思いました（笑）
さて、ここでそのサンクスUP！中でも重要なセッションパートであるマンダラチャートについて松村先生解説をお願いできますか？

こんばんは。クローバ経営研究所代表の松村剛志と申します。東京、スカイツリー近所の事務所からオンライン参加しています。

マンダラチャートとは今から40年前に私の父・松村寧雄が密教曼荼羅の考え方をフレームワーク化したものです。もともとブッダの教えは経典という形で文字で書かれていたんですが、曼荼羅は文字が読めない人でもわかるように「ビジュアル化」したものです。これは西洋社会、キリスト教の教会に飾られている聖人の肖像・イコンも同じ役割です。

誰にでもわかるように「見える化」したわけですね。

付録:スペシャル座談会(2021年3月9日)②

ええ、そうです。そしてマンダラチャートのもう一つの特徴は「階層化」しているということ。経営コンサルタントをしていた父が、経営計画策定や企業研修における発想法にマンダラを応用しました。

社長さんが経営方針を、部門長さんが部門計画を、スタッフさんは個人の実行計画を、それぞれ作る。お互いやるべき事が一枚のシートに3×3のマスの中にインデックスとして閲覧できるわけです。イコン、つまりアイコンをカチカチッとクリックすると展開されるイメージですね。

なんだかパソコンの話っぽくなってきましたね。 まさにシステム的な。

そうなんです。「見える化」と「階層化」をしたフレームワークとして仏教の曼荼羅をシステマチックに応用したのがマンダラチャートというわけです。

なるほど。では最後は「聴くこと」セッションではお互いの意見を聞くことがとても大事です。サンクスUP！では、最初にストーリーテリングトリオというセッションで「聴く姿勢の大事さ」に気づく仕掛けになっています。これをコミュニケーションの専門家である江崎先生に解説して頂ければと思います。

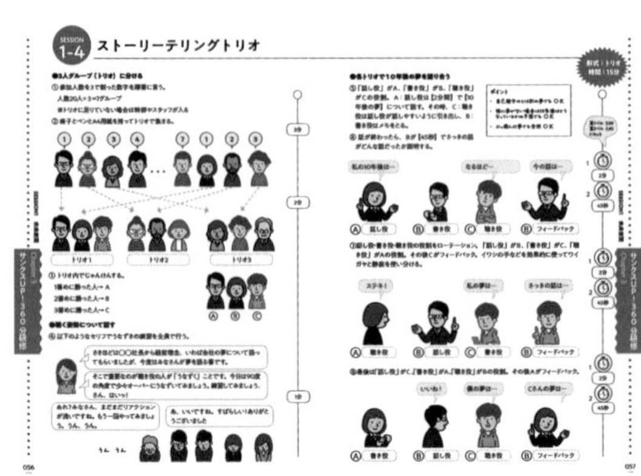

どうぞよろしくお願いします。親業訓練インストラクターで人間関係のプロフェッショナルとして、様々なコミュニケーションのサポートやトレーニングの仕事している江崎英子です。

コミュニケーションというのは、人間関係を構築するためのあくまでも道具です。テクニックを磨くのも必要ですが、大事なのは幹である人間関係です。人間関係とはまず自分を知り、次に他人を知り、そして伝えたいことが伝わるように伝えあって自分と相手の夢や幸せを実現していくことが大切だと考えています。

このストーリーテリングでは、「聴くこと」を大事にしています。相手が聴いてもらったと思えるような聴く姿勢、心をわかってもらえたという実感と相手が何を望み、何をやりたいのかを理解することで信頼関係が築けるだけではなく、相手の自己理解がすごく進みます。それから「伝えること」。自己理解が進んだからこそ、今度は自分自身の本当の欲求、自分が本当に実現したい夢を相手に伝えることができるようになります。そして「対立を解くこと」。

信頼関係と自己理解は、お互いの助け合いの心を生み出し、対立から協調へと人間関係が発展します。そして一人ひとりの自信と意欲が育ち、企業は発展へと向います。だから、このあとにやる相互承認のセッション（褒めシャワー）や理想像探求のセッション（理想の上司・社員の共感マップ）や目標設定のセッション（マンダラチャート）につなげることができるわけです。すべてのセッションの根幹にこの共感による「聴く姿勢」を位置づけることで、このサンクスUP！研修が終わったあとでも、導入企業の方一人ひとりが日常生活においても、自分を知り、他人を知り、伝え合い響き合うコミュニケーションができるようになれます。

人も企業も成長発展します。

ありがとうございました。ではここからは、テーマトークに移ります。「システム思考とコミュニケーションがこれからの世界をどう変えていくか？」について、まずは林先生に口火を切っていただければと思うのですが…

この今日のテーマなんですが「システムで世界をどう変えていくか？」というより、そもそも世界がシステムで出来ているので、「システム思考をしないことが致命的だ」と言ったほうが正確でしょうね。

な…なるほど！テーマ自体に突っ込みどころが…。

ある意味ですね。ただ、ダニエル・カーネマンが行動経済学で言っているように「人間の9割は何も考えない感情で動いている」ということに注意しなければなりません。逆を言うと原因と結果を考えて論理的に行動している人間は1割くらいしかいないということです。つまり、世界はシステムで出来ているのに人間は感情で動いてしまいシステム思考で動いていない。だからこそ、システム思考を意識的に取り入れていくことがとても大事だということです。

世の中の進歩と調和につながるという話だと思います。具体的にはマンダラチャートを書くのが一番よいと思いますよ。無理やり枠をつくってそこを埋める。自分は今何をモヤモヤしているんだろう？何に腹を立てているんだろう？感情から一歩退いて因果関係を見つめること。これにはマンダラチャートを毎日持ち歩いて感情的になったり自分を見失いそうになったら書く、でOKじゃないでしょうか？

なるほど。やはりマンダラの枠がシステムの発想法に有効だということですが、このあたりは松村先生いかがでしょう？

林先生がおっしゃるように、システム思考は近現代の新しい概念ではありません。2500年前にブッダやその弟子たちが説いた教えの中にも渾渾と説かれています。すなわち縁（原因と結果のメカニズム）や空（すべてのものには実体がない）や唯識（世界をつくるのは自分の心）という3つの智慧ですね。つまり「仏教」から「宗教」をマイナスするとイコール「智慧のシステム」と

付録:スペシャル座談会(2021年3月9日)②

いうことがいえます。

日本ではどうしてもビジネスに政治と宗教はタブーという考え方あるのですが、41年前に私の父・松村寧雄が「経営に活きる仏教システム」という本を出版し、全国に拡がりました。ブッダの教えの中からシステム思考だけを抽出し、書籍化して拡がった例だと思います。

私も一言言わせてもらいますと、コミュニケーションもまた、そもそもシステムなんです。古代から、人と人が出現したときから、伝える手段としてのコミュニケーションが存在しています。ある時は石版に絵を描いて、ある時は手紙に筆で書いて、ある時はスマホに絵文字をつけて。時代によって道具は変わっても、伝えようとする心や中身は同じです。

それをいかに伝えるかというのがコミュニケーションというシステムなんです。サンクスUP！にはこのフューチャーセッション型の研修以外に「共感日報」という日常での相互理解と相互信頼のコミュニケーションシステムがあります。そうやって日常の中でも、心と思考をシステム化し続け、伝え合い響き合えば、きっと世界は愛と平和に満ちた世界になっていくと思います。

日報システムの話までありがとうございました。さて、このようにサンクスUP！は研修や日報によって想いと夢を伝え共有するシステムとして世界に拡めたいと考えているのですが、より拡めるためにはどうしたらよいか？林先生アドバイスをいただけせんか？

あいかわらずの無茶振りですね。どうやって拡めるかは松山さんが頑張って考えればよい事、そこには正解はないと思います。

が、あえて言うと、流行るか流行らないかもシステムの原理原則が介在しているということです。だからサンクスUP！を拡めるためにはシステム思考で考え、方策を考え、条件分岐やあらゆる要素を分析しながら仕組みを作ればよい、ということです。

ありがとうございます。見事にボールがこっちに返ってきました(笑)ではそれをマンダラチャートで考えておきます。

さて、名残惜しいですがお時間が近づいて参りました。最後に先生方から一言ずついただければと思います。

本日はありがとうございました。これからの世界で私が皆さんにお伝えしたいのは「古くて新しい時代」

になるということです。今まさにコロナの時期ですが、コロナが明けて新しい時代になったときに「本質」が隠せなくなり、「本心」が現れやすくなります。そのことにいかに早く気づき、伝えるかが大事です。そして、原因と結果のサイクルが一段と早くなります。

そういう点で、ふだんからコミュニケーションシステムを有効に活用し心を通い合わせていくことが大切な時代になります。

ぜひサンクスUP！を拡めてください。マンダラチャートはすでに台湾・韓国をはじめ世界各国でも出版されています。それがご縁で10回近く台湾でセッションをさせてもらっています。良いシステムは民族・宗教・国籍を問わず拡がります。頑張ってください。ありがとうございました。

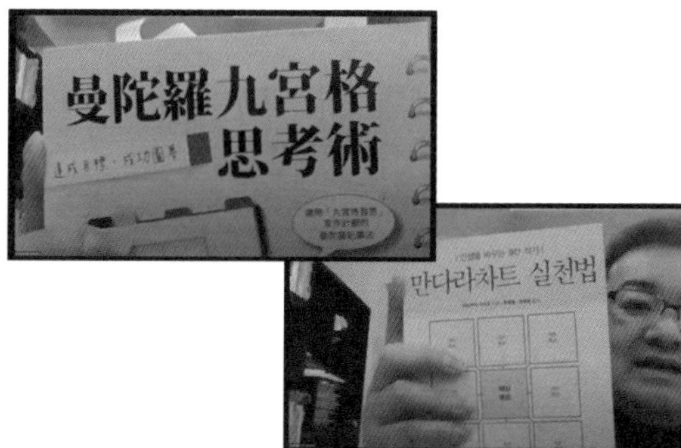

このプロジェクトが成功することはほぼ間違いないと思います。フューチャーセッションを体験すれば、いかに楽しくていかに役に立つかっていうことがわかりますので。あとは場数だけです。ただ一つだけ注意しなければならないのが、世の中はまだまだ追いついていない、ってことです。以前、フューチャーセッションをある会社の社長に提案したらひどく怒られたことがありました。社員が勝手に良いことを思いついて勝手に動くと俺の言うことを聞かなくなるじゃないか！、と。まだまだその段階だと思いますので諦めずに頑張ってください。今日はありがとうございました。

ありがとうございました。私も元気が良すぎて勝手に良いこと思いついちゃって勝手に動いちゃって、挙げ句リストラされた人間ですので、その状況はよくわかります。でも今回は違います。ここにいる先生方、そしてこれを見てくれているみなさんと一歩ずつ歩んでいける。システム思考とコミュニケーションによって誰もが楽しくゲーム感覚で働ける世界を創っていくことができます。ムーブメントを起こしていきたいと思いますので、皆さんシェア・拡散・ご支援をなにとぞよろしくお願いします。
今日はありがとうございました。

用語集

用語集1：ファシリテーター関連

ファシリテーター

「促進者」の意。組織での会議進行役であり、中立的な立場から、すべての参加者の想いを引き出し、より良いゴールへと導く案内人。サンクスUP！では1つ1つの研修や会議をセッション（SESSION）と呼び、ファシリテーターは360分という非常にタイトな時間を最大限有効活用し、参加者全員の発言を促したり、適切な他社事例を紹介してゴールへの方向性を指し示す重要な役割を担う。

イワシの手

ファシリテーターが手を挙げてセッションを一度中断する行為のこと。サンクスUP！では参加者である「イワシの群れ」を導く「挙手」なのでこう呼んでいる。参加者が騒いで思うように動かない時や間違った方向に向かった時などのタイミングで使用することで、注目を集め、補足説明や行動変容を促し、流れを変えることができる。ただし、乱発すると流れが悪くなるので注意。

メンター・メンティ

メンターとは「良き指導者」「優れた助言者」のこと。メンティとはメンターとペアになり「成長の支援を受ける後輩」のこと。サンクスUP！ではマンダラチャートなどで目標マネジメントする際にペアマッチングを行い、組織として継続的な支援と成長を構築する。

成果／能力／姿勢

評価を行う際に見る3つの要素。結果である成果だけでなく過程である能力・姿勢もチェックして成長する組織を目指す。研修では成果は赤色付箋、能力は黄色付箋、姿勢は緑色付箋で表す。

成果：売上・利益・成約件数・品質など、タスクを達成した の結果を指す。企業が存続し発展するのに欠かせない要素。マンダラチャートでは定量目標（数字的な目標)として設定することが重要となる（OKRのKey Results)。

能力：成果を上げるために必要な知識・技術などのスキルを保持している状態。組織では一定レベル以上のパフォーマンスを常に発揮できる組織力や仕組み・体制を指す。

姿勢：成果を出すため、そして能力を身につけるために必要な心構えや勤務態度や正しい行動（コンピテンシー）を実行すること。

タスク／スキル／コンピテンシー

タスク：やるべき仕事や業務のこと。事業・部門・部署・エリア・プロジェクト・課題や業務など。タスクを達成すると「成果」となる。

スキル：タスクを達成させる為に必要な能力。知識・技術・テクニック・資格など。スキルを保持している状態を「能力」と呼ぶ。

コンピテンシー：高い成果を出し周囲から評価される人に共通してみられる行動特性のこと。タスク達成やスキルに重要な「姿勢」を行動として具体化したもの。

ビジョン／ミッション／バリュー

ピーター・F・ドラッカー氏が提唱した企業の経営方針。

ビジョン：会社が目指す理想の姿。サンクスUP！では未来編集会議によって未来の新聞で10年後のビジョンを具現化する。

バリュー：ビジョンを実現するための行動基準。サンクスUP！では価値判断の根拠となるものとして評価基準づくりに応用している。

ミッション：会社が果たすべき使命。サンクスUP！ではマンダラチャートによって個人のアクションに落とし込みミッションステートメント（宣言）を行う。

キャリアマップ

厚生労働省が定義するある職種における能力開発の道筋を示したもの。レベル1～4に分かれている。従業員に対してキャリア形成の道筋を示すことで、目標意識の高揚、具体的な行動促進、上司・部下のコミュニケーション活性化につなげ、人材育成を行う。

CAPDサイクル

従来のPDCAサイクルと違い、まずCHECK（現状認識）からACTION(次善策）を考え、そしてPlanning(再計画）してDo(実行)する業務改善手法。ブッダの教え「苦集滅道」がもとになっている。

OKR

目標と主要な結果(Objectives and Key Result)。シリコンバレーで考えられた目標マネジメント手法で、必ずしも100%達成を目指さず60%でOKとする代わりに、早いサイクル（四半期）で見直し、チャレンジングな目標を掲げる。サンクスUP！ではマンダラチャートでビジュアル化し、目標をメンバーで共有する。

心理的安全性

チームメンバーに非難される不安を感じずに積極的にチャレンジできる組織の状態。OKRによる高い目標設定と高頻度のフィードバックと組み合わせることでチームビルディングが進み高い生産性が生まれる。

用語集2：フューチャーセッション関連

フューチャーセッション
「未来への集団行動」と訳されるセッションの集合体。さまざまな人達による従来の組織とは違う関係性を前提にして（多様性）、正義や勝敗を作らず話し合いでお互いを理解し合い（対話）、過去の経験だけに囚われず欲しい未来から逆算して考える（未来志向）という3つの特徴を持つ。「イワシの群れ」になりきり、できる人ができることを行動宣言する「協調アクション」を起こすことを目的とする。

ストーリーテリングトリオ
物語を通じて互助の関係性を構築するセッション手法。話し手・聞き手・書き手の3人組になり、伝えたい想いに耳を傾け、フィードバックを行い合うことで多くの気づきを得る。

ロジックツリー
物事の全体構造やメカニズムを把握し、上位の価値（メタ目的）を理解するためのセッション手法。サンクスUP！ではタスクとスキルについての構造・関係性を部署やチームごとに把握するために用いる。（タスクツリー、スキルツリー）

未来編集会議
グループをつくり、指定された時間内に想像力を働かせて「未来に発生するHAPPYな出来事」を新聞記事の形に具体化・イメージ化してビジョンを共有するセッション手法。サンクスUP！では企業の10年ビジョン作成に応用している。

ピグマリオンミーティング
対話で己を知り承認するセッション手法。通称「褒めシャワー」。ターゲットとなった人物をとにかく褒めちぎることで自分では気づかなかった自分の価値を認識する。サンクスUP！では最初に自分の長所・短所を発表することでより自分を深堀りする土台を作っている。

共感マップ
ペルソナ視点で感情や行動を整理することでニーズを浮き彫りにするマーケティング手法。何を「考えている？」「見ている？」「話している？」「聞いている？」「得る？」「失う？」という6つの質問でアプローチする。サンクスUP！では理想の社員像の姿勢や行動を考えるために用いる。

KJ法
川喜田二郎氏が考案した創造性開発・アイディア整理技法。セッションで出てきたアイディアを同じグループにまとめタイトルをつける。サンクスUP！では成果／能力／姿勢の評価基準づくりのカテゴリ分けに応用している。

フィッシュボウル
専門家や有識者の知恵や知識を参加者全員で共有するセッション手法。中心に話し手を配し、参加者が取り囲んで鑑賞する姿が金魚鉢を覗いているようなのでこう呼ばれる。サンクスUP！では他部署の管理職や士業などの外部専門家や同業の経営者などを招いて行うことが多い。

ロールプレイング
ふだんの現場や実際に近い仮想場面を想定し、その中で自分の役割を模擬的に演じることで、スキルを身に付けるセッション手法。サンクスUP！ではSESSION3のキャリアマップが完成後、部署配属が決まっていない新入社員向けに自部署の価値を伝えるという役割を演じてマップの完成度をチェックする。

マンダラチャート
松村寧雄氏により「曼荼羅絵図」をもとに、人生とビジネスを豊かにするために開発された、中心核を持った3×3のマトリックス型思考方法。全体と部分の関係性を同時に把握することができる。サンクスUP！では「健康」と「趣味・家庭」の人生目標のほか、「成果」「能力」「姿勢」のビジネス面の目標を具体化し応援してもらうためにこの発想法を応用している。

共生入力・他力本願タイム
マンダラチャートのマスをすべて埋め、完成させるために行う目標を共有するサンクスUP！独自の儀式。他力本願とは大いなる宇宙の力を借りて願いを実現させるという意味。他人の目標や既出の成果目標や能力開発目標や姿勢目標を「共生」的に入れることで、協調アクションにつながる目標を増やす効果がある。

ミッションステートメント
企業と社員が共有する行動指針。サンクスUP！では社員のマンダラチャートでミッションを宣言する。そして、宣言を受けた側はその内容をお互いに応援し助け合うこと（協調アクション）を宣言し、チームビルディングを行う。

あとがき

この度の書籍出版にあたり、多くの方にご支援・ご協力いただきました。クラウドファンディングでご支援いただいた方、拙い説明にも関わらず書籍を予約注文していただいた方、ファシリテーターとしてプロジェクトに参画してくださった方、企業にサンクスUP！を紹介してくださった方、サンクスUP！の改善についてご提案いただいた方、大切な社員さんと自社に導入してくださった企業の方、学校に取り入れてくださった教育関係者の方…。いくら感謝しても感謝しつくせません。

「働くをゲーム化」して「楽しく働く大人」を増やすこと。

これが実現すれば、ニコニコ・ワクワクな大人たちが増え、将来を楽しみに感じる子どもたちが増え、世界が1つの楽しいゲームになるはずです。

日本全国から世界各地でこの言葉が鳴り響くことを祈って結びの言葉とさせていただきます。

＼ サンクスUP！ ／

スペシャルサンクス

本書籍出版にあたり多くの方にクラウドファンディングでご支援いただきました。ありがとうございました。

中村亜依
かっきー
ジビエクイーンたえこ
h.numoto
みやうちふうふ
牧本　陽子
しゅらくいのうえ
アドカム桑山
山口 育恵
前島崇志
としぺろ
ピアノの喜多商事
うっちー
むらっち
ハジ
ST
NPO法人いるかスマイル
（株）グレートブレーン
藤田廣昭
加野のぞみ
みのりん
ふーみん
小屋洋一
COW佐伯
難波規子
北畠雄一

福山正剛
山さん
福島正剛
前田恵理奈
ねりか
縁結び箸ひらの屋
輪箱亭ヒロぼん
石原達也
やぶなお
小野悟史
Minori
しんたろー
黒川晃良
山下明美
賢者きっしー
チー
ヨス
Kenny
大村和彦
城山ふとん店
狩野淳jun
野村陽子
NPO法人ステップ
勝俣将樹
ユージィー
三峰詳晴

江崎英子
Coqrouge
K.K
津田　益宏
ザキ
柚木徹也
亀山　大輔
大尾那奈子
橋口久
田中秀顕
複数なし
川田崚介
神崎和人
じゅんこ
米田誠一郎
井上大樹
たなかまさみ
山本恵美
野村泰介
村山敏隆
園　裕
佐伯直子
いくた はるな
神田栄里子
平野英宏
藤田聡

期間：2021年3月9日～ 4月8日
支援：105人
総額：3,121,339円

特別顧問 ：奥谷敦子
協力：林俊克 江崎英子 松村剛志 岸本好弘
ファシリテーター：青池俊彦 生駒章子 鎌田翔悟 佐伯直子 中村亜依 梨山瑛美